Carl-Auer

Mia Roth

Überleben durch Vergessen

Die jüdische Geliebte, der Retter von der Gestapo und die kleine Zeugin

Aus dem Englischen von Maren Klostermann
Mit einem Nachwort von Woltemade Hartman

2015

Umschlaggestaltung: Uwe Göbel
Umschlagmotiv: © 2015 Mia Roth
Satz: Drißner-Design u. DTP, Meßstetten
Printed in Germany
Druck und Bindung: CPI books GmbH, Leck

MIX
Papier aus verantwortungsvollen Quellen
FSC www.fsc.org FSC® C083411

CPI Mehr Bäume. Weniger CO_2.
www.cpibooks.de/klimaneutral

Erste Auflage, 2015
ISBN 978-3-8497-0080-5

Bibliografische Information der Deutschen Nationalbibliothek:
Die Deutsche Nationalbibliothek verzeichnet diese Publikation
in der Deutschen Nationalbibliografie; detaillierte bibliografische
Daten sind im Internet über http://dnb.d-nb.de abrufbar.

Informationen zu unserem gesamten Programm, unseren Autoren
und zum Verlag finden Sie unter: www.carl-auer.de.

Wenn Sie Interesse an unseren monatlichen Nachrichten aus der Vangerowstraße haben,
können Sie unter http://www.carl-auer.de/newsletter den Newsletter abonnieren.

Carl-Auer Verlag GmbH
Vangerowstraße 14
69115 Heidelberg
Tel. +49 6221 6438-0
Fax +49 6221 6438-22
info@carl-auer.de

Inhalt

Dank

Ich danke den Bibliothekaren und Archivaren an der Universitätsbibliothek von Cambridge, am Staatsarchiv in Kew (London), am Grundbuchamt, London, am kroatischen Geburts-, Ehe- und Sterberegister in Zagreb und an den Südafrikanischen Nationalarchiven in Pretoria. Mein besonderer Dank gilt Professor Dr. Ivo Goldstein und den ArchivarInnen an den Kroatischen Nationalarchiven in Zagreb, die mir nicht nur geholfen haben, das Material zu finden, sondern einiges davon auch für mich übersetzten. Julia Kos, die Bibliothekarin am jüdischen Gemeinschaftszentrum in Zagreb war immer für mich da, sie hat nicht nur Quellen für mich gefunden und mir bei den Übersetzungen geholfen, sondern mir auch ein umfassenderes Verständnis für die Zeit verschafft, in der dies alles geschehen ist. Ich danke Ethel Forrest in Oxford und der verstorbenen Maria Adler in Triest, Freundinnen meiner Mutter, für die Gespräche mit ihnen, die mir wichtige Einblicke in das Zagreb der Kriegszeit und die Situation in Split eröffneten. Dank auch an Sheila Suttner in Australien, die das Manuskript in seinen Anfangsstadien gelesen und mir wertvolle Anregungen gegeben hat. Ich danke Schwester Rosemarie vom Karmeliterkonvent in Dachau, die meinen Besuch im Vatikan ermöglichte, sowie dem Vatikan für die Erlaubnis, mit einem Kardinal sprechen zu dürfen.

Ein herzliches Dankeschön an Dr. Ephraim Zuroff vom Simon Wiesenthal Center, der mir viele hilfreiche Anregungen in der frühen Phase meiner Recherchen gegeben hat und mir wertvolle Kontakte in Zagreb und Rom vermittelte. Allen Freunden und Verwandten, die wollten, dass es eine Geschichte voller Herzchen und Blümchen und schöner Klischees bleibt, möchte ich schließlich sagen: Es tut mir leid, dass es anders gekommen ist.

Mia Roth

Einleitung

Es war einmal ein hübsches zehnjähriges Mädchen mit haselnussbraunen Augen und blauen Schleifen in den blonden Zöpfen. Wenn sie nachmittags von der Schule nach Hause kam, trug sie ihr weißes Schulkleid mit den kleinen dunkelblauen Blumen, die dieselbe Farbe hatten wie ihre Haarschleifen. Sie legte eine Platte aufs Grammofon, und zwar unweigerlich die *Geschichten aus dem Wienerwald* von Johann Strauss. Auf dem Boden des Wohnzimmers lag ein alter dunkelroter Perserteppich mit einem Blumenmuster an den Rändern. Hier drehte sich das Mädchen im Walzertakt, dachte an die geliebte Großmutter und erinnerte sich an sonst überhaupt nichts.

Geschichten von Holocaust-Überlebenden handeln normalerweise von den Unschuldigen, die entweder durch Willensstärke oder Glück überlebt haben. Dies ist eine Geschichte von Juden, die kollaboriert haben. Von meiner Familie. Es war unser Familiengeheimnis, das ich bezeugen konnte, über das ich aber nicht sprach. Später empfand ich die Reaktion der Erwachsenen um mich herum als so bedrohlich, dass ich nur überleben konnte, indem ich selbst alles vergaß.

Beim Aufschreiben dieser Geschichte gab es ein großes Problem – die ewige Angst, die jeden Juden bewegt, nämlich: Wird es den permanenten Antisemitismus, mit dem wir seit Jahrhunderten zu kämpfen haben, verstärken oder verringern? Wir Juden sind angeblich klüger, mehr an Geld interessiert, gerissener als andere und weniger ehrlich. Und hier erzähle ich eine Geschichte, die die Negativität all dieser Eigenschaften unterstreicht. Muss ich tatsächlich sagen, dass an all diesen Klischees nichts Wahres ist? Ich habe törichte Juden kennengelernt, deren Unfähigkeit, mit Geld umzugehen, dazu führte, dass sie im Alter vollständig verarmten. Juden, deren Ehrlichkeit inmitten der Unehrlichkeit ihrer Umgebung hervorsticht, und Juden wie mich, die so naiv sind, so bar jedes gesunden Menschenverstands, dass die Leser dieser Geschichte mich wahrscheinlich gelegentlich schütteln möchten. Während des Holocausts haben wir uns manchmal wie Schafe verhalten, waren manchmal ungläubig, manchmal mutig und manchmal feige. Einige ganz wenige wurden zu Kapos in den Konzentrationslagern, um zu überleben. Manche wurden zu Informanten, um sich selbst oder ihre Familien zu retten. Ich habe mich nach Kräften bemüht, meine Mutter und meinen Onkel in die letztere Gruppe einzuordnen. Leider ist es mir nicht gelungen. Ihr Verhalten ging darüber hinaus.

Im Juni 1994 brach ich auf, um meine Vergangenheit zu erforschen – warum habe ich fast 50 Jahre gebraucht, um sie aufzuschreiben? Die Angst und Anspannung jener Jahre ist nie verschwunden. Ich weiß, ich weiß: Geh zu einem Therapeuten, lass alles raus und schließe damit ab. Es ist alles draußen, aber es wird nie abgeschlossen sein. Ich habe den seelischen Ballast mit mir getragen – von Kroatien nach Italien, von Italien nach England, von England nach Südafrika, und in Australien, dem ersten Ort, an dem ich mich sicher und geborgen fühlte, habe ich das Ganze dann schließlich aufgeschrieben. Hier sitze ich in meinem schönen kleinen Ein-Personen-Haus wie Enid Blytons kleiner Noddy im Spielzeugland: Ein kleines rotes Backsteinhaus, umgeben von Vögeln und gelben Rosen, die zusammen mit dem blauen Bleiwurz über den ganzen Zaun wachsen, und einem Garten, der aussieht wie eine kleine Waldlichtung. Ich habe meine Katze Issie, Fische im Teich und Motorradfrösche, die die ganze Nacht Radau machen. Das ist meine Version des Himmels. Ich habe endlich meinen Frieden gefunden.

Fünfzig Jahre lang fehlte mir jede Erinnerung daran, wie mein Vater Mladen gestorben war, und am Ende hatte ich auch ihn selbst völlig vergessen. Sieben Jahre lang besuchte ich jeden Sonntagmorgen die Mutter meines Vaters, meine Großmutter Claudie Bernfest, in *Our Parents' Home*, dem jüdischen Altersheim in Johannesburg, Südafrika. Nicht ein einziges Mal hat sie mir von ihrem einzigen Kind, meinem Vater, erzählt. War es zu schmerzlich? Hatte sie Angst, meine Mutter gegen sich aufzubringen? Sie starb 1959. Da ich sie nie nach ihm gefragt habe, werde ich es niemals erfahren. Meine Mutter Greta hat mir erzählt, dass er ein attraktiver, charmanter Mann mit einem bezaubernden Lächeln war, der für Metro Goldwyn Mayer gearbeitet hat, dass er Rühreier mit Sahne liebte und sich Sorgen um seine schlanke Linie machte. Das reichte mir an Informationen.

Meine andere Großmutter, die Mutter meiner Mutter, war Karoline Singer. Sie hat neun der ersten zehn Jahre meines Lebens mit mir verbracht. Als Kind habe ich sie über alles geliebt.

Sie hatte eine schöne Stimme und sang mir Lieder aus ihren geliebten Wiener Operetten vor. Und weil ihr diese Musik so gut gefiel, gefiel sie mir auch. Ebenso unentwegt, wie sie diese Lieder sang, spiele ich sie heute immer wieder, und auf diese Weise ist Karoline stets bei mir. Sie hatte rotes Haar und war sehr schön, in meinen Augen auch noch im hohen Alter. In ihren jungen Jahren soll Franz Lehár, der so viele von ihren Operetten geschrieben hat, sie in Wien einmal auf der Straße angesprochen und gefragt haben, ob sie zur Bühne gehen wolle. Ob diese Geschichte, die meine Mutter mir erzählt hat, tatsächlich wahr oder eher eine Legende ist, weiß ich nicht genau, aber es ist eine hübsche kleine Anekdote. Karoline hat mir die Musik und das Kochen nahegebracht (ihr Rührkuchen ist unerreicht). Sie sprach nie von meinem Vater oder von ihrem Ehemann, Alexander Singer, meinem Großvater. 1961 ist sie gestorben. Viele Jahre nach ihrem Tod, im Jahr 1994, erfuhr ich, dass sie, als sie im Sterben lag, zu ihrer Tochter, meiner Mutter Greta, immer wieder sagte: »Was hast du mir angetan? Was hast du mir angetan?«

Niemand möchte, dass ich diese Geschichte aufschreibe, weder meine Kinder noch meine Cousins und Cousinen, die Kinder von Onkel Felix, dem Bruder meiner Mutter. Wir alle sind die Nachkommen und Nutznießer der Täter. Meine Geschichte ist allen peinlich. Ich habe aber das Recht, niederzuschreiben, was ich weiß. Es ist die Wahrheit über mein Leben, auch wenn das Leben anderer davon berührt wird. Ich habe anfangs versucht, diesen Bericht zu schreiben, ohne dass ich selbst darin vorkomme – eine Autobiografie ohne »Ich«! Denn wenn ich mich selbst mit einschloss und wenn die Familie zu den »Kollaborateuren« gehörte, dann gehörte auch ich dazu. Heute hat das Wort nicht mehr dasselbe Gewicht, das es im Zweiten Weltkrieg hatte. Damals galten Kollaborateure als etwas Verachtenswertes – und das waren wir.

1 Von Teddybären und Goldmünzen – Wie wir dem Holocaust entkommen sind

Ich wurde am 26. März 1940 um 11 Uhr abends geboren (obwohl meine Mutter immer behauptete, dass es in Wahrheit 1 Uhr morgens und damit der 27. war – nicht einmal mein Geburtsdatum ist eindeutig), und zwar in Zagreb, das damals zu Jugoslawien gehörte. Welchen Namen bekam ich? Auch das wurde nie vollständig geklärt. Meiner Mutter zufolge gab man mir den Namen »Maria« (ziemlich unwahrscheinlich für ein jüdisches Mädchen), mein Onkel behauptete, mein Name sei »Miriam« gewesen, in den Gestapo-Akten tauchte er als »Mirjam« auf, nach meiner Geburtsurkunde lautet er »Mirjana« und auf dem ersten Foto, das ich von mir besitze, steht in Anführungszeichen »Mia«. Das war mein Kosename. Die Frage bleibt also offen.

Mein Name mag ein Rätsel gewesen sein, doch die Geschichte, die ich jetzt erzählen will, war nie ein Rätsel. Die Version, die meine Familie über unsere Zeit in Zagreb und über unsere Jahre in dem von den Nazis besetzten Rom erzählte, hielt ich vierzig Jahre lang für die Wahrheit. Einige wenige Dinge waren mir im Gedächtnis geblieben, aber an den Großteil der Geschichte, die mir von meiner Mutter und meinem Onkel erzählt wurde, hatte ich selbst keine Erinnerung.

Meine Mutter Greta und ich. Eine Studioaufnahme im besetzten Zagreb von 1942.

In meinen Erinnerungen an Zagreb erschien vor allem das lächelnde Gesicht meiner Kinderfrau Stasa, eine mollige Bauersfrau mittleren Alters. Ich konnte mich auch an die Züge meines Großvaters väterlicherseits, Ignatz Bernfest, erinnern, aber nicht an das Gesicht meines Vaters, Mladen Bernfest, oder das meines Großvaters mütterlicherseits, Alexander Singer. Einmal wurde ich gefragt, ob ich das Gefühl hätte, dass mein Vater und mein Großvater mich im Stich gelassen hätten, aber ich sagte Nein. Sie seien in meinen Gedanken überhaupt nicht vorgekommen, was absolut der Wahrheit entsprach. Von dem Kloster, in dem wir 1944 Zuflucht fanden, hatte ich ein paar flüchtige Bilder im Kopf, so ähnlich wie bei einem Trailer, den man von einem Kinofilm sieht. Ich erinnerte mich auch, dass ein Kübelwagen uns mitten in der Nacht irgendwo hingebracht hatte, an einen sicheren Ort. Die Straße war holprig und die Fahrt dauerte ziemlich lange. Ich erinnerte mich daran, weil ich mich in diesem Wagen glücklich fühlte. Keine Ahnung warum. Erst nach dem Krieg fing ich an, die Bruchstücke meiner Erinnerungen zusammenzufügen.

Ich bekam dann eine neue Kinderfrau: Maria war eine Novizin, die aus dem Kloster weggelaufen war, und sich in Rom um mich kümmerte. Bis Dezember 1946 blieben wir in Rom und reisten dann nach London.

Ein Jahr zuvor hatte ich zusammen mit Karoline einen Besuch bei meiner Mutter gemacht, die in Rom im Krankenhaus lag. Das Krankenhaus wurde von Nonnen geleitet. Wir gingen auf eine Station und an einer langen Reihe von Betten entlang, jedes mit einem weißen Nachttisch an der Seite, und überall liefen Nonnen geschäftig hin und her. Alles schien sehr weiß zu sein, sogar meine Mutter war ungewöhnlich blass, wie wir sahen, als wir vor ihr Bett traten. Karoline warf ihr einen strengen, wenn auch flüchtigen Blick zu. Dann fiel ihr Blick auf ein großes Glasgefäß, das die Nonnen auf dem Nachttisch abgestellt hatten, ein Gefäß, wie man es zum Einlegen von Zwiebeln benutzt. Etwas Seltsames schwamm darin. Etwas Weißes mit einem großen Kopf, wie ein Fisch. Karoline schaute es lange Zeit an, dann sah sie zu mir herunter:

»Dein Bruder«, sagte sie.

Mit diesen Worten drehte sie sich abrupt um und ging schnell nach draußen, indem sie mich hinter sich herzog. Ich drehte mich nach dem Glas und seinem schwimmenden Inhalt um. Meine Großmutter log mich niemals an. Aber was meinte sie? Wie konnte das mein Bruder sein? Ich hätte sehr gern einen Bruder gehabt, auch einen winzig kleinen wie den, der in dem Glas schwamm.

Heute ist mir klar, dass es die Nonnen waren, die den in Flüssigkeit schwebenden Fötus dort platziert hatten: Ein Versuch, meine Mutter daran zu erinnern, dass Abtreibung eine Sünde ist? Für meine Großmutter Karoline brachte dieser Zwischenfall das Fass zum Überlaufen. Unmittelbar danach reiste sie nach London ab, um bei ihrem »anständigen Sohn«, meinem Onkel Felix, zu leben, dem einzigen Geschwister meiner Mutter. Ich setze »anständig« in Anführungszeichen, weil Greta ihn in sarkastischem Ton so nannte, wenn sie in späteren Jahren mit mir über die Abreise ihrer Mutter aus Rom sprach. Sie behauptete, dass Karoline meinen Onkel Felix seit jeher bevorzugt und uns deshalb verlassen hätte. Aber ich wusste immer, dass es wegen des Glasgefäßes gewesen war.

Karoline ließ mich bei meiner Mutter Greta zurück, die ich sehr selten zu Gesicht bekam. Wenn sie nicht gerade arbeitete, war sie unterwegs, um zu feiern. Daher verbrachte ich die ganze Zeit mit Maria. Maria war freundlich, hübsch, achtzehn Jahre alt und trotz ihrer Flucht aus dem Kloster eine leidenschaftliche Katholikin. Einmal die Woche besuchten wir ihren Freund in einem italienischen Kriegsgefangenenlager irgendwo auf dem Land in der Nähe von Rom. Wir fuhren mit dem Zug und mussten dann einen, wie es mir schien, endlosen Fußmarsch auf einer staubigen Straße bewältigen, um das Lager zu erreichen. Es war heiß, trocken und staubig. Wir konnten mit Marias Freund nur durch einen sehr hohen Stacheldrahtzaun sprechen. Er war ein kleiner drahtiger Mann mit schwarzem Haar und einem fleckigen Gesicht, nicht annähernd so hübsch wie meine Maria.

Die einzigen Orte, die wir sonst besuchten, waren Kirchen. Dorthin machten wir täglich einen Ausflug. Bestimmt sind wir zu jedem Gotteshaus in Rom gepilgert, und das will schon etwas heißen. Rückblickend denke ich, dass Maria vielleicht Schuldgefühle wegen ihrer Flucht aus dem Kloster hatte. Die Kirchen eröffneten mir eine völlig neue Welt der Farben und Bilder, Glasfenster und Skulpturen, aber vor allem vermittelten sie mir einen Sinn für Geschichte. Meine Lieblingskirchen waren jene mit gruseligen Reliquien von Heiligen, wo man überall Überreste ihrer Leichname – Gliedmaßen, Knochen und getrocknetes Blut – anschauen konnte.

Mit meiner Mutter und meinem Kindermädchen Maria, kurz nach unserer Rückkehr nach Rom im Mai 1944.

Drei dieser Ausstellungsstücke übten eine besondere Faszination auf mich aus und bei jeder sich bietenden Gelegenheit schleppte ich Maria dorthin. Eines war die mumifizierte Leiche eines kleinen Mädchens, wahrscheinlich eine Heilige, in einer Glasvitrine. Dort lag sie, ganze neun Jahre alt, die Arme ordentlich über der Brust gekreuzt, als ob sie schliefe und nicht wirklich tot wäre. In einer weiteren Kirche konnte man den amputierten Daumen eines Heiligen unter Glas betrachten. Die dritte Kirche zeichnete sich durch eine große Zahl von Stufen aus, die zu ihrem Eingang führten. Auf jeder Stufe befand sich das Blut eines christlichen Märtyrers (unter Glas) und Maria brachte mir bei, auf jeder Stufe ein Ave Maria aufzusagen, was ich als braves jüdisches Mädchen natürlich pflichtbewusst tat. Meine Mutter wusste nichts von unseren Unternehmungen oder hatte kein Interesse daran. Sie fragte jedenfalls nie, was wir unternahmen.

Das waren unsere Nachmittagsabenteuer. Jeden Morgen brachte Maria mich zur Schule. Ich war damals fünf Jahre alt und sprach fließend Italienisch, Deutsch und Serbo-Kroatisch. Von Französisch hingegen hatte ich keinen Schimmer. Greta meldete mich ausgerechnet an einer französischen Klosterschule an. Dort galt ich natürlich als absoluter Dummkopf, weil ich kein Wort Französisch sprach und bekam von den Nonnen, die den Unterricht leiteten, des Öfteren eins auf die Finger. Die Schule flößte mir leider eine dauerhafte Abneigung gegen eine sehr schöne Sprache ein.

Meiner Mutter gelang es durch ihre Beziehungen, uns eine tolle Wohnung in Rom zu beschaffen, mit vielen Zimmern, die größtenteils vollständig leer waren. Der Besitzer hatte all seine wertvollen Einrichtungsgegenstände in einem einzigen Raum verstaut und die Tür abgeschlossen. Er musste die Wohnung räumen, so hatte man uns gesagt, weil er die Faschisten unterstützt hatte. Maria fand die Geschichte allerdings zu langweilig und erzählte mir, dass er in Wahrheit der gefürchtete Blaubart wäre, der seine Ehefrauen ermordet und ihre Leichen in diesem einen Zimmer aufgestapelt hätte. Ich armes Kind raste jedes Mal an dieser Tür vorbei, als ob die Geister der toten Ehefrauen nur darauf warteten, sich auf mich zu stürzen. Die deutlichste Erinnerung, die ich an diese Wohnung habe, ist die Tür, die zu den gefürchteten toten Frauen von Blaubart führte und der lange Weg, den ich zurücklegen musste, um mich vor ihnen in Sicherheit zu bringen ...

Ich war so vollkommen indoktriniert von Maria, dass ich einen Strumpf für den Weihnachtsmann aufhängte und wie die anderen Kinder, die ich kannte, einen Wunschzettel schrieb. So kurz nach dem Krieg waren die meisten Eltern sehr arm, aber meine Freunde bekamen zu Weihnachten alle irgendeine Kleinigkeit – ein Taschentuch oder eine von der Mutter oder Großmutter genähte Stoffpuppe. Greta wusste alles über den Strumpf und meinen Wunschzettel. Wie enttäuscht war ich am nächsten Morgen, als ich zu meinem Strumpf ging und darin drei in Zellophan eingewickelte Kekse fand. Ich weiß noch, dass ich dachte: »Ich bin meiner Mutter völlig egal.« Dieses Ereignis habe ich nie vergessen.

Nach dem Krieg fand meine Mutter aufgrund ihrer Englischkenntnisse, die sie in der Schule erworben hatte, eine Anstellung bei der Nothilfe- und Repatriierungs-Kommission der Vereinten Nationen in Rom. Außerdem sprach sie natürlich perfekt Deutsch, Italienisch und

Serbo-Kroatisch. Sie hatte auch mehrere interessante Liebhaber. Hatte ich erwähnt, dass sie wunderschön war? Sie hatte rotes Haar, grüne Augen und eine tolle Figur und war auch in den Kriegsjahren immer gut angezogen und hübsch zurechtgemacht. Das gute Aussehen war der Grund, weshalb es die Liebhaber gab, die elegante Garderobe das Ergebnis. Mein Sohn Jimmy hat einmal zusammen mit meiner Mutter einen Film gesehen, in dem die Heldin mit dem Helden ins Bett geht, der sich dann jedoch im weiteren Verlauf des Films als unheldenhaft erweist.

»Sie hat es umsonst getan!«, rief Greta aus. »Ich hätte wenigstens ein Kleid dafür bekommen!«

Wie ich später erfuhr, war das Interessante an den Freunden, dass zwei von ihnen recht prominente Männer waren: Liko Russo war einer von Titos Männern in Italien und – nach Aussage meiner Mutter – eine wichtige Figur in der kommunistischen Bewegung Jugoslawiens. Ein anderer Freund, den ich besonders gern hatte, war Colonel George Findlay. Er versprach mir einen Cockerspaniel und ein Pony, wenn wir mit ihm nach Schottland gingen. Ob er zu jener Zeit verheiratet war und er Greta dorthin als seine Geliebte mitnehmen wollte, entzieht sich meiner Kenntnis. Doch weder das Pony noch der Welpe oder Schottland wurden je Wirklichkeit. Ich war schwer enttäuscht, vor allem über das ausbleibende Pony. Viele Jahre später fand ich einen Brief in Gretas Sachen, aus dem hervorging, dass sein voller Name George de Cardonnel Elmsall Findlay, VC, lautete. Ein Träger des Viktoria-Kreuzes für seine Tapferkeit im Ersten Weltkrieg! Er war attraktiv, schlank und hatte immer ein freundliches Wort für mich. Wenn er die Stufen zu unserer Wohnung hochlief, pfiff er stets dieselbe Melodie vor sich hin, um sein Kommen anzukündigen. In meiner Erinnerung war er der erste Mann, der in meinem Leben eine Rolle spielte.

Nach dem Krieg waren wir staatenlose Flüchtlinge. Es war nie die Rede davon, dass wir nach Zagreb zurückkehren, aber gegen Ende 1946 mussten wir irgendwohin. Greta arbeitete nicht mehr, seit Karoline Rom verlassen hatte, und ich habe keine Ahnung, wie sie für unseren Lebensunterhalt sorgte. Seltsamerweise beantragte sie, während wir noch in Rom lebten, ein Visum, um sich in Südafrika niederzulassen. Warum Südafrika? Sie kannte dort niemanden, und niemand kannte sie. Meine Großmutter Claudie lebte in New York; ihre eigene Mutter Karoline und ihr Bruder Felix waren jetzt in London, aber es gibt keinerlei Hinweise darauf, dass sie um ein Dauervisum für eines dieser beiden Länder nachsuchte. Obwohl sie das Visum für Südafrika 1946 beantragt hatte, dauerte es zwei Jahre, bis es endlich vorlag. Und so brachen wir im Dezember 1946 erst einmal nach London auf, für das wir ein dreimonatiges Visum erhalten hatten. Da wir nicht die Erlaubnis hatten, irgendwo anders hinzugehen, wurde die Dreimonatsfrist immer wieder verlängert und belief sich schließlich auf zwei Jahre, von Dezember 1946 bis Februar 1949.

Ein Foto aus dem November 1946, aufgenommen in Rom.

In London wohnten wir bei meinem Onkel Felix und Tante Blanka, zusammen mit meiner Großmutter und meinen Cousins und Cousinen. Das Haus meines Onkels am Queen Elizabeth's Walk 79 in Stamford Hill lag in einer ultraorthodoxen jüdischen Gegend. Nachdem ich mit Maria alle Kirchen Roms besucht hatte, einen Weihnachtsstrumpf aufgehängt und an allen wichtigen Punkten unserer katholischen Ausflüge ein Ave Maria aufgesagt hatte, war ich jetzt an einem Ort, an dem völlig andere Regeln galten. Nicht, dass ich lange gebraucht hätte, um mich einzufügen. Als ich ankam, konnte ich kein Wort Englisch und auch kein Hebräisch, aber ich lernte recht schnell. Inzwischen konnte ich mich wie ein Chamäleon anpassen, wenn es sein musste. Kein Problem, solange niemand mir Beachtung schenkte. Nur ein einziges Mal passierte mir ein Patzer. Eines Samstags, nachdem wir in der Synagoge gewesen waren, kam ich nach Hause und klingelte an der Tür. Damit hatte ich in meinen Augen einen schrecklichen Fehler begangen. Am Sabbat eine elektrische Klingel zu betätigen war ein Regelverstoß. Zwar regte sich niemand darüber auf, aber ich fühlte mich noch jahrelang schuldig und konnte den Zwischenfall nie vergessen. Mir war ein Fehler unterlaufen. Ich hatte gepatzt. Ich gestattete mir keine Fehler in Gegenwart meiner Mutter. Ich musste mich immer absolut tadellos benehmen.

Trotz der religiösen Atmosphäre im Haus und der damit einhergehenden Traditionen, die mir zunächst völlig unvertraut waren, fühlte ich mich alles in allem sehr wohl dort. Ich war wieder bei meiner geliebten Großmutter, einem Onkel, einer Tante und vier bzw. letztendlich fünf Cousins und Cousinen. Zvi, Gita, Myer, Shloime (sein englischer Name war Alexander, benannt nach meinem Großvater mütterlicherseits) und schließlich Esther. Zum ersten Mal, seit ich denken konnte, hatte ich eine richtige Familie. Meine Mutter besaß keine Arbeitserlaubnis für Großbritannien und arbeitete daher schwarz als Verkäuferin, obwohl sie auf Nachfrage immer hinzufügte, dass sie auch ein bisschen modelte.

Ich liebte England. Der nie endende Nebel, die Art, wie wir uns langsam zur Schule vortasten mussten, wenn richtige Milchsuppe herrschte, den Shilling, den man in den Gaszähler stecken musste, bevor alle zusammen (und sehr schnell, bevor das Wasser kalt wurde) in die Badewanne stiegen. Der große Garten mit dem alten Birnbaum in der Mitte und dem Rhabarber und den Ratten am hinteren Ende. Alles war neu und wunderbar. Der Lebertran, den meine Tante uns einmal die Woche zu trinken zwang, das Eis, das wir nach dem Ende des Gottesdienstes in der Synagoge am Samstagmorgen erhielten. Alles spielte zusammen und wurde zu einer der besten Zeiten meines Lebens. An den jüdischen Feiertagen wie Pessach (Passah) und Chanukka (Lichterfest) durften die Kinder, auch ich, bei meinem Onkel auf dem Schoß sitzen und alte hebräische Lieder singen. Meine Großmutter kümmerte sich um das Kochen und Backen. Wir Kinder standen gierig herum und konnten es kaum erwarten, bis Großmutter uns den Rücken zukehrte, um schnell kleine Küchlein oder Kekse zu stibitzen, die zum Abkühlen auf dem Tisch lagen, bevor sie uns aus der Küche scheuchte.

Das Haus in Stamford Hill in London war eine Doppelhaushälfte aus der Zeit Edwards VII. mit vielen Zimmern. Im Nachhinein weiß ich, dass es wohl ursprünglich für eine Mittelschichtsfamilie mit Bediensteten gebaut worden war. Es verfügte über eine große Eingangshalle mit zwei Empfangsräumen, letzterer mit großen Verandatüren, die zu einem ehemals gepflegten Garten hinausführten. Über einige nach unten führende Stufen gelangte man in den Aufenthaltsraum für das Personal und die dahinterliegende Küche. Oben auf dem Treppenabsatz befanden sich eine Toilette und ein Schlafzimmer. Dort wohnte ein Verwandter meiner Tante. Wir nannten ihn Onkel Poldi. Ich wusste eigentlich gar nichts über ihn, außer dass er das Zimmer von meinem Onkel gemietet hatte und Modeschmuck verkaufte, große Diamantketten und allerlei ähnlichen Glitzerkram, die er allesamt in einer Truhe in seinem Zimmer verwahrte. Wir Kinder schlichen uns immer in sein Zimmer, sobald er weg war, und betrachteten neugierig die Stücke, die in unseren Augen wunderbare Schätze waren.

Meine Großmutter Karoline und meine Tante führten die ganze Zeit über eine Art Putzfehde. Meine Tante Blanka verabscheute Hausarbeit und Putzen aus tiefstem Herzen. Meine Großmutter war das genaue Gegenteil. Das höchste Kompliment, das sie irgendjemandem zollen konnte, lautete, dass sein oder ihr Haus so sauber sei, dass man vom Fußboden essen könne. Mit vier kleinen Kindern und einem weiteren, das unterwegs war, konnte man Blanka nicht zum Vorwurf machen, dass sie es nicht so genau nahm (um es höflich auszudrücken), doch meine Großmutter ging mit List und Tücke vor, zog zum Beispiel hinter ihrem Rücken die Betten ab und weichte die Bettwäsche in der Badewanne ein, sodass ihre Schwiegertochter gezwungen war, sie zu waschen. Mein Onkel Felix war Karoline der beste aller möglichen Söhne, und sie stellte ihn auf ein sehr hohes Podest. Ebenso wie ich. Er war ein korpulenter Mann, hochgewachsen mit breiten Schultern, mit rotem Haar wie seine Schwester, und seiner Familie gegenüber sehr fürsorglich. Ich war so begierig darauf, dazuzugehören, dass er für mich zum Vater ehrenhalber wurde.

In der Schule erwies ich mich zu meiner eigenen Überraschung als gute Schülerin. Gleich im ersten Schuljahr gewann ich einen Preis im Rechnen – ein Puppengeschirr in einem Pappkarton. Ich war begeistert, fiel aber auch aus allen Wolken, denn in der Klosterschule in Rom hatte ich immer als dumm gegolten. Ich war jedes Mal überrascht, wenn mir etwas Gutes passierte, was wohl daran lag, dass ich nie Lob oder Ermutigung von meiner Mutter erhielt. Sie sagte mir nie, dass ich hübsch sei, was ich tatsächlich war, oder klug oder irgendetwas anderes Positives. Der Fairness halber muss ich hinzufügen, dass sie überhaupt nicht viel zu mir sagte, weder Positives noch Negatives. Normalerweise ignorierte sie mich. Ich wiederum sah sie so wenig wie möglich, und je weniger ich von ihr sah, desto glücklicher war ich.

Im Februar 1949 wurde uns das Visum für Südafrika ausgestellt und wir stachen von Southampton aus mit der *SS Edinburgh Castle* in See. Ich war noch nie zuvor auf einem Schiff gewesen und genoss jede Minute. Meine Mutter war die ganze Zeit furchtbar seekrank, verließ kaum ihre Kabine und interessierte sich nicht dafür, was ich trieb, und das war herrlich. Ich erkundete das gesamte Schiff, versuchte vergeblich, mich in die erste Klasse zu schleichen, und staunte über das reichliche Essen, weil in London so lange Zeit eher Schmalhans Küchenmeister gewesen war. Damals war ich neun Jahre alt. Vor unserer Reise nach Südafrika hatte ich noch nie ein Buch gelesen, aber mein Onkel schenkte mir zum Abschied ein Werk mit dem Titel *England's Countryside*, voll mit Schwarz-Weiß-Bildern von friedlichen Landbewohnern bei der Heuernte und beim Schafehüten. Ich las es und von da an wurden Bücher zu meiner Fluchtburg vor der Welt.

Nach unserer Ankunft in Durban fuhren wir mit dem Zug nach Johannesburg. Meine Mutter hatte fünfzig Pfund bei sich und damit mieteten wir ein Zimmer bei einer Familie in der Alexandra Street 8 in Berea. Inzwischen waren die zahlreichen Kleider, die meine Mutter in Italien besessen hatte, ebenso wie viele andere Dinge verschwunden, warum oder wohin weiß ich nicht. Was ist mir ihrem Seehundmantel, ihren Hüten und Seidenstrümpfen passiert? Sie besaß nur noch ein oder zwei Kleider, wie es einer mittellosen Witwe geziemte. Sie fand eine Arbeit als Schreibkraft und ich wurde zur Schule geschickt. Dort machten sich meine Mitschüler über meinen britischen Akzent lustig, und ich fand es schwierig, mich einzufügen. Von Zagreb war ich nach Rom gekommen, von London nach Südafrika, ich hatte in einem Kloster gewohnt, hatte eine Ex-Nonne als Kinderfrau, ich hatte Ave-Marias auf Kirchenstufen gebetet, die Todsünde einer am Sabbat betätigten Türklingel in einem ultraorthodoxen jüdischen Haushalt begangen – alles in allem war ich ein ziemlich konfuses kleines Mädchen ...

Das Einzige, was mich an meiner Schule zu etwas Besonderem machte, war mein Bericht über unsere Flucht vor den Nazis, diese tolle Geschichte, die meine Mutter mir so oft erzählt hatte und die ich auf Bitten der Lehrerin gewissenhaft vor meiner Klasse wiederholte. Ich fühlte mich sehr allein und unsicher. Ich hatte keinen Erwachsenen, an den ich mich wenden konnte, keine Karoline, keine Maria, keine Großfamilie, überhaupt niemanden. Ich wusste nie, warum ich jemanden brauchte, der mich beschützte, aber ich habe mich immer danach gesehnt. Meine Karoline war weit weg in London, und ich habe sie nie wieder gesehen. Ich hatte keine Cousins und Cousinen mehr, mit denen ich spielen konnte, keinen Onkel, keine Lieder oder andere traditionelle Rituale, die mir ein Gefühl der Sicherheit gegeben hätten. Ich war allein mit meiner Mutter, vor der ich Angst hatte. Mit neun Jahren fing ich wieder an, ins Bett zu machen. Meine Mutter sagte überhaupt nichts dazu, wechselte einfach wortlos die Bettwäsche, als ob nichts geschehen wäre. Sie hat mich weder bestraft noch nachgefragt, ob etwas nicht stimmte. Ich glaube, das ist ihr einfach gar nicht in den Sinn gekommen. Ich hatte damals das Gefühl, dass sie mich als eine Art Haustier betrachtete, das man ihr aufgezwungen hatte und das sie nicht besonders gern mochte, aber um das sie sich dennoch kümmerte, wenn sie Zeit hatte.

Ich beschäftigte mich auf meine eigene Weise. Ich trat in die Bücherei ein, die am Ende der Straßenbahnlinie lag und von einer sehr unfreundlichen Bibliothekarin geleitet wurde. Ihre dicke Brille und ihr beständiges Stirnrunzeln konnten mich jedoch nicht abschrecken. Ich las alles, was mir in die Hände fiel. Ich fuhr in die Innenstadt, wurde Mitglied einer US-amerikanischen Bibliothek und verschlang alle Bände der Reihe *Unsere kleine Farm* von Laura Ingalls Wilder. Ich setzte mich in Buchläden und vertiefte mich in die Werke von Enid Blyton und die *William*-Bücher von Richmal Crompton ebenso wie in alles andere, was mir in die Finger kam. Ich machte mich selbst so unsichtbar wie möglich. Niemand hatte mich je hinausgeworfen, obwohl man mich einmal beinahe eingeschlossen hätte. Der Buchhändler drehte das Licht aus und machte sich daran abzuschließen, ohne sich bewusst zu sein, dass ein kleines Mädchen hinter einem der Regale saß und las, ohne ein einziges Buch zu kaufen. Ich besuchte die Kunstgalerie in Joubert Park und nahm dort jedes Gemälde genau in Augenschein. Ich entdeckte das Kino und konnte für einen Sixpence jede Matinee besuchen. Manchmal kamen Opern-Ensembles nach Johannesburg und gaben verbilligte Karten für Schulkinder aus. Also saß ich nach der Schule in der Oper, in einem praktisch leeren Saal, und erlebte Aufführungen von *La Traviata* oder *La Bohème*. Das Repertoire dieser Operntruppen war normalerweise beschränkt und das Bühnenbild so kümmerlich, dass es fast nicht existierte. Ein Stuhl, ein Tisch und natürlich ein Bett zum Sterben, wenn dies der Heldin bestimmt war, was meist der Fall war. Auch die Operettenfilme mit Nelson Eddy und Jeanette MacDonald ließ ich mir nicht entgehen. Ich liebte Operetten, weil darin die Lieder vorkamen, die meine Großmutter immer gesungen hatte, deshalb erinnerten sie mich an sie und trösteten mich, die ich allein in einem fremden Land lebte.

Wie vielleicht zu erwarten, bestand Gretas Hauptziel zu dieser Zeit darin, einen Ehemann zu finden. Bei den vermögenden Kandidaten hatte sie wenig Erfolg. Vielleicht hing es damit zusammen, dass sie keine Kinder mehr bekommen konnte. Ich war ein zusätzlicher Hemmschuh. Ich frage mich oft, warum sie mich überhaupt mit nach Südafrika genommen hat. Von meinen Cousins und Cousinen weiß ich, dass die Londoner Familie sie überreden wollte, mich bei ihnen in England zu lassen, aber das wollte sie nicht. Ich kann mir nur vorstellen, dass bei unserer Ankunft in Südafrika, im Februar 1949, bereits im Gespräch war, dass die deutsche Regierung Entschädigungen für Opfer des Nationalsozialismus zahlen wollte.

Dennoch heiratete Greta 1950, knapp ein Jahr nach unserer Ankunft, einen jüdischen Flüchtling aus Deutschland, den 46-jährigen Ernst Reichmann. Er war gemeinsam mit seinem Bruder und seinen Eltern 1936 nach Südafrika emigriert. Die Familie hatte 1826 eine Bank in Landsberg an der Warthe gegründet, die eine Niederlassung in Berlin besaß und 1926 hundertjähriges Firmenjubiläum feierte. Der Silberteller, der anlässlich dieses Ereignisses angefertigt wurde, befindet sich immer noch in meinem Besitz. 1929 ging die Bank wie so viele andere in Konkurs. Bis dahin war die Familie meines Stiefvaters vermögend gewesen. Er hatte nie eine Schule besucht, sondern war von Hauslehrern unterrichtet worden und hatte keine Berufsausbildung durchlaufen. Seine Eltern dachten wahrscheinlich, dass diese Erziehung ausreichte, um ins Bankgeschäft einzusteigen. Als Hitler an die Macht kam, war es unmöglich für ihn, eine Arbeit zu finden. 1936 durften Juden Deutschland noch mit all ihren Möbeln, wenn auch ohne ihr Geld verlassen. Bei ihrer Ankunft in Johannesburg hatte die Familie jede Menge Silber, Gemälde und Antiquitäten im Gepäck.

Die besten Stücke wurden natürlich nach und nach verkauft, um für den Lebensunterhalt in Südafrika aufzukommen. Während ich dies schreibe, bin ich immer noch von ein paar Überbleibseln ihres einstigen Reichtums umgeben.

Meine Mutter mit Ernst Reichmann, meinem Stiefvater.

1950, als Ernst Reichmann und meine Mutter heirateten, war sein Vater bereits verstorben. Wir besuchten Jenny, Ernsts Mutter, in *Our Parents' Home*, dem jüdischen Altersheim in Johannesburg. Sie war eine kleine, zerbrechliche Dame, die ich nur dieses eine Mal traf. Sie sprach sehr wenig, und ich frage mich, was sie wohl darüber gedacht hat, dass ihr einst wohlhabender und umschwärmter Sohn eine Frau heiratete, die ein Kind mit in die Ehe brachte. Ich besitze einige Fotos von Ernsts Bruder Hans aus den Goldenen Zwanzigern – ein Playboy, wie er im Buche steht. Ernst war der attraktivere der beiden, aber sehr still und schüchtern. Ein freundlicher, zurückhaltender Mann, der keinerlei Erfahrung mit Kindern und wohl auch nicht mit Frauen hatte, sodass er schnell von der übermächtigen Persönlichkeit meiner Mutter dominiert wurde. Jeden Samstagmorgen ging er in die Synagoge, zusammen mit meiner Mutter, die ihr Judentum nach der Ankunft in Johannesburg äußerst demonstrativ zur Schau stellte. Im Gegensatz zu ihrer Zeit in Rom.

Jenny starb kurz vor der Hochzeit, und wir zogen in Ernsts Zweizimmerwohnung in Hillbrow. Ich war todunglücklich. Ich hatte das

Gefühl, dass meine Mutter einen Verbündeten gefunden hatte, während ich niemanden hatte, der mich beschützte. Die Frage, vor was ich beschützt werden wollte, stellte ich mir allerdings nicht. Ich verbrachte jeden Abend allein in dem einen der beiden Zimmer und weinte die ganze Zeit, während sich Ernst und Greta im anderen Zimmer aufhielten. Meine Mutter kam kein einziges Mal zu mir, um mich zu trösten, und ich suchte nie die Gesellschaft der beiden, um mit ihnen zu reden. Sonntags gingen wir zusammen aus, manchmal um Freunde von ihnen zu besuchen, die alle ebenfalls Flüchtlinge waren, oder wir unternahmen eine Spritztour mit dem Auto, wie es damals üblich war. Wir fuhren durch Houghton, einen edlen Vorort von Johannesburg, in dem es viel anzusehen und zu bewundern gab, und kehrten dann irgendwo ein und tranken Tee und aßen Crumpets dazu. Ich zog los, um nach vierblättrigen Kleeblättern oder interessanten Insekten Ausschau zu halten. Wenn meine Eltern Freunde besuchten, wanderte ich im Garten umher oder setzte mich allein in ein anderes Zimmer, um ein Buch oder eine Zeitschrift zu lesen. Im Rückblick scheint es so offensichtlich, dass ich mich nach Kräften bemühte, so wenig wie möglich mit meiner Mutter zu tun zu haben. Doch damals fand niemand mein Verhalten ungewöhnlich, ich selbst natürlich auch nicht. Ich war einfach ein stilles Mädchen, das gern las.

Ernst arbeitete anfangs als Vertreter für eine Süßwarenfabrik. Mit seinem Musterkoffer klapperte er die Eckcafés ab, die die Süßwaren dann bei ihm bestellten. Sein Einkommen war bescheiden, was sich in der kleinen Zweizimmerwohnung widerspiegelte, in der wir anfangs lebten. 1954 hatte er es zu einer Dreizimmerwohnung in Yeoville, einer etwas besseren Gegend, gebracht. Er war nun selbstständiger Handelsreisender, der mehrere Firmen vertrat und mit seinen Artikeln durchs Land reiste.

Er besaß eine Vauxhall-Limousine, einen Wagen der unteren Preisklasse, den er benötigte, um sein Gewerbe zu betreiben. In den Schulferien nahm er mich manchmal mit, wenn er durch die Kleinstädte tourte und Bestellungen für braunes Packpapier, Pappkartons, Band oder andere Musterwaren entgegennahm, die die Ladenbesitzer vor dem Aufkommen der Plastiktüte brauchten. Ich genoss diese Ausflüge zu kleinen verschlafenen Provinznestern, in denen Ernst sich abmühte, Afrikaans mit den Ladenbesitzern zu sprechen. Die einfachen Unterkünfte, in denen wir übernachteten, waren in meinen Augen der

Gipfel des Luxus. Immer wenn wir beide allein waren, verbrachten wir sehr schöne, ruhige Stunden miteinander. Dennoch gab ich immer ihm die Schuld für meine dauernde Traurigkeit und die Angst, die sich dahinter verbarg. Ernst, der kaum je die Stimme gegen mich erhob und mir nie ein Leid zugefügt hat, war der Grund, mit dem ich mir selbst erklärte, warum ich zu Hause unablässig traurig war. Ich war unfähig, Greta für irgendetwas die Schuld zu geben.

Sie arbeitete anfangs als Schreibkraft für eine kleine Firma, die Spielzeug importierte. 1956 kaufte sie sich plötzlich ein Auto, und wir wurden eine Familie mit zwei Autos, was zu jener Zeit und in den Kreisen, in denen wir verkehrten, höchst ungewöhnlich war. Im Juni desselben Jahres machte sie Urlaub in Europa. Außerdem kündigte sie ihren Job und fing an, Spitzenborten, Bänder und modische Knöpfe an Bekleidungsunternehmen zu verkaufen. Durch diese Arbeit, die sie nur am Vormittag ausübte, verdiente sie, wie sie behauptete, so viel Geld, dass sie von nun an jeden Sommer nach Europa reiste. Wenn sie dort war, ging sie in London in die Regent und die Bond Street und kaufte die feinsten Kleider, teure Schuhe und Jaeger-LeCoultre-Uhren. Meine Cousins und Cousinen dachten, sie hätten eine reiche Tante in Südafrika. Eine sehr großzügige Tante, die ihnen immer Geschenke mitbrachte. Sie wunderten sich, warum sie mich nie auf eine dieser Reisen mitnahm, aber sie fuhr immer ohne mich. Meine Mutter besuchte Verwandte in Frankfurt, reiste weiter zu Verwandten in Israel, fuhr zurück nach Italien und gönnte sich im Allgemeinen ausgedehnte und kostspielige Ferienaufenthalte in Europa. Natürlich gab sie nie zu, dass es sich dabei tatsächlich um Urlaub handelte. Nein, sie war gezwungen zu reisen, um ihre Mutter Karoline zu besuchen, als pflichtbewusste Tochter konnte sie nicht anders. Nachdem meine Großmutter 1961 gestorben war, musste sie fahren, um ihr Grab aufzusuchen.

Den Papierkram für ihr Unternehmen nahm sie nie mit nach Hause. Sie bewahrte die Unterlagen in einem Schreibtisch in ihrem alten Büro auf, wo sie als Sekretärin gearbeitet hatte, und erledigte ihre geschäftlichen Angelegenheiten von dort aus. Daher war niemand in der Lage, den Umfang ihres Geschäftes zu beurteilen oder die Frage zu beantworten, wie sie sich den ganzen Luxus leisten konnte. Ende der 1950er, Anfang der 1960er Jahre fuhren schließlich nur die Superreichen in Südafrika jährlich nach Europa. Als Greta viele Jahre später – 1978 – Südafrika für immer verließ, bat ich sie, mir dieses äußerst lukrative Geschäft zu überlassen. Da die Arbeit sich praktisch von allein erledigte, schien es eine gute Idee, das Geschäft an die Tochter weiterzugeben. Sie übertrug es aber weder auf mich, noch verkaufte sie es. Heute ist mir klar, dass dieses Unternehmen immer klein war und vierzehn Jahre später wahrscheinlich zu unbedeutend, um es an irgendjemanden zu vererben oder zu verkaufen. Das Geschäft diente von Anfang an einzig und allein dem Zweck, eine Erklärung für ihren plötzlichen Reichtum zu liefern.

1978 verließen meine Mutter und mein Stiefvater Ernst Südafrika, um fortan in Berlin zu leben. Er litt zwar unter Herzbeschwerden, und das feuchte Klima in Berlin war nicht dazu angetan, seinen Zustand zu verbessern; außerdem gefiel es ihm in Südafrika, er war meinen Kindern ein guter Großvater und plante, seinen Lebensabend hier zu verbringen. Doch davon wollte meine Mutter nichts hören. Sie wollte unbedingt nach Deutschland. Ihr Motiv für den Umzug nach Berlin ist mir bis heute nicht klar, außer dass sie ihr Leben im Vorkriegsberlin geliebt hat und in die Stadt ihrer Jugend zurückkehren wollte. Zwischen 1931 und 1933 hatte sie zwei Jahre lang bei ihrer Tante und ihrem Onkel, Karolines Schwester und Schwager, in Berlin gewohnt. Nach Ernsts Tod im Jahr 1981 ließ sie ihm den kleinsten Grabstein setzen, den ich je gesehen habe, aber sie meinte, er sei so klein, weil Ernst ein so bescheidener Mann gewesen war. Das war er.

Die nächsten zwanzig Jahre lebte Greta in Berlin-Wilmersdorf. Wenn sie ein Taxi rief, tat sie so, als wäre sie eine Deutsche alter Schule. Mit deutschen Taxifahrern plauderte sie über das glanzvolle Vorkriegsberlin, über *»die schönste Stadt der Welt«*, wie sie es ausdrückte. Wenn der Taxifahrer ein Türke war, tat sie das nicht, weil er vielleicht nicht beeindruckt gewesen wäre. Allerdings rutschten auch deutsche Taxifahrer unbehaglich auf ihren Sitzen hin und her und schienen sich bei ihren Geschichten über das glanzvolle Berlin der Dreißiger Jahre ein bisschen unwohl zu fühlen. Ich saß peinlich berührt auf dem Rücksitz, sagte aber nichts. Greta war einerseits die jüdische Großmutter, voller Hass auf jene, die den Nazis geholfen hatten, die Juden in die Konzentrationslager zu bringen, wie die Kroaten, war aber andererseits offensichtlich voller Bewunderung für die Deutschen und Deutschland. Berlin war der Ort, an dem sie am glücklichsten gewesen war und wo sie am liebsten sein wollte.

Als mein Stiefvater Ernst Südafrika verließ, um nach Berlin zu ziehen, sagte er mir, dass verschiedene Geschäftsleute ihm noch

Geld schuldeten. Er hatte ihnen aufgetragen, dieses Geld an mich zu zahlen. Der Betrag, der schließlich auf meinem Konto einging, belief sich auf 9 000 Rand, was damals fast 150 00 Dollar entsprach. Ernst wusste von den Problemen, die ich damals mit meinem Ehemann hatte. Das Haushaltsgeld aus ihm herauszuholen, erforderte allmonatlich zähe Anstrengungen – die Extraktion eines Backenzahns ohne Betäubung. Als ich das Geld von Ernst bekam, fing mein Mann an, die 9000 Rand durch ein einfaches Mittel zu verringern – er gab mir einfach jeden Monat weniger Haushaltsgeld, sodass der Notgroschen ziemlich schnell zu schwinden begann. Nachdem ich Ernst in einem Brief davon berichtet hatte, kam mein Onkel Felix mit einer, wie es schien, genialen Lösung daher.

Er schlug vor, dass ich ihm das restliche Geld von Ernst geben solle, damit er mir davon ein Haus in England kaufen konnte. Er würde sich um die Vermietung und Instandhaltung kümmern und die Mieteinnahmen auf mein Konto überweisen. Er erwarb Häuser auf Auktionen. Damals hatten Mieter in Großbritannien nicht nur das Recht, auf Lebenszeit in ihrer Mietwohnung zu bleiben, sondern konnten die Wohnung auch nach ihrem Tod auf ihre Familien übertragen, und der Vermieter konnte ihnen weder kündigen noch die Miete erhöhen. Aufgrund dieser geschützten Mietverhältnisse und der sehr geringen Mieten (damals ein Pfund pro Woche) wurden solche Häuser verständlicherweise zu sehr günstigen Preisen versteigert. Trotzdem reichte mein Geld nicht für den Kauf, woraufhin Ernst eine zusätzliche Summe von 4 500 Pfund schickte, um die Differenz auszugleichen. So kam ich zu einem Haus im englischen Ramsgate.

Anfang der 1980er Jahre stand meine Ehe auf ausgesprochen wackligen Beinen, was mein Onkel sehr genau wusste. Er wusste auch von meiner prekären finanziellen Situation und dass mein Mann, der selbst Anwalt war, gedroht hatte, dass ich im Falle einer Scheidung völlig mittellos dastehen würde. Damals hatte ich für drei Kinder zu sorgen: eine Tochter, der ein Bein amputiert worden war, einen Sohn, der Legastheniker war, und einen weiteren, hyperaktiven, der mit Lernschwierigkeiten zu kämpfen hatte. Deshalb war ich natürlich sehr dankbar für die einzige sichere finanzielle Investition, um die sich mein Onkel in meinem Namen kümmerte – mein Haus in England. Ich arbeitete damals als Bibliothekarin, kein Job, mit dem man eine vierköpfige Familie ernähren konnte.

Ich erkannte, dass es von Vorteil wäre, wenn ich ein paar Zusatzqualifikationen erwarb, um mit der allmählich unausweichlich erscheinenden Scheidung umzugehen. Also schrieb ich mich an der Universität ein, machte ein paar Abschlüsse und erhielt 1981 ein Forschungsstipendium, das ich für Recherchen beim Public Record Office in London nutzte. Ich wohnte bei meinem Cousin Zvi, der damals im Immobiliengeschäft seines Vaters tätig war. Ihr Gebaren, wenn ich über mein Haus in Ramsgate sprach, verunsicherte mich. Als ich sie schließlich so weit hatte, mir das Haus zu zeigen, verhinderten sie, dass ich aus dem Auto stieg, um es mir anzusehen. Nach diesem Ausflug saß ich auf einer Bank im Regent's Park und dachte über die ganze Sache nach. Irgendetwas stimmte nicht, aber ich kam nicht dahinter, was es war. Mir fehlten die Mittel und die Kenntnisse, um es herauszufinden, solange ich in London war. Inzwischen fragte ich mich sogar, ob das Haus tatsächlich mir gehörte.

Zurück in Südafrika schrieb ich einen Brief an das Land Registry Office in London und fragte an, ob das Haus auf meinen Namen eingetragen war. Ich erfuhr, dass es das tatsächlich war, aber auch, dass mein Onkel gerade versuchte, es auf den Namen einer seiner Firmen umschreiben zu lassen. Der ältere Mieter, der in dem Haus wohnte, war an Demenz erkrankt und sollte in ein Heim kommen. Seine Frau wollte ihn nicht allein dorthin gehen lassen und die Tochter, die in das Haus hätte einziehen dürfen, wenn sie es gewollt hätte, hatte einen Amerikaner geheiratet und lebte in den Staaten. Das Haus stand leer, und war jetzt fünfmal so viel wert wie zum Zeitpunkt des Kaufes.

Ich hatte Felix anfangs eine Vollmacht erteilt, um die Eigentumsübertragung zu erleichtern, deshalb befanden sich die Eigentumsurkunden in seinem Besitz. Jetzt, wo ein saftiger Gewinn winkte, wollte mein Onkel das Haus sich selbst aneignen. Er hatte es sogar bereits ohne mein Wissen an jemanden verkauft. Dazu hatte er die ursprüngliche Vollmacht genutzt, die ich ihm ausgestellt hatte, ohne freilich zu bemerken, dass sie abgelaufen war. Einer tüchtigen britischen Beamtin fiel auf, was er im Schilde führte, und sie weigerte sich, das Eigentum auf ihn zu übertragen.

Als ich die relevanten Dokumente durchsah, entdeckte ich, dass das Haus ihn viel weniger gekostet hatte, als der Preis, den ich dafür bezahlt hatte. Tatsächlich hatte ich das Haus von ihm erworben und nicht auf einer Auktion, wie er mir vorgegaukelt hatte. Außerdem hatte er mehr als tausend Pfund an Mieteinnahmen erhalten und sie nicht auf mein Konto überwiesen. Als ich ihn damit konfrontierte, stritt er alles ab und weigerte sich, mir die Eigentumsurkunden zu übergeben.

Meine Mutter nahm gegenüber diesem Familiendrama eine widersprüchliche Haltung ein. Anfangs weigerte sie sich, irgendetwas zu unternehmen und wollte noch nicht einmal mit ihrem Bruder darüber sprechen. Nach intensivem Drängen von meiner Seite fuhr sie dann doch nach London. Sie drohte, irgendeine andere illegale Sache, derer er sich schuldig gemacht hatte, aufzudecken, doch trotz dieser Drohung geschah nichts. Er war nach wie vor nicht bereit, sich von den Eigentumsurkunden zu trennen. Nach vielen Anstrengungen machten wir sie schließlich bei einer Bank außerhalb von London ausfindig, wo sie als Sicherheit für einen Geschäftskredit gedient hatten.

Die ganze Angelegenheit war unangenehm und peinlich. Außer Shloime waren alle Kinder meines Onkels überzeugt, dass er nichts Unrechtes getan hatte. Aber wenigstens war Shloime, der damals eine Ausbildung zum Rabbi machte, auf meiner Seite. Ich konnte es mir leisten, einen Anwalt zum Aufspüren der Dokumente einzuschalten, weil mein Mann mich finanziell unterstützte. Das tat er, weil ich meinen Onkel immer als höchst anständigen Menschen betrachtet und als leuchtendes Beispiel dafür hingestellt hatte, wie ein guter Ehemann und Vater sich verhalten sollte. Jetzt war es für meinen Mann eine große Genugtuung, mir zeigen zu können, dass hinter der frommen Fassade ein waschechter Gauner steckte. Ronnie, mein Mann, übergab den Fall einem seiner Partner in seiner Kanzlei Deneys Reitz. Der Partner, ein Mr. Kaplan, war Jude und selbst Kriegsgefangener in Italien gewesen. Er konnte nicht verstehen, wie ein Kind, das seinen Vater im Holocaust verloren hatte, auf so schäbige Weise von seinem Onkel behandelt wurde. Als ich nach London kam, dachte der Anwalt bei unserem ersten Beratungsgespräch, dass die Person, um die es ging, ein alter Freund der Familie und lediglich ein »Nennonkel« sei. Nein, erklärte ich, er sei der Bruder meiner Mutter. Es war ein schmerzliches Gespräch.

Mein heiß geliebter Onkel, den ich als eine Art Vater betrachtet hatte, sah mich lediglich als Mittel, um sich auf meine Kosten zu bereichern, nicht anders, wie mir später klar wurde, als seine Schwester. Das Ergebnis dieser unangenehmen Offenbarung war, dass er unter ziemlichem Getöse von dem hohen Podest stürzte, auf das ich ihn gestellt hatte.

Ich fragte mich, ob meine seltsamen Erinnerungsausfälle ihn zu der Annahme verleitet hatten, dass ich mich leicht übers Ohr hauen ließ. Trotz meiner vier Universitätsabschlüsse behandelten mich die beiden immer wie einen kleinen Trottel. Meine Großmutter Karoline und ich galten als die geistig Minderbemittelten der Familie. Man konnte nicht wirklich ernst nehmen, was wir beide sagten.

Die Beziehung zwischen meinem Onkel Felix und meiner Mutter, seiner Schwester, war sehr komplex. Ich erinnere mich, dass mein Onkel sich zustimmend äußerte, als meine Mutter und mein Stiefvater 1978 von Johannesburg nach Berlin übersiedelten.

»Lass sie gehen. Lass sie gehen. Je weiter sie von dir weg ist, um so besser!« Ich fand es höchst seltsam, so etwas über die eigene Schwester zu sagen.

Trotz Gretas zahlreicher Reisen nach Übersee fuhr sie erst wieder 1984 nach Zagreb, zweiundvierzig Jahre, nachdem sie es verlassen hatte. Wir unternahmen die Reise gemeinsam und stiegen in einem piekfeinen Vorkriegshotel ab. Damals glaubte ich noch alles, was sie mir über unsere Zeit in Zagreb, über unsere Verwandten und das Geschehen im Krieg erzählte. Aus diesem Grund war ich erstaunt, dass sie nicht wissen wollte, ob jemand von unserer Familie überlebt hatte. Sie zeigte auch keinerlei Interesse an alten Schulfreunden. Die einzige Person, die sie besuchte, war ein Verwandter von irgendjemandem, den sie aus Johannesburg kannte, der die Kriegsjahre als Kind in der Schweiz verbracht hatte und viel jünger war als sie. Davon abgesehen schien sie kein Interesse an irgendjemand zu haben.

Damals war Zagreb immer noch ein Teil des paranoiden kommunistischen Regimes. Um ein simples Telefonat aus dem Hotel zu führen, musste man sich an die Rezeption wenden und stieß dabei auf alle möglichen Schwierigkeiten. Ich bekam schließlich heraus, dass es drei Leute mit meinem Mädchennamen Bernfest im Telefonbuch gab, und fand außerdem die Telefonnummer eines Cousins von meinem Vater, der Vlado Mucić hieß. Greta weigerte sich rundheraus, jemanden von den Bernfests zu treffen, und allein konnte ich es nicht, weil ich befürchtete, dass meine Sprachkenntnisse nicht ausreichten, und ich nicht wusste, ob sie Englisch sprachen. Deutsch zu sprechen könnte sich in Anbetracht ihrer Kriegserlebnisse als kontraproduktiv erweisen. Ich wusste allerdings, dass Vlado Mucić an der Universität von Zagreb lehrte und daher wahrscheinlich ein bisschen Englisch sprach. Also rief ich ihn selbst an und vereinbarte einen Termin für ein Treffen. Es folgte eine absolut harmlose Begegnung. Anfangs sagte Greta mir, dass Vlado die wertvolle Briefmarkensammlung meines Vaters gestohlen hätte und sie deshalb nichts mit ihm zu tun haben wolle. Als wir uns trafen, stellte ich fest, dass Vlado 1941, als die Deutschen Zagreb besetzten, vierzehn Jahre alt gewesen war. Seine Eltern waren geschieden und seine Mutter war keine Jüdin, deshalb überlebte er den Krieg im Gegensatz zu seinem Vater, der im Konzentrationslager ums Leben kam, relativ unbeschadet. Er wusste gar nichts davon, dass mein Vater eine Briefmarkensammlung besessen hatte, nicht einmal, dass er Briefmarken gesammelt hatte! Meine Mutter hatte sich das alles ausgedacht, um mich davon abzuhalten, ihn zu treffen.

Was ich noch seltsamer fand als ihre Ansichten über die Verwandten meines Vaters, war ihre Einstellung zur jüdischen Gemeinde in Zagreb oder dem, was davon übrig war. Immerhin waren das die Menschen, mit denen sie aufgewachsen war, Verwandte von Familienangehörigen und Freunden, die einen furchtbaren Tod gestorben waren. Jetzt war Greta, geschmückt mit ihren goldenen Armbändern und Diamantringen, nach Zagreb zurückgekehrt. Das Zentrum der jüdischen Gemeinde in Zagreb war im Jahr 1984 sehr klein und steckte offenkundig in finanziellen Nöten. Ich war auf Einladung meiner Mutter mit nach Zagreb gekommen, hatte aber kein eigenes Geld. Das machte mich um so verlegener, als sie sich unumwunden weigerte, etwas für die Gemeinde zu spenden. Nicht einmal ein paar Münzen für die Sammelbox. Ein Mangel an Großzügigkeit hatte nie zu ihren Fehlern gehört. Ihre ganze Haltung dort war merkwürdig. Ich verstand sie einfach nicht.

Während unseres Aufenthalts bat ich Greta, mir zu zeigen, wo wir in Zagreb gewohnt hatten. Sie führte mich zu einem Vorort voller offenbar teurer Villen. Vor einer davon hielt sie an, einem zweistöckigen Gebäude mit einem großen Park davor. Hier, behauptete sie, hätten wir vor der deutschen Besatzungszeit gelebt. Ich schlug vor, hineinzugehen und die Leute zu fragen, ob wir uns einmal umschauen dürften, aber sie lehnte ab.

»Sie haben wahrscheinlich immer noch die ganzen Möbel, die sie mir gestohlen haben – warum sollte ich mir das anschauen?« Damals schien mir das eine einleuchtende Erklärung zu sein, bei der sich weitere Nachfragen verboten.

Drei Jahre, nachdem Ernst und Greta geheiratet hatten, kam Claudie, die Mutter meines Vaters, nach Südafrika. Sie war damals schon Ende sechzig, aber immer gepflegt gekleidet und von einer Wolke Chanel N° 5 umgeben. Claudie, die als junges Mädchen in Zagreb von einer Gouvernante erzogen wurde, hatte zum Schluss in New York als Näherin in einer Textilfabrik gearbeitet. Doch sie hatte genügend Geld für eine kleine Rente zusammensparen können und damit ließ sie sich im *Haus Stephanie*, einer Residenz für Dauergäste in der Nähe unserer Wohnung nieder.

Mit meiner Großmutter Claudie Bernfest, Split 1942.

Sie war Literaturliebhaberin und sehr belesen. Ihre Gouvernanten waren offensichtlich kompetenter gewesen als die Hauslehrer meines Stiefvaters. Sie führte mich in Émile Zolas *Nana* ein, in die Werke von Colette wie *Chérie* und die *Claudine*-Romane. Und so las ich denn mit meinen zwölf Jahren alles über Lesbierinnen, Kurtisanen und Gigolos. Kein Wunder, dass ich nie verstand, worum es eigentlich ging. Ich hielt die Claudine-Bücher für die französische Variante der Schulmädchengeschichten, ein bisschen wie Enid Blytons *Lissy will mit dem Kopf durch die Wand*, mit einer außerordentlich kapriziösen französischen Heldin. Außerdem gab Claudie mir Bücher über Kunst und machte mich mit klassischer Musik vertraut. Wir sprachen über Yehudi Menuhin, dessen Geigenspiel sie im Konzert gehört hatte, über kulturelle Themen im Allgemeinen und die aktuelle Politik in den USA. Sie war eine begeisterte Anhängerin des Präsidentschaftskandidaten Adlai Stevenson und erzählte mir wiederholt, dass die amerikanische Intelligenzija, wie sie es nannte, immer die Demokraten wählte. Als kultivierter Mensch konnte sich nur betrachten, wer Französisch sprach. Und Chanel N° 5 auftrug. Das waren die Themen, über die wir uns austauschten.

Wenn ich jetzt nach fünfzig Jahren darauf zurückblicke, ist mir klar, wie seltsam unsere Beziehung war. Claudie hatte mich zuletzt in Italien gesehen, als ich drei Jahre alt gewesen war. Jetzt war ich zwölf. Es war schwierig für mich, eine herzliche Beziehung zu ihr zu entwickeln, was umgekehrt wohl auch für sie galt. Mein Vater war ihr einziges Kind. Doch während der ganzen Zeit, die wir in Johannesburg miteinander verbrachten, von ihrer Ankunft im Jahr 1952 bis zu ihrem Krebstod im Jahr 1959, haben wir seinen Namen kein einziges Mal erwähnt. Alle Fotos, die ich von ihm besitze, und einige seiner Dokumente befanden sich ursprünglich in ihrem Besitz, aber sie hat sie mir nie gezeigt. Erst nach ihrem Tod stieß ich auf sie. Sie sprach nie über ihr Leben in Zagreb. Sie war letzten Endes zu distanziert, um eine Verbündete für mich zu sein.

Was mir jedoch wirklich fehlte, war mehr als ein Verbündeter – ich brauchte einen Retter, einen Beschützer, der stark genug war, um es mit Greta aufzunehmen und mich von ihr wegzuholen. Und siehe da – als ich sechzehn war, fand ich ihn. Damals war ich ein hübsches Mädchen mit einer netten Figur. Gerade hatte ich erfahren, dass meine Mutter mir kein Studium bezahlen würde, sondern erwartete, dass ich als Schreibkraft ins Büro ging, und das wollte ich auf gar keinen Fall.

Ich war allein in Südafrika, denn ich hatte dort keine anderen Verwandten und kein eigenes Vermögen (dachte ich damals jedenfalls). Von daher gab es für mich nur einen einzigen Ausweg aus der Situation, nämlich die Ehe. Kurz nach meinem achtzehnten Geburtstag dachte ich, ich sei schwanger und wurde schnell verheiratet, am 30. Juni 1958.

Meine Hochzeit mit Ronald (»Ronnie«) Stanley Roth, Juni 1958.

Endlich war ich frei. Ich hatte jemanden, der mich liebte, und mich gegen was auch immer verteidigen würde. Ich wusste einfach, dass ich so einen Menschen brauchte. Ronald Stanley Roth, von allen nur »Ronnie« genannt, war ein sehr attraktiver Mann, mit schwarzen Haaren, großen braunen Augen und einem hinreißenden Lächeln (ich habe noch Fotos, die das beweisen). Als Greta ihn das erste Mal traf, warf sie mir einen seltsamen Blick zu:

»Er sieht aus wie dein Vater«, sagte sie. Suchte ich unbewusst nach meinem Vater? War er derjenige, der mich beschützen konnte? Ich weiß es nicht. Damals ist mir der Gedanke sicherlich nicht in den Sinn gekommen, weil alles, was mit meinem Vater zu tun hatte, unterhalb der Schwelle des Bewusstseins blieb. Ich war erst achtzehn, deshalb kann ich den Fehler, den ich beging, auf zwei Gründe schieben: Auf meine allgemeine Unerfahrenheit und meine naive Überzeugung, dass jeder, der nicht zur Familie gehörte und mir Zeichen der Zuneigung entgegenbrachte, eine bessere Option war, als mit Greta zusammenzuleben und in ihre Fußstapfen als Schreibkraft zu treten.

Aus Gründen, die ich damals nicht verstand, versuchte ich nach Kräften, das Gegenteil von alledem zu sein, wofür Greta stand. Sie ging tippen. Ich hasste den Gedanken daran. Sie spielte Karten, ich nicht. Sie kochte nie, ich wurde eine gute Köchin. Sie hielt Studieren für Zeitverschwendung, ich machte vier Abschlüsse – ich trieb das Ganze auf die Spitze, ich weiß. Schüttete vielleicht das Kind mit dem Bade aus, wie das Sprichwort sagt. Ich wollte alles sein, was Greta nicht war, auch wenn es kein bewusster Entschluss war. Auf der Ebene des Bewusstseins war sie großartig. Ich dachte, dass ich nur wegen meines Stiefvaters von zu Hause weg wollte – armer Ernst, der mir nie etwas zuleide getan hat.

Ronnie studierte Jura an der Universität, war Jude und stammte aus einer (was für ein abgedroschenes Wort!) respektablen Familie. Außerdem war er sehr aufmerksam. Jede Woche kaufte er mir einen Strauß roter Rosen von seiner mageren Ausbildungsbeihilfe. Was wollte ich mehr? Und er hatte die starke Persönlichkeit, nach der ich gesucht hatte, das war die Hauptsache. Freundlichkeit, Rücksicht, Respekt – zeigte er eine dieser Tugenden? Oder glaubte ich, die Rosen seien der Beweis für all das? Was wusste ich schon, immerhin war ich noch ziemlich grün hinter den Ohren. Der Sex machte Spaß, und da ich noch keine Erfahrung damit hatte, hielt ich ihn für einen Ausdruck von Nähe und guter Partnerschaft, was reine Einbildung meinerseits war.

Im Nachhinein denke ich, dass Ronnie wohl genauso erpicht darauf war, von zu Hause wegzukommen wie ich. Er mochte weder seine Eltern noch sein einziges Geschwister, seine Schwester Jackie. Genaugenommen mochte er überhaupt kein Mitglied seiner Familie, die ihn allesamt, wie er behauptete, schlecht behandelten, was automatisch meine Sympathien weckte. Außerdem behauptete er von sich, er sei ein Misogyn und verabscheue Frauen. Das hätte einige Alarmglocken klingeln lassen sollen, ich weiß. Er war einundzwanzig und viel erfahrener als ich. Wie auch immer – etwa einen Monat oder vielleicht auch schon zwei Wochen nach der Hochzeit hatte ich begriffen, woran ich war, und sagte mir: Wie man sich bettet, so liegt man. Ich hatte immer einen Spruch parat, für jede Situation. Eine weitere Lieblingsweisheit von mir lautete: Vom Regen in die Traufe. Alle zutreffend, wenn auch nicht sehr originell.

Bald war ich schwanger mit meinem Sohn Marc, und das war's. Ich war neunzehn Jahre alt, hatte ein Baby, keine berufliche Qualifikation und kein Geld. Ich saß fest und versuchte, das Beste daraus zu machen. Letztendlich hatten wir vier Kinder (Ronnie war nie ein Freund von Verhütung, und es war die Zeit vor der Pille). Marc, Fleur, Jimmy und Daniel. Meine Kinder sind das Beste, was mir in meinem Leben passiert ist. Sie sind alle wunderbar, und ich habe vor allem die Zeit, als sie klein waren, sehr genossen. Angesichts des Glücks, das meine Kinder für mich bedeuten, war mir Ronnies mangelnde Begeisterung für seinen Nachwuchs immer völlig unverständlich.

Da ich selbst nie einen Vater gehabt hatte, legte ich viel Wert auf seine Rolle in der Familie, vielleicht zu viel. Ich erinnerte mich an die Zärtlichkeit, die mein Onkel seinen Kindern zuteilwerden ließ. Die Schokoriegel, die er ihnen mitbrachte, die Lieder, die er uns vorsang, wenn wir auf seinem Schoß saßen. Das war ein Vorbild für mich. Folglich versuchte ich beharrlich, wenn auch ohne großen Erfolg, Ronnie dazu zu bewegen, sich mehr mit den Kindern zu beschäftigen. Ich dachte, er würde sie vielleicht mehr lieben, wenn er vertrauter mit ihnen wäre. Es stimmt, dass manche Männer Schwierigkeiten haben, ihre Gefühle auszudrücken, aber sie zeigen die Liebe zu ihren Kindern auf andere Weise: Sie sorgen bereitwillig für sie, loben sie oder schenken ihnen Aufmerksamkeit – es gibt viele Möglichkeiten, seine Liebe zu bekunden. Ich glaube, ich habe zu viel von Ronnie erwartet: Warum sollte ein Mann, der vor der Ehe zugab, keinerlei Zuneigung für seine Familie zu empfinden, Zuneigung für die Familie empfinden, die er gründete? Aus seiner Geringschätzung Frauen gegenüber hatte er kein Hehl gemacht, aber ich dachte natürlich, ich wäre die Ausnahme von der Regel – Eitelkeit kann ziemlich blind machen. Seine mangelnde Begeisterung für seine Familie spiegelte sich verständlicherweise in dem Unwillen wider, sich von seinem Geld zu trennen, um für ihren Unterhalt aufzukommen.

Meine Mutter hatte sich mir gegenüber vor der Ehe nie besonders großzügig gezeigt. Ich weiß noch, dass ich unbedingt in einem langen Kleid heiraten wollte. Das hätte nur einen einzigen zusätzlichen Meter Stoff erfordert, der damals 5 Pfund kosten sollte, aber Greta weigerte sich, dafür zu zahlen. Also heiratete ich in einem kurzen Hochzeitskleid. Doch als die Kinder da waren, erwies sie sich als sehr großzügig. Ich verstand nicht, wo dieses Geld plötzlich herkam, nahm es aber dankbar an.

Zu Beginn unserer Ehe standen wir finanziell sehr schlecht da, Ronnie hatte noch drei Jahre Studium vor sich, und ich war völlig unqualifiziert für jeden Job, abgesehen davon, dass schon bald nach der Heirat mein ältester (und unglaublich süßer) Sohn Marc da war. Doch schließlich wurde Ronnie Seniorpartner in einer der damals größten Anwaltskanzleien Südafrikas. Da er sich nur ungern von seinem Geld trennte, war es mir wichtig, meine Ausbildung voranzutreiben und selbst etwas zu verdienen, um zu unserem Lebensunterhalt beitragen zu können. Ronnie war Feuer und Flamme für die Idee und plädierte zunächst wie meine Mutter dafür, dass ich tippen lernte! Stattdessen tat ich alles, was ich konnte, um einen qualifizierten Berufsabschluss zu bekommen. Insgeheim habe ich wohl immer gehofft, dass ich irgendwann genug Geld verdienen würde, um ihn verlassen und selbst für die Kinder sorgen zu können. Ich glaube, das wusste er. Immer, wenn ich einen Job bekam, kürzte er mir das Haushaltsgeld um exakt die Summe, die ich verdiente.

Der Fairness halber muss ich sagen, dass ich ihn nicht wegen seines Geldes, aus Kinderliebe oder auch nur aus Selbstliebe geheiratet habe, obwohl ich anfangs schon einige Hoffnungen im Hinblick auf Letzteres hatte. Mein Kriterium war: War er als Persönlichkeit stark genug, um es mit meiner Mutter aufnehmen zu können? Ich habe mir selbst nie die offenkundige Frage gestellt, warum er das eigentlich tun sollte. Doch es kam der Tag, an dem er es tun musste und tatsächlich handelte.

Als meine Großmutter Claudie 1959 starb, hinterließ sie mir ihr Geld und ihren Schmuck, den sie noch aus Zagreb hatte. Beides war nicht von großem Wert, doch bei ihrem Tod war Marc noch ein kleines Baby und daher war es ein wichtiges Erbe für mich. Meine Mutter nahm den Schmuck an sich und weigerte sich, ihn an mich herauszugeben. Ronnie ging zu ihr und überredete sie, mir zumindest einen Teil auszuhändigen. Ich hatte den Zwischenfall schnell wieder vergessen, und sie blieb weiterhin meine vorbildliche Mutter. Ohne ihre finanzielle Hilfe hätte ich diese Jahre nicht überstanden. Bis 1978, als Ernst und meine Mutter Südafrika verließen, um in Berlin zu leben, bezahlte meine Mutter Schuhe, Friseurbesuche, Kleider, Möbel und häufig auch Lebensmittel. Ich war ihr natürlich ungeheuer dankbar und erzählte jedem, was für eine wunderbare Mutter sie sei. Das war in gewisser Weise ein Ausgleich für die nie endende Angst und Anspannung, die ich in ihrer Gegenwart empfand. Schließlich gehörte ja ein Mangel an Großzügigkeit nie zu ihren Fehlern. Ich denke gern, dass sie sich vielleicht auch ein bisschen schuldig gefühlt hat.

Wie zu erwarten, wurde unsere Ehe problematischer, nachdem Greta und Ernst Südafrika 1978 verlassen und sich in Berlin niedergelassen hatten. Meine religiöse Erziehung (katholische Unterweisung durch Maria, ultraorthodoxes Judentum durch Onkel Felix) machte es mir schwer, eine Scheidung in Betracht zu ziehen. Außerdem warnte Ronnie mich, dass er mir keinen Pfennig zahlen und auch den Unterhalt für die Kinder verweigern würde, wenn ich mich scheiden ließe ... Da er ein einflussreicher Anwalt war, glaubte ich in meiner Naivität all seinen Drohungen und kämpfte mich weiter durch. Die finanzielle Situation war wichtig, weil meine Tochter Fleur eine seltene Haut- und Knochenkrankheit hatte, die schließlich zur Amputation ihres linken Beines führte, und weil einer meiner Söhne unter einer Aufmerksamkeitsstörung und der andere unter Lernproblemen litt. Meine Kinder würden also sowohl die notwendige medizinische Versorgung verlieren als auch die Option einer höheren Schulbildung und damit die Möglichkeit, für sich selbst zu sorgen. Am Ende fehlte mir wohl auch entweder der Mut oder das Selbstvertrauen, um zu handeln.

Ich hatte – überstürzt – geheiratet, bevor ich mein Matura- oder Abiturzeugnis erhalten hatte. Das holte ich per Fernunterricht nach. Danach machte ich einen Bachelor-Abschluss in Geschichte an der University of South Africa, einer Fernuniversität. Anschließend bekam ich einen Job an der Johannesburg Public Library. Dort erhielt ich ein Stipendium für einen postgraduierten Studiengang in Bibliothekswissenschaften und arbeitete mehrere Jahre als Bibliothekarin. In dieser Zeit erwarb ich außerdem über einen Fernstudiengang, den ich mit Auszeichnung abschloss, einen Honours Degree in Geschichte. Ich erinnere mich immer noch mit einer gewissen Dankbarkeit daran, dass Ernst und Greta zu meiner Abschlussfeier kamen, im Gegensatz zu Ronnie, der dazu keine Lust hatte. Als ich an Ernst vorbeiging, nachdem ich meine Urkunde erhalten hatte, erhob er sich von seinem Platz und stand schwer auf seinen Stock gestützt im Gang, um mir einen Kuss zu geben. Es war eine sehr liebenswerte Geste, weil er wusste, wie traurig ich war, dass mein Mann es nicht der Mühe wert befunden hatte zu kommen. Von den 150 Honours-Absolventen in Geschichte war ich die Einzige, die das Studium mit Auszeichnung abgeschlossen hatte, aus diesem Grund war es schon ein ganz besonderes Ereignis für mich. Ich habe dann später auch noch meine Doktorarbeit geschrieben und promoviert. Danach gab ich die Arbeit als Bibliothekarin auf und wurde im Alter von 48 Jahren Universitätsdozentin – besser spät als nie. Das Selbstvertrauen und die Sicherheit, die diese Tätigkeit mir gab, waren der letzte Anstoß für die Entscheidung, mich scheiden zu lassen. Hinzu kam, dass meine beiden jüngsten Kinder – Jimmy, der damals an der Rhodes University in Grahamstown studierte, und der 14-jährige Daniel – beide unbedingt wollten, dass ihr Vater ging. Daniel, mein Jüngster und der einzige, der noch zu Hause wohnte, musste die ganze Wucht von Ronnies ständiger Bösartigkeit ertragen, und war besonders unglücklich. Meine Unentschlossenheit in der Frage frustrierte meine Kinder. Jedes Mal, wenn Jimmy von der Universität anrief, fragte er als Erstes: »Ist er immer noch da?«

Im Oktober 1988 machte Daniel schließlich einen Mitschnitt von einem Gespräch zwischen Ronnie und seiner Referendarin Amanda, mit der er eine Affäre hatte. Er spielte mir die Aufnahme vor und meinte, das sei ja wohl Beweis genug für sein doppeltes Spiel. Er hatte recht.

Jetzt war ich endlich frei. Ronnie war weg, und dass ich nach dreißig Jahren Ehe mit kaum einem Pfennig zurückblieb, spielte keine große Rolle – ich hatte einen anständigen Job. Meine Mutter lebte 10 000 Meilen weit entfernt in ihrem geliebten Berlin. Sie hatte wunderbare Erinnerungen an ihre Jugend in den dreißiger Jahren dort und konnte es kaum erwarten, in die Stadt zurückzukehren, sobald sie und Ernst im Ruhestand waren. Der arme Ernst war nicht so erpicht darauf, vor allem weil das nasskalte Klima schlecht für sein Herz war. Er stand dort noch zwei Jahre durch und starb dann 1981. Greta verbrachte den Rest ihres Lebens in Berlin-Wilmersdorf, einem Stadtteil, der bei Witwen von SS-Angehörigen sehr beliebt war.

Von 1989 bis 1994 war ich frei und zugegebenermaßen ein bisschen schwindlig – die neu gewonnene Freiheit stieg mir ein bisschen zu Kopf. Rückblickend bin ich mir nicht ganz sicher, warum jeder Mann, mit dem ich ausging, sich in der einen oder anderen Weise als ungeeignet erwies. Haben sie mich ausgesucht oder ich sie? Ich kann nur sagen, dass ich unbewusst vielleicht nach jemandem wie meinem Vater Ausschau hielt. Irgendwo hatte ich wohl die Erinnerung an einen Mann bewahrt, der sanft und freundlich zu seiner kleinen Tochter war, im Gegensatz zu meiner Mutter und zu dem Mann, von dem ich frisch geschieden war. Die Liaisons verliefen alle im Sande, aber ich hatte eine tolle Zeit, ging oft ins Ballett und in die Oper, speiste in erlesenen

Restaurants, besuchte tolle Partys und schuf in puncto Spaß ganz allgemein ein gewisses Gegengewicht zu den trüben dreißig Jahren Ehe, die hinter mir lagen.

Obwohl ich jetzt ein ausgefülltes Leben in Südafrika führte, selbst für meinen Lebensunterhalt sorgte und mich um meine Kinder kümmerte, war ich nach wie vor dieselbe pflichtbewusste Tochter einer Mutter, die in meiner Vorstellung immer noch vorbildhaft war. Der jährliche Besuch bei Greta in Berlin wurde zu einer festen Gewohnheit. Anfangs war es nur ein Besuch, am Ende, als ich mir der wahren Geschichte unserer Kriegsjahre immer bewusster wurde, entwickelte es sich zu einer Art Wechselspiel zwischen uns. Sie wusste, dass ich unbedingt mehr erfahren wollte, und war ihrerseits ebenso entschlossen, nichts preiszugeben. Und die nie endende Furcht vor ihr hielt mich natürlich davon ab, so offen zu sein, wie ich es vielleicht hätte sein können. Doch angesichts ihrer Charakterstärke und ihrer Entschlossenheit, das Bild von sich und ihrem Bruder intakt zu halten, habe ich auch meine Zweifel, ob überhaupt irgendein Ansatz funktioniert hätte. So spielten wir also eine Art Katz-und-Maus-Spiel: Ich schnappte bei jeder sich bietenden Gelegenheit nach Informationsbrocken, die ich zu deuten versuchte, und sie wich aus.

Die Besuche verliefen etwa folgendermaßen:

Ich habe gesagt, dass ich um Punkt 12.30 Uhr da sein werde und das werde ich auch. Habe ich wirklich immer noch so viel Angst vor ihr, dass ich mich nicht traue, zu spät zu kommen? Was spielen fünf Minuten schon für eine Rolle? Eine Tochter mittleren Alters, die ihre Mutter besucht und Panik schiebt, weil sie sich verspäten könnte. Dann bin ich da und wir sitzen vorm Fernseher. Ich komme mir vor, als würde ich im Internet surfen, wobei der Computer das ist, was meine Mutter weiß und denkt. Der Computer weiß alles, wie meine Mutter, aber ich muss herausfinden, wie ich an die Informationen herankomme, bevor das System wieder herunterfährt. Wir sitzen zusammen und sehen uns einen Bericht über die Inseln vor der dalmatinischen Küste an.

»Wunderschön«, kommentiere ich. »Bist du schon einmal da gewesen?«

»Ja«, antwortet Greta, »als ich siebzehn war. Eine Schulfreundin von mir hatte eine Tante, die ein kleines Hotel auf einer der Inseln besaß. Wir sind eine Woche hingefahren und hatten eine herrliche

Zeit. Irgendjemand machte ein paar Nacktfotos von uns, und als ich wieder zu Hause war, zeigte ich sie deinem Vater.«

»Aber«, unterbreche ich, »du kanntest ihn doch noch gar nicht, als du siebzehn warst.«

»Na ja, vielleicht war ich auch schon älter.«

»Auf alle Fälle«, füge ich hinzu, »hätte deine Freundin bestimmt etwas dagegen gehabt, wenn du einem fremden Mann Nacktfotos von ihr gezeigt hättest.«

»Nein«, sagt meine Mutter. »Da waren einige, auf denen ich allein drauf war, und die hat Mladen in seiner Brieftasche herumgetragen und sie stolz allen seinen Freunden gezeigt: ›Das ist meine Freundin!‹, hat er gesagt.«

Greta wurde 1911 geboren, sodass wir über die späten zwanziger, frühen dreißiger Jahre reden. Greta Singer, Mädchen aus einer orthodoxen jüdischen Familie, lässt Nacktfotos von sich in Zagreb herumzeigen – kann das stimmen? Mit welcher Absicht erzählt sie mir so eine Geschichte? War das der wahre Grund, aus dem ihre Eltern sie mit achtzehn Jahren nach Berlin zu ihrem Onkel und ihrer Tante schickten?

Trotz dieses ganzen Schlagabtauschs hatte ich in Wahrheit unter der Oberfläche genauso viel Angst vor ihr wie eh und je. Von 1990 an hatte ich einen wiederkehrenden Albtraum, in dem Greta mich mit einem Messer erstach, während ich schlafend im Bett lag. Das Messer schnitt durch den weißen Bezug der Steppdecke. Ich sagte mir selbst immer wieder, dass es absurd war, sich vor einer kleinen alten Dame zu fürchten, wenn ich in einem Bett in ihrer Wohnung schlief. Dennoch stieg ich von da an in einem Hotel ab, wenn ich nach Berlin kam. Ich konnte mich nie wieder dazu durchringen, im selben Raum zu schlafen wie sie. Außerdem entwickelte ich eine Phobie in Bezug auf ungemachte Betten. Ein schmutziges Bett, wie ich es nannte, löste tiefes Unbehagen bei mir aus.

Ich habe einmal einen Film mit dem Titel *Die Regenschirme von Cherbourg* gesehen, in dem die Darsteller ihre Dialoge mehr singen als sprechen. Was sie singen, hat wenig Bedeutung für ihr wirkliches Leben. Genauso verhielt es sich wohl auch mit dem Verhältnis zu meiner Mutter. Wir sprachen miteinander über alles, was keine Bedeutung hatte. Weil ich schon immer auf diese Art mit ihr geredet hatte, konnte ich immer so weitermachen. Es war unser gewohnter Kommunikationsstil.

Der Albtraum und die Betten-Phobie führten mich zu einem Therapeuten. Er fragte mich, wieso ich das Gefühl hätte, sie überhaupt besuchen zu müssen, wenn es mir solche Angst machte. Warum stellte ich die Besuche nicht einfach ein? Damals wusste ich keine Antwort, aber später wurde mir klar, dass ich weiterhin an die fiktive Geschichte meiner frühen Kindheit glauben konnte, wenn ich sie besuchte. Nach 1994, als das nicht länger galt, blieb sie meine einzige wirkliche Informationsquelle. Sie gab, wenn auch ungewollt, immer einige Dinge preis, wenn wir uns trafen, und ich fing an, mehr und mehr Fragen zu stellen, als nach und nach Bruchstücke meiner Kindheitserinnerungen wiederkehrten.

Einige bezogen sich auf meine Geburtsstadt Zagreb. Ich erinnerte mich, dass es großen Spaß gemacht hatte, mit der Seilbahn den Berg hinunter in die Stadt und wieder hochzufahren. Ich erinnerte mich auch an das Gesicht meines Großvaters väterlicherseits, den ich Outata Ignatz Bernfest nannte. Andere Erinnerungen waren Rätsel, die keinen Sinn für mich ergaben. Dazu gehörte, dass Greta mich in meinem Kinderwagen schob. In der Hand trug sie ein säuberlich gefaltetes Blatt Papier – es war so oft gefaltet, dass es die Größe eines kleinen Geldstücks hatte. Alles, was ich sehen konnte, war eine blassblaue Linie am unteren Rand. Einmal hielt sie den Kinderwagen an und überreichte das zusammengefaltete Papier an jemanden, der vom Schutzdach des Kinderwagens verborgen wurde. Ich wusste, dass es sich um ein wichtiges Dokument handelte, auch wenn ich natürlich nicht wusste, was es war oder warum es eine Bedeutung hatte. Als ich durch meine Recherchen später zu ahnen begann, was die wahren Gründe dafür waren, dass wir den Zweiten Weltkrieg überlebt hatten, ohne im Konzentrationslager zu landen, nahm dieses kleine, zusammengefaltete Papier eine unheilvollere Bedeutung an.

Meine Großmutter Claudie hatte einen Bruder und eine Schwester, die beide einen gängigen slawischen Namen angenommen hatten und nicht zur jüdischen Gemeinde gehörten. Damit zählten sie zu den Leuten, die nicht als Juden registriert waren, über die aber jemand wie meine Mutter Bescheid wusste. Beide starben im Konzentrationslager – enthielt das kleine zusammengefaltete Papier diese Art von Informationen? Diese Erinnerung erregte in mir ein besonders ungutes Gefühl.

Diese wenigen Bruchstücke waren alles, was ich von Zagreb im Gedächtnis behalten hatte. Obwohl ich mich an nichts anderes erinnern konnte, besaß ich viele Fotos, die alle ein fröhliches, gut genährtes und gut gekleidetes kleines Mädchen zeigten. Porträtaufnahmen, die man mitten im von den Deutschen besetzten Jugoslawien, in einem Fotostudio gemacht hatte. Während der Phase, in der ich voller Bewunderung für meinen ultraorthodoxen Onkel war, lenkte meine Mutter die Aufmerksamkeit auf die weltlichen Aktivitäten meines Vaters. Er sei völlig areligiös gewesen, behauptete sie. Er habe nicht einmal gewusst, dass man am Versöhnungstag nicht fahren dürfe, und sei mit einer Kutsche zur Synagoge gekommen! In Anbetracht der Tatsache, dass meine Großmutter Claudie bei ihrer Flucht aus Kroatien seine Beschneidungsurkunde mitnahm, ein Dokument, das sie sofort als Jüdin identifiziert und ins Konzentrationslager gebracht hätte, wenn man es bei ihr gefunden hätte, erscheint es eher unwahrscheinlich, dass die Familie so areligiös war, wie Greta sie darstellte. Ich glaube, sie tat es, um mögliche positive Erinnerungen, die ich an meinen Vater hatte, zu erschüttern – damals fand ich Verstöße gegen solche religiösen Gebote schockierend. Vlado Mucić, der Cousin ersten Grades meines Vaters, den ich viele Jahre später in Zagreb danach fragte, sagte, dass mein Vater aus einer ganz herkömmlichen jüdisch-orthodoxen Familie stammte.

Erst nach meiner Scheidung im Jahr 1989 fing ich an, das Schicksal meines Vaters zu hinterfragen. Wenn ich mich bei Greta eingehender danach erkundigte, was mit ihm geschehen war, erzählte sie jedes Mal eine andere Geschichte. Er war in der jugoslawischen Armee gewesen und wurde dann von den Deutschen gefangen genommen. Sie hatten ihn in ein gewöhnliches Kriegsgefangenenlager gesteckt, aber dann hatte ihn jemand verraten, der von seiner jüdischen Herkunft wusste. Daraufhin sei er in ein Konzentrationslager gekommen und sie habe nie erfahren, was mit ihm geschehen war. Einer anderen Version zufolge hatte die Gestapo ihn auf der Straße verhaftet. Einmal behauptete sie, man hätte meinen Vater in eine Schlucht geworfen. Manchmal sagte sie, dass sie die Vorstellung habe, er liege irgendwo in einem Graben. Mit der Zeit wurde die Geschichte immer ausgefeilter und herzzerreißender: Mladen wurde in ein Konzentrationslager gebracht, wo er an Typhus erkrankte und starb, zum großen Kummer seines Vaters Ignatz, der im selben Lager saß. Nach dem Tod seines Sohnes hatte Ignatz das Gefühl, dass sein Leben keinen Sinn mehr hatte, und starb ebenfalls. Der Name des Konzentrationslagers wurde nie erwähnt. Eine weitere Version war, dass sie nie erfahren hatte, was mit meinem Vater geschehen war. Erst nach dem Krieg, als sie seinen Namen auf einem Plakat entdeckte, auf dem die Opfer der Konzentrationslager aufgeführt waren, erfuhr sie, dass er tot war.

Ich weiß noch, wie ich Yad Vashem, die israelische Gedenkstätte für die Opfer des Holocaust besuchte, und mir bewusst wurde, dass ich keine Ahnung hatte, wie das Konzentrationslager hieß, in das man meinen Vater gebracht hatte. Ich stand vor dem Denkmal, auf dem die Namen der Vernichtungslager stehen, und war froh, weil er in keinem davon gewesen war. Der vernunftbegabte Teil von mir wusste, dass diese Schlussfolgerung jeder Logik entbehrte, aber ein anderer Teil von mir schien unerschütterlich an dem Gedanken festzuhalten, dies sei ein Hinweis darauf, dass er nie in einem Konzentrationslager gewesen und unter Umständen immer noch am Leben war. Später fragte ich Greta, warum sie mir nie erzählt hatte, in welchem Lager er starb. Sie behauptete, sie hätte mir gesagt, dass es Jasenovac gewesen sei, aber ich hätte es wohl wieder vergessen. Manchmal fragte sie mich, ob ich mich an meinen Vater erinnerte. Wenn ich verneinte, glitt ein verwirrter Ausdruck über ihr Gesicht.

»Und dabei hat er dich doch so geliebt!«, rief sie aus, als ob es meine eigene Schuld wäre, dass ich ihn vergessen hatte. Sie hatte recht. Es war meine Schuld.

In all den Jahren, in denen ich meine Mutter kannte, erwähnte sie ihren eigenen Vater, Alexander Singer, exakt zwei Mal und versuchte bei beiden Gelegenheiten, sein Andenken zu verunglimpfen. Am Freitagabend ist es bei orthodoxen Juden Sitte, dass der Vater seine Kinder segnet. Greta sagte, sie habe es gehasst, wenn ihr Vater den Segen sprach, weil sie danach seine Hand küssen musste, was sie nicht mochte. Sie hat mir nie erzählt, warum sie eine so starke Abneigung gegen ihn hatte. Sie berichtete auch die folgende Geschichte über ihn: Angeblich war er so areligiös, dass er einmal mit einem Stück Schweinefleisch nach Hause kam und es meiner Großmutter auf den Tisch legte. Meine Großmutter Karoline war so empört, dass sie das Fleisch mitsamt der Tischdecke und dem Besteck aus dem Fenster ihrer im zweiten Stock liegenden Wohnung warf!

Ein mysteriöses Foto von Alexander Singer, meinem Großvater mütterlicherseits. Es entstand 1942 im Konzentrationslager Jasenovac. Nach Auskunft meines Onkels wurde er dort im Juli 1941 interniert und starb im Mai 1942.

Meine Mutter hatte die Angewohnheit, Geschichten zu erzählen, die auf verwickelte, verschlungene Weise von ihr selbst handelten, als ob sie meine Reaktion darauf testen wollte. Als wir einige Jahre später gemeinsam in London waren, gab ich die Anekdote von dem Schweinefleisch an meine Cousine Esther weiter. Meine Mutter, die ebenfalls zugegen war, bekam einen hysterischen Anfall und behauptete, sie habe nie etwas Derartiges gesagt, es entspringe alles meiner blühenden Fantasie usw. Einige Jahre später berichtete mir allerdings einer meiner Cousins von einer Geschichte, die viele Parallelen zu dem aufwies, was Greta mir über ihren Vater gesagt hatte, nur dass die Person, die sich so verhielt, nicht ihr Vater, sondern sie selbst gewesen war.

Ihre Ausführungen zum Schicksal meiner Großväter variierten ebenfalls. Sie behauptete, dass keiner der beiden in einem Konzentrationslager gewesen wäre. Vielmehr habe man sie zu einer großen Halle in Zagreb gebracht und dort erschossen. Manchmal sagte sie auch, man habe sie dort verhungern lassen. Bei anderer Gelegenheit landeten sie beide in demselben namenlosen Konzentrationslager, in dem auch mein Vater gestorben war. Anderen Schilderungen entnahm ich, dass beide Großelternpaare aus dem Mittelstand stammten und in gemieteten Wohnungen lebten, auch wenn Greta immer den Anschein besonderer Vornehmheit wecken wollte. Mein Onkel wohnte bei seinen Eltern. Sein Vater war damals ein erfolgloser, aber inzwischen pensionierter, Versicherungsvertreter. Mein anderer Großvater, Ignatz Bernfest, war im gleichen Alter (er war 1941 auch 66 Jahre alt), arbeitete aber noch. Er hatte früher ein kleines Lebensmittelgeschäft geführt. Mein Vater, Mladen Bernfest, war bei Metro Goldwyn Mayer angestellt. Er reiste von Stadt zu Stadt und nahm Bestellungen für neu anlaufende Filme auf.

Meine Mutter erzählte mir, dass sie, meine Großmütter und ich mitten in der Nacht einen Zug bestiegen hätten, um nach Split zu fliehen, das in der von den Italienern kontrollierten Zone Jugoslawiens lag. Meine Großmutter Karoline trug ihr Siddur, ihr hebräisches Gebetbuch, bei sich. Wir nahmen auch Gepäck (zum Beispiel ihren Badeanzug), Schmuck und einige Dokumente mit. Der Schmuck, der größtenteils meinen Großmüttern gehörte, hat den Krieg überlebt. Wie auch der Ehering meines Vaters, seine goldene Uhr und ein goldener Lapislazuli-Ring. Greta behauptete immer, Mladen sei die Liebe ihres Lebens gewesen, doch obwohl sie so viele der Kleider, die sie in ihrer Jugend getragen hatte, in allen Einzelheiten beschrieb, äußerte sie nie etwas über ihr Hochzeitskleid oder die Hochzeit als solche. Meine Tante erzählte ihren Kindern, dass die beiden ihrer Ansicht nach keine glückliche Ehe führten, und sich hätten scheiden lassen, wenn mein Vater den Krieg überlebt hätte.

Gretas Version der Umstände, unter denen wir Zagreb verließen, war die einzige, die ich kannte. Wir erhielten falsche Papiere von einer Person, deren Name nie erwähnt wurde. Die Geschichte unserer Flucht war mit kitschigen Anekdoten ausgeschmückt, die beim Erzählen keine Anspannung oder Gefahr vermittelten und die ich die nächsten fünfzig Jahre immer wieder nacherzählte und für wahr hielt. Zu der Schilderung gehörte, dass ich ein geschwätziges kleines Mädchen war, das allen Leuten im Zug mitteilte, dass die Namen in den Papieren nicht unsere richtigen seien, was in der damaligen Situation natürlich nicht gerade ungefährlich war. Eine weitere Geschichte bezog sich auf einen Teddybären, an den ich überhaupt keine Erinnerung hatte. Diesen Teddy hatte meine Großmutter mit einigen Goldmünzen ausgestopft. Sie wussten, dass ich den Teddy nie verlieren würde, und falls sie mich verlören, würde der Verlust der Goldmünzen auch keine Rolle mehr spielen. Einer anderen Version zufolge waren die Münzen in den Saum meines Mantels eingenäht. Ich besitze noch heute eine der Goldmünzen aus der Teddy-/Mantelsaum-Geschichte.

Meine Mutter erwähnte häufig entrüstet das Dekret, dem zufolge alle Zagreber Juden den berüchtigten Judenstern tragen mussten. Sie erwähnte nie irgendetwas anderes, das sie während unserer Zeit in Zagreb aus der Fassung gebracht hätte. Beiläufig erwähnte sie, dass sie mehrmals das Hauptquartier der Gestapo aufgesucht hatte. Sie habe versucht, sagte sie, die Gestapo dazu zu bewegen, ihren Ehemann freizulassen. Der einzige Kommentar, den sie je zu den Deportationen und dem Leid der Menschen abgab, die immerhin ihr eigenes Volk waren, bezog sich darauf, dass viele Juden in Zagreb entweder ihre Religionszugehörigkeit geändert hatten oder assimiliert waren und nicht länger zur jüdischen Gemeinschaft gehörten. Diese Leute, wie sie mit einer gewissen Befriedigung zu sagen pflegte, seien plötzlich daran erinnert worden, dass sie doch Juden waren. Wer oder was sie daran erinnerte, sagte sie nie.

Meine Mutter war nicht erleichtert, dass sie Zagreb verlassen konnte, sondern im Gegenteil und seltsamerweise sehr wütend. Sie gab nicht den Deutschen die Schuld an unserer erzwungenen Abreise, sondern der Ustascha, dem Marionettenregime, das die Deutschen in Kroatien installiert hatten. Dieses Regime war verantwortlich dafür, dass wir Zagreb mitten in der Nacht verlassen mussten und nie zurückkehrten. Vierzig Jahre später tauchte ein Regiment italienischer Soldaten, der Bersaglieri, in einer TV-Wochenschau auf, die wir uns anschauten. Sie trugen dunkelgrüne Helme, die schräg auf ihren Köpfen saßen und mit schwarzen Federn geschmückt waren.

»Das waren sie!«, rief Greta aus. »Die haben uns gerettet«, erklärte sie, während ihr die Tränen übers Gesicht rannen.

»Als wir an die Grenze zwischen Kroatien und dem Gebiet kamen, das 1942 in den Zuständigkeitsbereich der Italiener fiel, ließ uns der italienische Grenzbeamte einfach passieren und nicht nur das – er schenkte uns einen Laib Brot.« Jedes Mal, wenn sie diese spezielle italienische Uniform sah, stiegen ihr bei der Erinnerung an das Brot die Tränen in die Augen.

So kamen dann also meine Mutter, meine beiden Großmütter und die kleine Plaudertasche mit dem Teddy bzw. Mantelsaum voller Goldmünzen mit dem Zug nach Split. Die Stadt war damals ein Zufluchtsort für verfolgte jugoslawische Juden. Die Tante meiner Mutter und zwei ihrer Cousinen gehörten zu jenen, die es nach Split geschafft hatten, was an sich schon eine abenteuerliche Unternehmung war. Ich habe einige Fotos aus unserer Zeit dort. Sie sind auf August 1942 datiert und zeigen uns beide am Strand. Ein nacktes kleines Mädchen mit Zöpfen auf dem einen Bild, eine Strandschönheit, meine Mutter, auf dem anderen. An meinem dritten Geburtstag im März 1943 machte ein Fotograf ein Bild von mir und meinen beiden Großmüttern in seinem Atelier. Ich trage ein hübsches kariertes Winterkleid mit weißem Kragen und weißen Manschetten, habe eine riesige rote Schleife im Haar und lächle fröhlich. Meine Großmütter lächeln nicht.

Ende August, Anfang September 1943 verließen Karoline, Greta und ich Split, um nach Rom zu reisen, und ließen Claudie zurück. Als ich später meine Mutter fragte, warum sie mitten im Krieg mit einem kleinen Kind und einer alten Mutter im Schlepptau einen Zug nach Rom bestieg, erhielt ich keine Antwort. Sie erzählte mir auch nie, warum die Mutter meines Vaters, Claudie, uns nicht begleitete. Claudie verließ Split einige Wochen nach unserer Abreise zusammen mit Maria Adler und ihrem Mann Bubi und verbrachte den Rest des Krieges in Sicherheit auf einer Insel vor der dalmatinischen Küste. Nach dem Krieg gelang es ihr, eine Einreisegenehmigung für die USA zu erhalten, wo ein Bruder von ihr lebte. Die Partisanen, die sie retteten, standen unter dem Kommando des Mannes, der Jugoslawien später unter kommunistischer Herrschaft vereinigte – Marschall Tito. Die Partisanen boten damals einen der wenigen sicheren Zufluchtsorte für Juden und andere Gruppen, die von den Nazis auf dem Balkan verfolgt wurden. Die Partisanen waren Freiheitskämpfer, die ab Ende 1941 zum Stachel im Fleisch der Deutschen und Kroaten wurden.

Mein Onkel Felix erzählte mir Jahre später in London, dass wir von Split nach Rom gereist seien, weil er dort falsche uruguayische Pässe für uns besorgt hatte. Er erklärte nicht, woher er wusste, wie er meine Mutter erreichen konnte, um sie darüber zu informieren. Wenn er zwei falsche Pässe beschaffen konnte, wieso dann nicht drei, nämlich auch einen für meine Großmutter väterlicherseits? Nach der Version, die meine Mutter von den Ereignissen gab, erfuhr sie erst in Rom, dass die Pässe gefälscht und damit nutzlos waren. Meinem Onkel zufolge wusste sie hingegen die ganze Zeit über, dass sie nutzlos waren. Warum verließ sie dann Split, um eine gefährliche Zugreise durch das faschistische Italien zu riskieren?

Studioaufnahme mit einer besorgten Greta nach dem Rückzug der Deutschen aus Rom 1944.

So landeten wir jedenfalls Ende August, Anfang September 1943 in Rom. Wir stiegen in einer Unterkunft ab, die meine Mutter immer als ein Schweizer Hotel bezeichnete. Viele Jahre lang hatte ich keinerlei Erinnerung an das Hotel. Ich wusste nur noch, warum wir es verlassen mussten. Italienische Frauen spuckten uns an, wenn ich mich mit meiner Großmutter auf die Straße wagte, und riefen laut: »*Tedeschi! Tedeschi!*« Obwohl ich meiner Mutter glaubte, die steif und fest behauptete, »Tedeschi« sei das italienische Wort für Jude, wusste ich, dass wir gezwungen waren, das Hotel zu verlassen, weil die Italiener uns für Kollaborateure der Deutschen hielten. Tatsächlich wurde mir erst vierzig Jahre später klar, dass »Tedeschi« das italienische Wort für »Deutsche« ist.

Meine Mutter gab niemals zu, dass meine Version der Ereignisse der Wahrheit entsprach. Das alles, behauptete sie, sei ein Missverständnis. Meine Großmutter, die von Greta und ihrem Bruder gern als nicht allzu helle dargestellt wurde, habe nie erkannt, dass die Deutschen der Feind im Zweiten Weltkrieg waren. Deshalb hatte Karoline auch keine Angst, einen deutschen Soldaten anzusprechen und um Hilfe zu bitten, wenn sie es für nötig hielt. Sie stammte aus Wien und sprach nur ihre Muttersprache Deutsch. Ihre Kroatischkenntnisse waren rudimentär und sie hat nie Italienisch gelernt. Meine Mutter erzählte mir, dass Karoline und ich in Rom einmal in einer Schlange zum Essenfassen gestanden hatten, die von deutschen Soldaten kontrolliert wurde. Karoline war eine zierliche alte Dame, und eine große, kräftige Italienerin drängte sich in der Schlange vor sie. Das erzürnte meine Großmutter und sie ging schnurstracks zu einem der Soldaten, um sich – natürlich auf Deutsch – zu beschweren. Der Soldat nahm an, dass sie eine nette deutsche Dame wäre, und sorgte dafür, dass sie an die Spitze der Schlange durfte und eine doppelte Portion Kartoffeln erhielt. Ich selbst erinnere mich nicht an den Zwischenfall und schon als Kind erschien mir die Geschichte zweifelhaft. Meine Großmutter konnte ja wohl einen deutschen Soldaten nicht als potenziellen Verbündeten betrachtet haben. Ihr sollte nicht bewusst gewesen sein, wie gefährlich es angesichts unserer falschen Papiere war, ihn überhaupt anzusprechen? Diese Extra-Rationen waren jedenfalls meiner Mutter zufolge der Grund, weshalb man uns für Kollaborateure hielt und uns zwang, das Hotel zu verlassen.

Diese Anekdote stand im Widerspruch zu einer anderen Version: Danach mussten wir das Hotel zur Zeit des Waffenstillstands (der vorübergehenden Einstellung der Feindseligkeiten) im September 1943 verlassen. Zwischen dem Sturz Mussolinis im Juli und der deutschen Besetzung Roms lag ein Zeitraum von 45 Tagen. Meine Mutter verwandte für diese Phase immer die deutsche Bezeichnung »die 45 Tage«, obwohl sie perfekt Italienisch sprach. Das erweckt den Eindruck, dass wir unsere Unterkunft wegen der deutschen Besatzung verließen. Greta behauptete, der Hotelbesitzer hätte uns zum Vatikan gebracht. Dort traf sie den jugoslawischen Nuntius, den päpstlichen Vertreter Kroatiens im Vatikan, der uns die Adresse eines jugoslawischen Nonnenklosters in einem Vorort von Rom namens Centocelle gab. Dass der Vatikan insbesondere mit seinen kroatischen Repräsentanten eng zusammenarbeitete, ist heute allgemein bekannt. Es macht Gretas Version der Geschichte durchaus glaubwürdig – jedenfalls, wenn man davon ausgeht, dass die Vertreter des Vatikans, die uns im Kloster versteckten, uns nicht für jüdische Flüchtlinge, sondern für Kollaborateure hielten, und dass dieses ganze Geschehen einige Monate später stattfand, als die Deutschen wegen der vorrückenden alliierten Truppen gezwungen waren, Rom zu verlassen. Auf alle Fälle wurden wir Greta zufolge in einem Kloster versteckt, das sie Centocelle nannte und das sich, wie sie behauptete, in dem gleichnamigen römischen Vorort Centocelle befand, in dem der Flughafen lag.

Meine Erinnerung an unser Leben in diesem Kloster ist sehr bruchstückhaft. Ich erinnere mich an das Erdgeschoss der Anlage und dass wir auf dem Dachboden schliefen. Aber ich habe keine Erinnerung an die Einzelheiten unseres Schlafquartiers oder an die Menschen, mit denen wir es teilten. Ich weiß noch, dass ich mit einem etwa vierjährigen Jungen namens Enrico spielte. Meine Großmutter schälte Kartoffeln und palte Erbsen, stopfte die schwarzen Strümpfe der Nonnen und machte sich auch anderweitig nützlich. Meine Mutter ging, wie immer, zur Arbeit. Ich weiß, das klingt lächerlich, aber das sind meine Erinnerungen. Was für eine Arbeit? Ich hatte keine Ahnung. Ich wusste nur, dass sie tagsüber nicht da war. Das Kloster hatte einen Obst- und Gemüsegarten. Der Garten war eingezäunt und uns Kindern war es verboten, ihn zu betreten. Dieses Verbot und die Schätze, die er in Form von Nahrungsmitteln bot, machten ihn für mich zu einem Zaubergarten. Maria (ja, meine Maria) war eine der Novizinnen. Einmal nahm sie mich bei der Hand, und wir brachen die Regeln und gingen in den Garten. Geschwind pflückte sie eine Tomate ab und gab sie mir. In ihrer Hast brach sie den ganzen Stiel mitsamt den Blättern daran ab. Es war ein ganz besonderer Moment und eine köstliche Leckerei! Immer wenn ich den scharfen Geruch von Tomatenblättern in die Nase bekomme, muss ich an Maria und den geheimen Garten denken.

Meine Großmutter Karoline trug immer ihr Gebetbuch bei sich. Meiner Mutter zufolge hatten die Nonnen Angst, dass die Deutschen das Gebetbuch finden und alle in ein Konzentrationslager bringen würden. Da meine Großmutter – in ihrer Einfalt – darauf bestand, es zwei Mal am Tag zu benutzen, gruben die Nonnen es freundlicherweise zwei Mal am Tag ein und aus, nur damit sie ihre Gebete sprechen konnte. Daran kann ich mich überhaupt nicht erinnern. Es ist eine weitere herzzerreißende, aber unwahrscheinliche Geschichte. Sie untermauerte allerdings das Bild von meiner Großmutter Karoline als einer sowohl sturen als auch etwas beschränkten Frau. Das Gebetbuch existiert immer noch, und wenn ich meine Mutter in Berlin besuchte, benutzte sie es entweder demonstrativ zum Gebet oder sorgte dafür, dass ich seine ständige Anwesenheit an ihrer Seite, neben der Fernbedienung bemerkte. Als ich anfing, in ihrer Vergangenheit zu forschen, räumte sie das Gebetbuch weg. Sie musste mir gegenüber nicht länger so tun, als wäre sie fromm.

Das Kloster war ein steinernes Gebäude mit vielen Bögen und einem langen überwölbten Gang auf drei Seiten. In der Mitte befand sich ein Fischteich und ein ziemlich vernachlässigter Garten voller Lavendel, der zum Teil vertrocknet und abgestorben war und einen intensiven Duft verströmte. Die Nonnen trugen das herkömmliche schwarze Habit. Sie sprachen alle Italienisch und es gab, wie sich herausstellte, keinerlei Verbindung zu Jugoslawien. Die Mutter Oberin war eine furchterregende Frau. Ich hatte Angst vor ihr und versteckte mich jedes Mal, wenn ich hörte, dass sie sich näherte. An die Umgebung des Klosters habe ich keine Erinnerung. Ich nannte den Ort Monticelli, doch nachdem wir das Kloster verlassen hatten und nach Rom zurückgekehrt waren, verbesserte meine Mutter mich ständig und behauptete, es hieße Centocelle. Ein weiterer Name aus jener Zeit, an den ich mich erinnere, ist Ponte Corvo, aber ich weiß nicht mehr, in welchen Zusammenhang er gehört. Das Kloster lag in einer sehr ländlichen Gegend. Von der Straße, die ungeteert und voller Furchen war, trennte es ein Drahtzaun. Auf der anderen Straßenseite standen einige Gebäude, aber ansonsten lag das Kloster sehr einsam und blieb – außer gegen Ende unseres Aufenthaltes dort – vom Krieg unberührt.

Ein Teil der deutschen Armee nutzte die Straße, die am Kloster vorbeiführte, beim Rückzug in den Norden. Ich habe eine deutliche Erinnerung an die deutschen Soldaten, die an uns vorbeitrotteten, während wir Kinder über dem Tor hingen, das das Kloster von der Straße trennte. Es war ein ziemlich trauriger Haufen. Ein deutscher Soldat schenkte mir einen Lutschbonbon, eine unglaubliche Leckerei für ein Kriegskind. Ich erinnere mich nicht, dass es in unserer unmittelbaren Umgebung zu echten Kampfhandlungen gekommen wäre, aber das Kloster bekam einen direkten Treffer ab, als die Alliierten die abziehenden deutschen Truppen bombardierten, und wurde schwer beschädigt. Als die Bombardierung begann, rechneten wir damit, dass das Kloster versehentlich getroffen werden könnte. Alle, die sich im Gebäude aufhielten, die Nonnen und wir eingeschlossen, suchten einen Schutzkeller in der Nähe des Klosters auf, in den man durch eine Falltür mit einem großen Eisenring gelangte.

Meine Großmutter stopfte gerade einige schwarze Nonnenstrümpfe, als wir das bedrohliche Brummen der Flieger hörten, ein sicheres Anzeichen dafür, dass gleich Bomben fallen würden. Karoline war stur und weigerte sich, ihre Arbeit zu unterbrechen, um mit uns in den

Schutzraum zu kommen. Als das Bombardement vorbei war, rannte meine Mutter nach draußen und zog mich so schnell hinter sich her, dass meine Füße kaum den Boden berührten. Da saß meine Großmutter, mitten in einem Trümmerhaufen, bis zu den Achselhöhlen mit Staub und Steinen bedeckt. Sie hatte keine Kleider mehr an - die starke Explosion hatte sie ihr vom Leib gerissen. Davon abgesehen war sie völlig unverletzt, die Frisur unversehrt, der Haarknoten immer noch säuberlich festgesteckt an Ort und Stelle. Das war der einzige Luftangriff, den ich während des Krieges erlebte. Trotzdem hatte ich noch Jahre nach dem Krieg bei jedem Flugzeugbrummen den Drang, mich unter dem nächsten Tisch zu verkriechen. Daraus schließe ich, dass es vielleicht doch noch andere derartige Erlebnisse gab, die mir nicht im Gedächtnis geblieben sind.

An meinem vierten Geburtstag im März 1944 waren wir immer noch im Kloster und meine Großmutter schenkte mir ein selbst gestricktes Kleid aus grauer Wolle. Kaum hatte ich es angezogen, als ich auch schon davonsprang, um auf dem Rand des Fischteichs zu balancieren. Natürlich fiel ich hinein. Ich erinnere mich an den Zwischenfall, weil ich panische Angst davor hatte, was meine Mutter tun würde, wenn sie es herausfand – nicht viel, wie sich herausstellte. Ich hatte keine Ahnung, was sie wütend und rachsüchtig machte und was nicht – ich wusste nur, dass es das Beste war, ihr nie zu widersprechen. Ich erinnere mich, dass sie einmal – ich weiß nicht mehr, ob in Split oder in Rom – ihre Ringe abnahm und neben die Wasserhähne der Küchenspüle legte, um sich die Hände zu waschen. Später vergaß sie, wo sie sie hingelegt hatte, und beschuldigte mich, sie gestohlen zu haben. Sie war fuchsteufelswild und ich kroch in panischer Angst unter den Küchentisch, um ihrem Zorn zu entgehen. Bei anderen Gelegenheiten flüchtete ich Schutz suchend in die Arme meiner Großmutter, die dann immer sagte: »Lass das Kind in Ruhe.«

Das Merkwürdige ist, dass ich mich nicht entsinnen kann, dass sie mich – abgesehen von einem Klaps oder zwei – je im Leben bestraft hätte. Ich habe nie verstanden, warum ich solche Angst vor ihr hatte. Meine Mutter für ihren Teil konnte nie verstehen, warum meine Kinder so ungehorsam waren. Eine kleine Dreijährige, die mit dem Fuß aufstampft und »Nein, will ich nicht« zu ihrer Mutter sagt oder ein Sechsjähriger, der sich weigert, sein Gemüse zu essen – solche Situationen waren ihr ein Rätsel.

»Du warst nie so«, pflegte sie zu sagen. »Du warst nie ungehorsam.« Das stimmt.

Zu den wenigen Meinungsverschiedenheiten zwischen Greta und ihrem Bruder Felix gehörte die Haltung gegenüber der Ustascha. Die Ustascha wurde 1929 in Zagreb gegründet, als Felix neunzehn war und sehr wahrscheinlich, wie es für alle jugoslawischen Männer über achtzehn Pflicht war, seinen Militärdienst ableistete. Vielleicht erfuhr er damals erstmals von ihr. Zunächst nannte sich die Gruppe, die von Anfang an antiserbisch eingestellt war, Kroatische Revolutionäre Organisation. Ihr Ziel war der gewaltsame Umsturz des Staates. 1933 wurde sie verboten, aber das tat dem Reiz, den sie auf die jugoslawische Jugend ausübte, keinen Abbruch. Mein Onkel Felix behauptete bis zu seinem Tod, man habe die Ustascha missverstanden – sie seien einfach nur nationalistisch eingestellte Patrioten gewesen. Meine Mutter war völlig anderer Ansicht. Sie erzählte mir, dass selbst die Deutschen in Zagreb so angewidert von der Ustascha gewesen wären, dass sie deren Mitglieder als Bestien und als noch Schlimmeres beschrieben hätten.

Die Darstellung dessen, was unsere Familie im Kontext des Holocaust im Zweiten Weltkrieg erlebte, erhielt ich aus der Perspektive und in den Worten meiner Mutter und meines Onkels. Sie waren die einzigen überlebenden Mitglieder meiner Familie, die noch da waren, um Zeugnis abzulegen. Das taten sie mit ihren eigenen Worten in zwei Filmdokumentationen. Meine Mutter Greta, mein Onkel Felix und ich nahmen alle an dem Projekt teil, das Steven Spielberg im Zuge des Films *Schindlers Liste* initiierte und bei dem Videointerviews mit Holocaust-Überlebenden und Zeitzeugen geführt wurden. Ich war die Erste von uns dreien, deren Erlebnisbericht aufgezeichnet wurde, und erzählte den Interviewern, was ich für die Geschichte meines Lebens während des Zweiten Weltkriegs hielt – die Version mit dem glücklichen kleinen Mädchen. Außerdem gab ich ihnen die Namen und Adressen meiner Mutter und meines Onkels. Mein Onkel wirkte dann in einem ähnlichen Video in London mit, ebenso wie meine Mutter in Berlin. Als mir später klar wurde, dass meine Geschichte nicht der Wahrheit entsprach, bat ich das Holocaust-Museum in Washington, mein Video zu vernichten. Meine Mutter gab niemals zu, dass sie dieses Video-Interview gegeben hatte, und ich entdeckte es erst nach ihrem Tod zwischen ihren Sachen. Ich glaube, ihr war klar, dass ich die Ungereimtheiten in ihrem Zeugnis bemerken würde, wenn ich es gesehen hätte.

Es gibt mehrere Punkte, die mich bei beiden Zeugnissen verwirrt haben. Wie es aussieht, waren auch die Interviewer verwundert über einige Behauptungen der beiden, aber zu höflich, um nachzubohren oder die Fragen weiter zu verfolgen.

Meine Mutter erklärte, sie habe nie den obligatorischen gelben Judenstern getragen, wenn sie in Zagreb unterwegs gewesen sei, das nach der Besetzung Jugoslawiens durch die Deutschen im April 1941 von Ustascha-Leuten kontrolliert wurde. Wie ist sie damit durchgekommen? Ich wusste, dass Kroatien eine ganz besondere Einstellung gegenüber jenen Juden hatte, die den sogenannten »nationalistischen Kampf«, d. h. die Ustascha unterstützt hatten. Die Ustascha hatte anfangs nicht nur viele jüdische Mitglieder, auch ihre wichtigsten Anführer, Ante Pavelic und Eugen Kvaternik, waren mit Jüdinnen verheirate und hatten Kinder, die nach jüdischem Gesetz ebenso wie nach den nationalsozialistischen Gesetzen als Juden galten. Die Ustascha traf eine Vereinbarung mit den Deutschen in Kroatien, der zufolge alle Juden, die der Ustascha angehörten oder die nationalistische Bewegung in irgendeiner Form unterstützt hatten, als Arier ehrenhalber betrachtet werden sollten. Meine Mutter hatte die Ustascha-Leute immer verachtet und war stets aufseiten der Serben gewesen. Da sie eindeutig nie zu den Anhängern gehört hatte, konnte sie sich dieses sorglose Verhalten kaum leisten. Wodurch wurde sie also geschützt?

Felix' Haltung gegenüber der »missverstandenen Organisation« und die Tatsache, dass er so lange unbehelligt in Zagreb überleben konnte (von April 1941 bis Februar 1942), ohne den Versuch zu machen, sich zu verstecken, spricht dafür, dass er selbst dazugehörte und daher »Arier ehrenhalber« war. Meine Mutter gab zwar nie zu, dass er ein Mitglied war, erzählte aber doch, dass er eine Reihe von alten Freunden hatte, die der Organisation angehörten und zum Teil wichtige Posten bekleideten. So war es wahrscheinlich auch. Was meine Mutter darüber erzählte, wie das Leben meines Onkels nach seiner Schulzeit verlaufen war, unterschied sich erheblich von der Geschichte, die mein Onkel selbst seinen Kindern erzählte. Meiner Mutter zufolge war er wie mein Vater in der jugoslawischen Armee gewesen, weil der Militärdienst für alle Männer ab achtzehn obligatorisch war. Sie behauptete, dass er im Alter von etwa sechzehn Jahren nach Wien gegangen war, um für zwei Jahre bei dem Bruder seiner Mutter zu leben. Anschließend musste er von Wien zurück nach Zagreb, um seinen Militärdienst abzuleisten. Als Teenager war er offenbar eine ziemliche Nervensäge. Seine Familie schickte ihn nach Wien, weil sie hoffte, dass die mehr religiös geprägte Atmosphäre im Haus von Karolines Bruder ihn positiv beeinflussen würde.

In dem Interview mit meiner Mutter ist der Interviewer ständig bemüht, sie besser zu verstehen und sich von ihr erklären zu lassen, warum sie nichts davon mitbekam, was mit den Juden in Europa geschah. Sie erzählte von ihrer Tante und ihrem Onkel in Berlin, bei denen sie Anfang der dreißiger Jahre lebte. Sie wurden beide nach Sachsenhausen deportiert und dort ermordet. Sie hatte Onkel und deren Familien in Wien, die alle im Konzentrationslager ums Leben kamen. Wie war es da möglich, dass sie sich der Gefahr nicht bewusst war, als die Deutschen 1941 in Jugoslawien einmarschierten? Dachte die Familie, dass die guten Kontakte, die mein Onkel zur Ustascha hatte, ausreichten, um sie zu beschützen? Oder hatte meine Mutter selbst gute Beziehungen? Laut den Angaben meiner Mutter (nicht eben die zuverlässigste oder aufrichtigste Quelle in diesen Fragen) hatte meine Großmutter Claudie viele Freunde, die ebenfalls enge Verbindungen zur Organisation hatten und leicht für die Sicherheit meines Vaters hätten sorgen können!

Sie äußert sich nicht dazu, wie es uns möglich war, Zagreb zu verlassen, und geht von der Schilderung der Ereignisse in Zagreb zu einer Beschreibung des Klosters über, in dem man uns versteckte. Sie sagt nicht, wo das Kloster war, sondern nur, dass es sich in Rom befand und dass es auf dem Gelände außerdem ein Waisenhaus und eine Irrenanstalt gab. Ich erinnere mich weder an das eine noch an das andere. Das einzige andere Kind dort war mein kleiner Freund Enrico, dessen Mutter eine Kollaborateurin war und die eines Tages mit kahl geschorenem Kopf ins Kloster zurückkam. Enrico war ihr uneheliches Kind. Meine Mutter gibt auch einen falschen Namen für Maria an, die Novizin, die aus dem Kloster weglief und später meine Kinderfrau wurde. In dem Video behauptet meine Mutter, dass Maria relativ alt war, obwohl ich ein Foto von ihr besitze, das eindeutig eine junge Frau zeigt. Dann schildert sie, wie sie – Greta – immer das Kloster verließ, um »in die Stadt zu gehen«, wie sie es ausdrückt. Sie erklärt, dass sie das Kloster verlassen musste, um sich über die Kriegssituation auf dem Laufenden zu halten, aber auch das verwundert den Interviewer. Wog das Risiko einer Gefangennahme nicht schwerer als die Notwendigkeit, sich zu informieren? Sie erwähnt auch Restaurantbesuche, eine weitere Merkwürdigkeit für jemanden, der vor den Nazis flüchtet und kein Geld hat. Außerdem spricht sie von zwei Jungen, die sich gemeinsam mit uns im Kloster versteckten und, wie sie behauptet, Kommunisten waren. Sie gibt an, dass ihr Bruder Felix wusste, dass wir in Rom waren, sagt aber nichts dazu, wie er das gewusst haben konnte.

Sie erzählt, wie wir vier – meine beiden Großmütter, sie selbst und ich – Zagreb mit dem Zug verlassen haben und nach Split gefahren sind, das unter italienischer Verwaltung stand und weit sicherer für Juden war. Sie erwähnt, dass wir von Split aus mit dem Zug nach Rom weiterreisten, als der Krieg in Italien noch gut für die Deutschen zu laufen schien, erklärt aber nicht, warum. Tatsächlich ist eine Erklärung schwierig, wenn man bedenkt, dass meine andere Großmutter Claudie, die in Split blieb, von den Partisanen gerettet wurde. Später im Interview schiebt Greta die Verantwortung meiner Großmutter Karoline zu, die angeblich darauf bestand, nach Rom zu reisen, weil sie ihren Sohn Felix sehen wollte. Außerdem stellt sie ihre Mutter in diesem Video-Interview wieder als ein bisschen naiv, um nicht zu sagen töricht, dar.

Ein weiterer merkwürdiger Aspekt ihrer Aussage betrifft das Datum ihrer Heirat. Es scheint seltsam, dass jemand vergessen sollte, in welchem Jahr er geheiratet hat. Meine Mutter behauptet, dass sie nur dank ihres Schutzengels überlebt habe. Das ist der Teil ihres Berichts, der eindeutig stimmt. Sein Name war Klaus und er spielt eine wichtige Rolle in der ganzen nachfolgenden Geschichte. Seine Herkunft ist ungewiss, aber dass er ihr Schutzengel war, ist zweifellos richtig.

Das Interview mit meinem Onkel Felix enthält ebenfalls Elemente, die den Interviewer verwirrten. Obwohl er die exakte Route seiner Reise von Zagreb aus nicht beschreibt, sagt er doch, dass er nach seiner Abreise aus Zagreb zuerst nach Ljubljana ging und dass er dafür die Erlaubnis der kroatischen Behörden hatte. Wie er diese Genehmigung erhalten hat, bleibt unerwähnt. Die dramatische Geschichte, die er uns immer über seine Abenteuer erzählte, ging folgendermaßen:

Ein Klopfen an der Tür – die Gestapo. Felix und seine Frau, Tante Blanka, laufen sofort auf den Balkon ihrer Wohnung, wo sie Rucksäcke und Seile versteckt haben. Damit lassen sie sich auf die Straße hinunter, wo (selbstverständlich) kein deutscher Posten steht, um sie abzufangen. Sie kämpfen sich durch den Schnee zum Bahnhof und steigen in den Zug. Sie wissen, dass die Deutschen den Zug durchsuchen werden, deshalb bestechen sie den Schaffner, damit er den Türgriff der Toilette entfernt. Dort verstecken sie sich bis zu ihrer sicheren Ankunft. Die Deutschen, die den Zug durchsuchten, waren vermutlich einfältig genug, um die Geschichte des Schaffners zu glauben. Das ist natürlich alles Unsinn – eine Geschichte, die nur seine Kinder und Menschen, die nichts von den Zuständen jener Zeit wussten, schlucken konnten.

Bei einem Interviewer, der zahllose derartige Interviews geführt hatte und über ein ausreichendes Hintergrundwissen der damaligen Situation verfügte, wäre eine solche Geschichte natürlich niemals durchgegangen. Mein Onkel war klug genug, um das zu wissen. Also ließ er diese Episode in seiner Video-Aussage weg und überging die näheren Umstände, wie sie aus Zagreb geflohen oder wie es ihnen gelungen war, sicher nach Rom zu kommen. Es gab einige weitere Punkte, die er nur oberflächlich streifen konnte. Dazu gehörte die Hochzeit mit meiner Tante, die er zwei Monate nach dem Einmarsch der Deutschen in Zagreb heiratete.

Als er gebeten wird, die Schwierigkeiten einer jüdischen Eheschließung im Zagreb von 1941 wiederzugeben, als solche Ehen verboten waren, weicht er der Frage aus. Ich habe einmal ein Hochzeitsfoto von Blanka gesehen – das Porträt des professionellen Fotografen zeigt sie in einem traditionellen weißen Brautkleid inmitten von lauter Rosen sitzend, die auf dem Boden und in den Falten ihres Kleides verstreut sind. Obwohl damals jeder Jude in Zagreb, der sein Haus verließ, einen gelben Stern tragen musste, ist auf dem Foto nichts Derartiges erkennbar. Felix weigerte sich, über irgendwelche Einzelheiten der Hochzeit zu reden, auch als der Interviewer ihn dazu drängte. Seltsamerweise haben seine Kinder mir immer erzählt, dass ihre Mutter ihnen das rauschende Fest gern in leuchtenden Farben beschrieb – die Brautjungfern, den Festschmaus, die Hochzeitsgäste usw. Wie konnte so ein Ereignis nach dem Einzug der Nationalsozialisten stattgefunden haben?

Felix betont während des Interviews immer wieder seinen Geschäftssinn, um die Tatsache zu erklären, dass er über relativ viele Mittel verfügte, wahrscheinlich in Form von Gold und Schmuck, der einzigen gültigen Währung jener Zeit, mit der er seine Flucht finanzieren konnte. Er begründet dies damit, dass er die rechte Hand seines Onkels in dessen Wiener Geschäft war. Trotz seiner Jugend und obwohl er keinerlei Ausbildung oder Erfahrung mitbrachte, habe er seinem Onkel unschätzbare Dienste als Übersetzer erwiesen. Das ist Unsinn. Zagreb gehörte bis 1918 zu Österreich-Ungarn. Jeder Geschäftsmann in Kroatien verstand Deutsch. Meine Großmutter – Felix' Mutter – hatte keinerlei Probleme, vierzig Jahre in Zagreb zu verbringen, ohne etwas anderes als »Guten Morgen« und »Guten Abend« auf Serbo-Kroatisch zu lernen. Als seine Eltern ihn nach Wien schickten, war Felix auf alle Fälle ein Teenager, wie meine Mutter in ihrem Video-Interview erzählt. Mit achtzehn musste er nach Zagreb zurückkehren, um seinen Militärdienst anzutreten. Auf welche Weise konnte er seinem Onkel nützlich gewesen sein, und wie konnte er Geld verdient haben? Die Gestapo-Dokumentation von 1941, die ich in Zagreb einsehen konnte, besagt, dass er für eine Firma namens »Popis« in Zagreb gearbeitet hat, die entweder Bleistifte verkaufte oder mit Waffen handelte – je nachdem, ob man meiner Mutter (Schreibwaren) oder meinem Onkel (Waffen) glaubt. Er erzählte uns, dass er bei Kriegsausbruch mit Waffen gehandelt und dadurch sein Geld verdient hätte. Eine Erklärung für die finanzielle Seite seiner Flucht zu finden, war ein wiederkehrendes Problem – eine Geschichte, die er je nach Situation abwandelte. In diesem Fall gab er den erfolgreichen Geschäftsmann.

Nach ihrer Ankunft in Rom gab meine Tante, die zu diesem Zeitpunkt schwanger war, gegenüber den Nonnen im Krankenhaus vor, dass die Geburt unmittelbar bevorstehe. Die Nonnen, die, wie sich denken lässt, wenig Erfahrung mit schwangeren Frauen hatten, gestatteten ihr, in einem Bett im Krankenhaus zu bleiben, und erlaubten meinem Onkel, auf dem Fußboden neben ihrem Bett zu schlafen – mehrere Monate lang! In Rom, so Felix' Aussage, sei er mit einem Freund zum Vatikan gegangen. Diesen Besuch hat er bei mehreren Gelegenheiten erwähnt und als Grund angegeben, dass er der Ansicht war, der Vatikan würde die Juden unterstützen. In Anbetracht der Kooperation zwischen dem Vatikan in Zagreb und der Ustascha, von der Felix gewusst haben muss, ist schwer zu glauben, dass er tatsächlich auf ein fruchtbares Ergebnis hoffte. Das Oberhaupt der katholischen Kirche in Zagreb, Erzbischof Stepinac, hat allerdings tatsächlich einige Juden gerettet, die in einem jüdischen Altersheim lebten. Das waren etwa fünfzig Männer, die zu den 150–200 Zagreber Juden – von ursprünglich 11000 – gehörten, die den Zweiten Weltkrieg überlebten. Davon hörte ich erstmals von meinem Onkel. Das heißt – im Gegensatz zu meiner Mutter rückte er alle positiven Informationen heraus, die er über das Verhalten der katholischen

Kirche in Zagreb und der Ustascha zusammenbekommen konnte. Die Franziskanermönche, die zahlreiche Serben ermordeten, oder das bestialische Verhalten der Ustascha im Konzentrationslager Jasenovac erwähnte er hingegen nie.

Felix und Blanka Singer, mein Onkel und meine Tante, mit ihrem Baby, das in Rom zur Welt kam. Die Aufnahme entstand in Madrid. Wie sind sie dorthin gekommen?

Felix sagte, dass der Generalkonsul von Uruguay in Rom die Anweisung erhielt, seine Sachen zu packen und nach Uruguay zurückzukehren, als sein Heimatland sich von den Faschisten distanzierte. Der Generalkonsul war Jude, und anstatt seine Gerätschaften zur Ausstellung von Pässen zu vernichten, übergab er sie meinem Onkel, der dann jedem Juden, der danach verlangte, einen, wie er sehr wohl wusste, falschen Pass ausstellte. Nachdem sein Sohn Zvi in Rom zur Welt gekommen war (dessen offizieller Name aus eben diesen Gründen Henrico lautet), trieb mein Onkel mitten im Krieg ein altes Flugzeug, einen Piloten und genügend Treibstoff auf, um sie alle nach Madrid zu bringen. Das Flugzeug war nicht mehr das jüngste und ziemlich unzuverlässig. Nicht nur Felix und seine Familie, sondern auch andere jüdische Familien, die auf der Flucht waren, erhielten durch die Findigkeit meines Onkels die Chance, Rom zu verlassen und nach Madrid zu kommen. Da das altersschwache Flugzeug natürlich seine Macken hatte, musste es unterwegs mehrmals haltmachen. Bei jedem Zwischenstopp ging eine weitere Familie von Bord, sodass zuletzt nur noch eine einzige andere Familie außer der meines Onkels übrig war. Gemeinsam erreichten sie Madrid, von wo aus mein Onkel, Blanka und ihr Baby nach Lissabon und dann nach London weiterreisten. Meine Tante und mein Onkel verließen Kroatien im Februar 1942. Im März 1943 waren sie in Madrid angekommen, dann in Portugal und im Juni 1943 erreichten sie London. Soweit ich das feststellen kann, ist die Geschichte meines Onkels absolut einzigartig. Keiner anderen Familie in der ganzen Holocaust-Geschichte Europas ist es gelungen, ein eigenes Flugzeug einschließlich Pilot und ausreichend Benzin aufzutreiben, um sich in Sicherheit zu bringen.

Eine weitere Anomalität war die Behauptung meines Onkels, dass er problemlos nach Spanien einreisen konnte. Nach dem Spanischen Bürgerkrieg 1936 war die Franco-Regierung äußerst argwöhnisch, wenn es darum ging, gesunde, kräftige Männer ins Land zu lassen, aus Angst, es könnten kommunistische Spione sein. Zudem stand das Franco-Regime auf der Seite der Achsenmächte und war kein Freund jüdischer Flüchtlinge. Dennoch hatte mein Onkel keinerlei Schwierigkeiten mit der Einreise und dem Aufenthalt in Madrid. Portugal war ein weiteres Land, das jüdischen Flüchtlingen misstrauisch gegenüberstand, auch wenn es den Alliierten nominell freundlicher gesonnen war als der Achse. Felix konnte problemlos in beide Länder einreisen. Er verließ Spanien, um nach Portugal weiterzureisen, und bestieg dort ein Flugzeug, das ihn nach London brachte. Jedenfalls behauptete er das.

In dem Video-Interview fehlten mehrere Elemente der Geschichte, die Felix im Laufe der Jahre immer wieder erzählt hatte. Felix erklärte, dass er in Zagreb falsche Papiere erhalten hätte, die ihn und seine Frau als Mitglieder der königlich-jugoslawischen Delegation in Madrid auswiesen. Unter dem Vorwand dieser Zugehörigkeit seien sie von Zagreb nach Rom, von Rom nach Madrid, von Madrid nach Lissabon und von dort nach London gereist. Wenn man bedenkt, dass die königlich-jugoslawische Delegation eine völlig andere Route genommen hat, als sie Jugoslawien verließ, stellt sich die Frage, wer von diesen Papieren getäuscht werden sollte, und – noch wichtiger – wer sie ausgestellt hat. Außerdem erforderte die Flucht natürlich gewisse finanzielle Mittel. Finanzielle Mittel waren, wie oben erwähnt, ausschließlich Gold und Schmuck.

Woher kam dieses ganze Vermögen? Geld sei kein Problem gewesen, behauptete mein Onkel Felix immer, wenn er sich auf diese Phase seines Lebens bezog. Das klingt überraschend für einen Mann, der vor dem Krieg zusammen mit seinen Eltern in einer ganz gewöhnlichen Mietwohnung lebte. Vor dem Krieg, erklärte er, habe er als Waffenhändler gearbeitet und Waffen an die Ustascha verkauft. Da die Ustascha mit weniger als hundert Mann im Schlepptau der Nazis in Zagreb einzog und sich ihren Weg nicht freikämpfen musste, scheint die Geschichte auf etwas wackligen Beinen zu stehen. Nach einer anderen Version hatte meine Tante Blanka einen entfernten Verwandten namens Lavoslav Šik, der ein vermögender Zagreber Anwalt war. Dass dieser Lavoslav Šik nicht nur existierte, sondern auch außergewöhnlich vermögend war, entspricht den Tatsachen. Ein Großteil seiner Judaica-Sammlung befindet sich heute bei der jüdischen Gemeinde in Zagreb und der Rest in der Nationalbibliothek von Kroatien. Šik besaß zudem ein so prunkvolles Haus, dass Edmund Glaise von Horstenau, der Vertreter der Wehrmacht beim Ustascha-Regime, es als persönliche Residenz nutzte, während er Deutscher Bevollmächtigter General in Kroatien war. Glaise von Horstenau beschreibt in seinen Memoiren die geschmackvolle Einrichtung des Hauses, seine tiefe Befriedigung bei der Entdeckung der wunderbaren Bibliothek und seine Sensibilität, weil er erst ein paar Tage, nachdem der Besitzer ins Konzentrationslager kam, in dessen Haus einzog, da ihn, wie er es formuliert, »eine gewisse Abneigung dagegen erfasste, mich in die sozusagen noch warmen Betten hineinzulegen«. Diesem Bericht zufolge war Blanka eine entfernte Verwandte von Šik und er stellte sie ein, als sie Wien nach dem »Anschluss« Österreichs an das Dritte Reich 1938 verließ. Šik machte dann eine Geschäftsreise nach London, bei der ihn Tante Blanka begleitete. In London eröffnete er ein Bankkonto, für das er Blanka Zeichnungsrechte erteilte. Meinen Cousins zufolge war er ein alter Mann, der ihre Mutter zu seiner Erbin machte. Laut den Archivunterlagen in Zagreb war er zu diesem Zeitpunkt allerdings erst in den Fünfzigern und meine Tante war 29. Diese letztere Erklärung für Felix' Reichtum lässt einige Fragen offen. Warum nahm Šik eine

Frau, die kein Englisch sprach, mit nach London? Warum gab er ihr eine Vollmacht, wenn er eine Ehefrau in Zagreb hatte? Es war dieses Bankkonto, das Felix' Familie nutzte, als sie nach London kam. Dass Felix über beträchtliche Mittel verfügte, als er als angeblich mittelloser Flüchtling in London eintraf, ist offenkundig. Kurz nach seiner Ankunft zahlte er 2000 Pfund für sein Haus am Queen Elizabeth's Walk 79, damals eine sehr große Summe. Dieser Erklärung zufolge händigte Šik Blanka auch den Schmuck seiner Frau aus, damit sie ihn außer Landes schaffte, was sie tat, indem sie ihn unter der Perücke, die sie als orthodoxe jüdische Ehefrau trug, versteckte.

Nach seiner Ankunft in London hat Felix nie wieder für jemand anderen gearbeitet. Er gründete mehrere kleine Unternehmen und wurde schließlich Vermieter und Hausbesitzer, der eine Zeit lang 41 Immobilien besaß. Sobald er 1943 nach London gekommen war, zog er in das Haus in Stamford Hill. Es war ein großes Haus – so groß, dass es genügend Platz für seine Familie mit den fünf Kindern, für seine Mutter und meine Großmutter Karoline bot, die dort von der Zeit ihrer Abreise aus Rom im Jahr 1945 bis zu ihrem Tod 1961 lebte. In Zagreb hatte unsere Familie zur Gemeinde praktizierender Juden gehört, war aber alles andere als ultraorthodox. Das änderte sich in London. Das Bild, das mein Onkel Felix der Welt präsentierte, war das eines cleveren Geschäftsmannes, der in einer weltabgeschiedenen ultraorthodoxen Gemeinschaft lebte. Vervollständigt wurde das Bild durch einen langen Bart, fünf Kinder und fünfunddreißig Enkel. Ein Patriarch und Wohltäter, der sein Bestes getan hatte, um anderen Juden in Rom zu helfen. Mein mustergültiger Onkel.

Meine Mutter, die immerhin seine Schwester war, sagte, dass er in Zagreb nicht sonderlich religiös gewesen sei und die Fotos, die ich aus jener Zeit von ihm habe, zeigen, dass er keinen Bart trug und mit unbedecktem Kopf herumlief, was ihre Ansichten über seine Haltung zur Religion bestätigt.

Die widersprüchlichen Erklärungen zum Tod meines Vaters, die fröhlichen Porträtfotos von mir, aufgenommen in einer Phase des Terrors für so viele andere, das Schweigen meiner Großmütter, die Ungereimtheiten in den Geschichten meiner Mutter und meines Onkels – nichts davon kam mir, einer gelernten Historikerin, zu irgendeinem Zeitpunkt seltsam vor, noch nicht einmal, als sowohl meine Mutter als auch mein Mann sich von meinem Leben distanziert hatten.

2 Die Kiste öffnen

Anfang der 1990er Jahre hatte ich mich von meinem Mann scheiden lassen und meine Mutter lebte im weit entfernten Berlin. Der Bruch mit meinem Onkel hatte mich schwer getroffen, aber ich hatte das Gefühl, dass all das zu meiner Vergangenheit gehörte und ich vor einem Neuanfang stand. Ich liebte meine Arbeit an der Universität, meine Kinder und ich hatte einen großen Freundeskreis.

Jetzt fing ich an, unerklärliche Schuldgefühle zu empfinden, weil ich meinen Vater »vergessen« hatte. 1991, am Morgen von Yom Kippur, dem jüdischen Versöhnungstag, wollte ich wie immer mein Gebetbuch herausholen, das ich nur an diesem Tag benutze. Ich konnte es nicht finden, entdeckte dann aber ein anderes – ein nagelneues Gebetbuch, das ich noch nie zuvor bemerkt hatte. Ich griff danach, öffnete es und sah, dass meine Mutter es mir 1958, dem Jahr meiner Heirat, geschenkt hatte. Auf das Vorsatzblatt hatte sie geschrieben: »Mladen Moshe Bernfest, geboren 12. September 1904 in Nova Gradiska, Jugoslawien, ermordet in Jasenovac, Jugoslawien, Ende 1941«.

Mein Vater Mladen Bernfest in Armeeuniform, etwa 1929/1930.

Sie hatte zuerst 1943 geschrieben und die Zahl dann zu 1941 korrigiert. Jedes Jahr zu Yom Kippur holte ich mein Gebetbuch hervor, doch in all diesen Jahren hatte ich nie bewusst wahrgenommen, dass dieses hier existierte. Wenn ich es getan hätte, hätte ich auf das Vorsatzblatt schauen und lesen müssen, was Greta geschrieben hatte. Dass es eine Lüge war, muss ich in meinem tiefsten Inneren gespürt haben. Viele verschiedene Geschichten darüber zu hören, wie und wann mein Vater gestorben war, war eine Sache, doch diese Unbeständigkeit in schriftlicher Form zu sehen, war offenbar mehr, als ich ertragen konnte. Ich bewältigte die Situation, indem ich einfach nicht zur Kenntnis nahm, dass das Buch existierte. Es befand sich seit über dreißig Jahren in meinem Besitz. In all dieser Zeit hatte ich es kein einziges Mal zur Hand genommen und geöffnet. Es war noch genauso neu und unberührt wie an dem Tag, an dem sie es mir geschenkt hatte. Zwei weitere handschriftliche Einträge darin bezogen sich auf meine beiden Großväter. Greta hatte geschrieben, dass man meinen Großvater mütterlicherseits, Alexander Singer, wohl im Juli 1941, und meinen Großvater väterlicherseits, Ignatz Bernfest, gegen Ende 1941 in Zagreb ermordet hatte. Damals war mir auf einer bewussten Ebene noch nicht klar, in welchem Jahr ich meinen Vater verloren hatte. Meine Tante erzählte ihren Kindern, dass mein Vater zu den Ersten gehört hatte, die »weggebracht« wurden.

Daraufhin fragte ich meine Mutter, wann sie meinen Vater zuletzt gesehen hätte. Sie sagte, das sei drei Tage vor dem Überfall auf die Sowjetunion gewesen. Sie antwortete, ohne zu zögern, also wusste sie es – warum dann die vielen Geschichten? Es bedeutete, dass er am 19. Juni 1941 verschwunden war. Der Genozid durch die Ustascha begann im Juli 1941, als mein Vater bereits tot war.

Ich fragte meinen Freund Eytan, der meine Mutter seit zwanzig Jahren in Berlin kannte, was sie ihm über das Schicksal meines Vaters erzählt hätte. »Zwanzig verschiedene Geschichten«, antwortete er. Dann fing ich an, die spärlichen Unterlagen, die ich über ihn besaß, durchzusehen. Meine Großmutter Claudie verwahrte Fotos von meinem Vater. Nach der Handschrift auf den Fotos zu urteilen, wurden tatsächlich alle Fotos und Dokumente, die meinen Vater betrafen, von Claudie und nicht von meiner Mutter gehütet. Meine Mutter besaß seinen Ehering, seine Uhr und einen Lapislazuli-Ring, den er am kleinen Finger getragen hatte. Das wichtigste Dokument war seine von einem Rabbi unterschriebene Beschneidungsurkunde. Sie bewies, dass mein Vater

Jude war. Aber was geschah mit der Heiratsurkunde meiner Mutter? Warum hatte sie ein einzelnes belastendes Dokument mitgenommen, aber das wichtigste nicht? Die Ketubba, die jüdische Heiratsurkunde, belegt, dass die Kinder jüdisch sind. Durch die Jahrhunderte haben jüdische Flüchtlinge immer darauf geachtet, dass sie ihre Ketubba mitnahmen. Im Hinblick auf die Vorgänge im Zweiten Weltkrieg würde man natürlich nicht erwarten, dass sie dieses Dokument bei sich trugen. Doch da sie in meinem Fall andere belastende Papiere, die auf unsere jüdische Herkunft hindeuteten, mitnahmen, stellt sich die Frage, was mit der Ketubba geschehen ist. Über ihre Ehe hatte Greta immer nur erzählt, dass sie meinen Vater eines Nachmittags in einem Kaffeehaus, wo ein Pianist und ein Geiger Tanzmusik spielten, kennengelernt hatte. Er forderte Greta zum Tanzen auf und fand sie unwiderstehlich. Sie ihn auch. Warum auch nicht? Sie waren beide hinreißend. Meine Tante Blanka sagte, sie seien ein so gut aussehendes Paar gewesen, dass die Leute auf der Straße stehen geblieben wären, um sie anzustarren. Sie heirateten also – und dann?

Je intensiver ich mich mit den Unterlagen und Informationen befasste, die mir zur Verfügung standen, desto stärker wurde der Wunsch, herauszufinden, was mit meinem Vater geschehen war. Die Unruhe in mir wuchs, und ich nutzte jede erdenkliche Quelle, um mehr zu erfahren. Ich schrieb an das Internationale Rote Kreuz in Genf, um anzufragen, ob sie vielleicht irgendetwas über meinen Vater herausfinden könnten. Sie schrieben sehr höflich zurück, dass sie mich um etwas Geduld bitten müssten. Aber mir war es unmöglich, Geduld zu üben. Ich wusste, dass meine Mutter keine Anfragen danach gestellt hatte, was mit meinem Vater seit Kriegsende geschehen war. Warum hatte sie kein Interesse daran?

Ich habe meine niedlichen Teddybär-Geschichten sehr oft erzählt, als Kind ebenso wie als Erwachsene. Als Holocaust-Überlebende trat ich einer Organisation bei, die vor allem Schulkinder über den Holocaust aufklären wollte. In dieser Eigenschaft besuchte ich zahlreiche Schulen und erzählte meine Geschichte, die ich immer für wahr gehalten hatte. Dass diese Darstellung ungewöhnlich war, wurde mir das erste Mal bewusst, als eines der Kinder, das ich angesprochen hatte, ein Zehnjähriger, meinte, dass meine Geschichte ganz anders sei als alles, was er sonst gehört und gelesen hätte. Danach fiel mir auf, dass andere Leute ähnlich dachten. Vielleicht war das auch schon vorher so gewesen, aber da hatte ich es nicht bemerkt. Was immer der Grund gewesen sein mag – mir wurde bewusst, dass meine Geschichte anders war. Während andere Entsetzliches erlebt hatten, wurde ich von zwei Großmüttern umsorgt, und sogar als sie fort waren, gab es eine liebevolle Nanny für mich. Trotz meiner Ausbildung als Historikerin habe ich dieses Bild nie hinterfragt. Ich hatte einfach Glück gehabt. Ein glückliches kleines jüdisches Mädchen, das in Hitlers Europa herumwandelte.

Die traumatische Aufdeckung meiner verlorenen Kindheit begann 1993, als ich einen Brief von einer Frau erhielt, die uns aus der Zeit nach dem Krieg in Rom kannte und selbst aus Wien geflohen war. Ihr Name war Helmi Goldmark und sie hatte ihrem Brief einen Ausschnitt aus einer New Yorker Zeitung beigelegt, der besagte, dass Holocaust-Überlebende, die bislang wenig oder keine Entschädigung von der deutschen Regierung erhalten hätten, jetzt aufgefordert seien, diese zu beantragen. Eine der Bedingungen war, dass sie bislang keine Wiedergutmachungsleistungen erhalten hatten, die mehr als 10 000 DM betrugen. Greta hatte ihr immer erzählt, dass ich nichts bekommen hätte. Ich rief meine Mutter an, um Daten und Ereignisse zu klären, damit ich den Antrag stellen konnte.

Sie wurde wütend, als ich ihr erzählte, dass Helmi mich darüber informiert hatte, was ich tun musste, um Entschädigungsleistungen zu beantragen.

»Helmi sollte sich um ihre eigenen Angelegenheiten kümmern«, schnaubte sie.

Helmi kümmerte sich weiterhin nicht um ihre eigenen Angelegenheiten, sondern erklärte, ich solle mir ein Antragsformular von der Jewish Claims Conference besorgen, in das ich die Einzelheiten meiner Kriegszeiterfahrungen eintragen müsse – das hieß, von April 1941, als die Deutschen in Jugoslawien einmarschierten, bis zum Ende des Krieges 1945. Anfangs dachte ich, das wäre kein Problem. Schließlich kannte ich die Geschichte schon mein ganzes Leben lang. Es sollte ein Leichtes sein, dieses Wissen zu Papier zu bringen.

Doch als ich die Einzelheiten aufschrieb, ergab die Geschichte keinen Sinn. Die Daten waren ein einziges Durcheinander, der Bericht unzusammenhängend und mir wurde klar, dass es kontraproduktiv wäre, den Antrag mit der Geschichte, wie ich sie zu kennen glaubte, einzureichen. Also rief ich meine Mutter an und bat um Klärung. Ihre Erklärung war noch verworrener als meine eigene Schilderung.

Anfangs behauptete sie, ich hätte keine Entschädigung bekommen. Ich erinnerte mich jedoch, dass mein Stiefvater Ernst sie 1956 gefragt hatte, ob sie Geld für mich aus Deutschland erhalten hätte und dass sie wütend entgegnete: »Ein paar Groschen.« Damit war das Gespräch beendet. Die Summe war so gering, dass es sich nicht lohnte, darüber zu sprechen. Jedenfalls kam es mir damals so vor.

Greta mit ihrer Freundin Helmi Goldmark, die alles ins Rollen brachte, weil sie sich nicht »um ihre eigenen Angelegenheiten gekümmert« hat.

Ich tat mein Möglichstes, um die Mosaiksteinchen zusammenzusetzen, und den Antrag abzuschicken. Mir war klar, dass die Schilderung meiner Mutter unzusammenhängend und widersprüchlich war, aber sie hatte ihr Leid immer als so tief greifend dargestellt, dass sie hysterisch reagierte, wenn man zu lange nachbohrte. Aus diesem Grund vermied ich es im Allgemeinen, allzu genau nachzufragen. Dennoch fand ich einige Dinge verwunderlich. Meine Mutter war häufig in Israel gewesen. Bei meinem ersten Besuch dort, im Jahr 1984, stellte ich zu meiner Überraschung fest, dass sie, die den Tod meines Vaters angeblich als so großes Unrecht empfand, seinen Namen und die Umstände seines Todes nie in Yad Vashem, der jüdischen Gedenkstätte für die Opfer des Holocaust, hatte registrieren lassen. Die Sterbedaten meiner Großväter waren ebenfalls nicht verzeichnet. Auch Felix, so fromm und streng in der Befolgung jüdischer Gebräuche, die viel Wert auf das Gedenken an die verstorbenen Eltern legen, hatte es anscheinend nicht der Mühe Wert befunden, den Tod seines Vaters, Alexander Singer, anzugeben.

Meine Mutter beharrte darauf, dass wir Zagreb nicht wegen der Deutschen verlassen hätten, sondern wegen der Ustascha. Deswegen hasste sie die Kroaten. Ich glaubte immer, das sei der Grund, warum sie nicht nach Zagreb fahren wollte, was sie tatsächlich erst 1984 in meiner Begleitung tat. Während unseres Aufenthalts dort wurde mir klar, dass sie sich auch bei den kroatischen Archiven nie nach dem Schicksal meines Vaters oder meiner Großväter erkundigt hatte. Das Gleiche galt für die jüdischen Archive der Stadt oder irgendeine andere Organisation, die Licht in die Umstände dieser Todesfälle hätte bringen können. Als ihre Freundin Helmi 1998 an das Holocaust-Museum in Washington schrieb und um Informationen zu Mladen Bernfest bat, erhielt sie in weniger als einer Woche alle Daten, die über ihn zur Verfügung standen. Diese Auskünfte waren zwar nicht sehr aufschlussreich – man wusste nur, dass er vermutlich 1941 in einem Konzentrationslager gestorben war –, aber immerhin gab es Informationen über ihn. Meine Mutter hätte nur nachfragen müssen.

Ich suchte dann nach zusätzlichen Hinweisen, um die Geschichte, wie ich sie zu kennen glaubte, zu vervollständigen. Ich fing damit an, dass ich mir die Datumsangaben auf unseren Familienfotos aufschrieb. Bilder hatte ich jede Menge, und meine Mutter hatte die Angewohnheit, das Datum und den Ort, an dem ein Foto gemacht worden war, auf der Rückseite zu vermerken. Aufgrund dieser Angaben war ich in der Lage, eine Zeitleiste zu konstruieren, an der ich mich bei der Abfassung meines Antrags auf Entschädigung orientieren konnte.

Ich wusste, dass nach der Besetzung Zagrebs durch die Deutschen alle erwachsenen Juden den gelben Stern tragen mussten. Wir verbrachten nach der Okkupation dreizehn Monate in Zagreb. Keines der Bilder, das ich aus dieser Zeit von meiner Mutter habe, zeigt sie mit einem gelben Stern. Noch merkwürdiger ist, dass sie es anscheinend sogar mitten im Krieg schaffte, mit mir in Fotoateliers zu gehen, um Geburtstagsfotos machen zu lassen. Immer tadellos gepflegt, immer heiter, immer voll geschminkt – während man ihren

Vater, ihren Schwiegervater und ihren heiß geliebten Ehemann auf Nimmerwiedersehen deportierte. In Berlin trug sie immer ein Foto in ihrer Handtasche, das dem Datum zufolge sechs Monate nach dem Einmarsch der Deutschen in Zagreb entstanden war. Das Bild zeigt eine wunderschöne, heitere junge Frau, die ein unglückliches, sehr pummeliges Mädchen hält. Ich fragte sie, wie sie es ertragen könne, Tag für Tag dieses Bild aus einer Zeit anzusehen, in der überall um sie herum die jüdische Gemeinschaft durch Tod und Deportation dezimiert wurde. Sie entgegnete, dass sie sich auf dem Bild einfach sehr schön finde. Was solle falsch daran sein, es bei sich zu tragen?

Ein weiteres Foto war offensichtlich aus einem Dokument herausgerissen worden. Das Bild trägt den Stempel: Königlich-jugoslawische Delegation, Madrid.

Ein Ausschnitt aus unseren Ausreisepapieren. Sie weisen uns als Teil der königlich-jugoslawischen Delegation in Madrid aus – ein gefälschtes Dokument mit unseren richtigen Namen.

Es zeigt meine (selbstverständlich wunderschöne) Mutter und mich und ist auf den Februar 1942 datiert. Felix verließ Zagreb im Februar 1942, also erhielt auch er diese speziellen Dokumente. Wenn er und meine Mutter beide diese Papiere bekamen, stammten sie den Gesetzen der Logik folgend auch aus derselben Quelle. Unsere waren auf unsere echten Namen ausgestellt und deshalb galt für Felix wohl das Gleiche. Kann man sagen, dass es falsche Ausweispapiere waren, wenn unsere wahren Namen darin standen? Doch wer hat meinem Onkel, seiner Frau, meinen beiden Großmüttern, meiner Mutter und mir ein Visum ausgestellt? Das gleiche Foto wurde auch noch für ein weiteres offizielles Dokument benutzt, aber ich konnte damals nicht erkennen, um was es sich handelte, weil der Stempel zu undeutlich war.

»Februar 1942« steht auch auf der Rückseite des Fotos von meinem Großvater, der nicht, wie Greta so oft behauptet hatte, 1941 gestorben war, sondern damals immer noch lebte. Es ist ein Foto von Kopf und Schultern, wie man es für Pässe verwendete, und zeigt einen hageren alten Mann mit einem ängstlichen und hoffnungslosen Ausdruck im Gesicht, der einen schäbigen Mantel trägt (siehe S. 44). Wo wurde dieses Foto aufgenommen und warum hat man es an meine Familie geschickt? Auf einem weiteren Bild, aufgenommen in einem Porträtstudio in Zagreb anlässlich meines Geburtstages im März 1942, sind meine Mutter und ich zu sehen (siehe S. 10). Meine Mutter ist geschminkt und ich trage ein wunderschönes, gesmoktes braunes Samtkleid mit weißem Spitzenkragen. Zu diesem Zeitpunkt waren die Deutschen bereits seit elf Monaten in Zagreb, doch meine Mutter hielt es für wichtig, Porträtaufnahmen machen zu lassen?

All das war wenig hilfreich für meinen Versuch, die Daten und Ereignisse aufzuklären, um sie der Entschädigungsstelle zu schicken. Ich fragte meine Mutter, warum sie auf diesen Fotos keinen gelben Stern trug. Sie antwortete, es seien alles Passfotos für unsere falschen Papiere gewesen. Doch einige hatten die falsche Größe und konnten nicht für diesen Zweck bestimmt sein. Es gibt ein weiteres Foto von uns, aufgenommen in Zagreb und datiert auf den Mai 1942. Anhand der Bilder aus Zagreb und Split arbeitete ich provisorisch die ungefähren Daten heraus, an denen wir meiner Ansicht nach von Zagreb nach Split und von Split nach Rom aufgebrochen waren.

Ich wusste, dass die deutsche Besetzung Roms von September 1943 bis Juni 1944 gedauert hatte. Rom war während dieser Zeit in der Hand der Deutschen. Im Centocelle-Gebiet, in dem sich, soweit ich wusste, unser Kloster befunden hatte, gab es damals schon einen Flughafen. Der Ort war also nicht so abgelegen, wie meine Mutter behauptete. Außerdem wurde das Areal aus offenkundigen Gründen nie bombardiert, weder von den Alliierten noch von den Deutschen. Folglich konnten wir logischerweise während unseres Aufenthalts im hypothetischen Centocelle-Konvent nicht bombardiert worden sein und wir konnten uns auch nicht vierzehn Monate vor den Deutschen versteckt haben, wie Greta behauptete – die Deutschen waren nur neun Monate da.

Bei dieser Suche nach Bestätigung für die Geschichte, die ich an die Entschädigungskommission schicken wollte, wurde mir zum ersten Mal bewusst, dass Greta nur den Schmuck meines Vaters in Verwahrung hatte. Die Fotos und Dokumente befanden sich alle im Besitz seiner Mutter Claudie. Doch damals waren das nur müßige Gedanken, die mir kurz in den Sinn kamen und wieder verschwanden, während ich versuchte, unsere Kriegserlebnisse zusammenzufügen.

Dann schickte ich den Antrag weg. Etwa acht Monate später fand ich eines Tages, als ich von der Arbeit nach Hause kam, einen Brief von der Claims Conference vor. Er besagte, dass ich im Gegensatz zu der Erklärung, die ich ihnen zugesandt hätte, bereits 10 000 DM von der deutschen Regierung erhalten hätte. Man hätte den Betrag in zwei Raten ausgezahlt, die erste, als ich sechzehn war, und die zweite, als ich einundzwanzig wurde. Ich las den Brief und rief sofort meine Mutter an. War etwas Wahres an dieser Behauptung? Zu diesem Zeitpunkt kannte ich sie seit über fünfzig Jahren. Als sie antwortete und mit sehr leiser Stimme sagte, dass ich nichts bekommen hätte, wusste ich, dass sie log. Ich fragte sie auch, wie viel 10 000 DM wert wären, und sie entgegnete auf Deutsch, ohne zu zögern: »Ein kleines Vermögen.« Sie wusste genau, wie viel eine derartige Summe 1956 dargestellt hatte. Da hatte ich keinen Zweifel mehr, dass sie mein Entschädigungsgeld genommen hatte.

Schließlich räumte sie ein, eine kleine Zahlung erhalten zu haben. Das tat sie, um mich glauben zu lassen, dass sie nur die erste Hälfte, die man mir als Minderjähriger ausgezahlt hatte, erhalten hätte. Den zweiten Betrag hatte sie sich auf betrügerische Weise angeeignet, weil ich zu jenem Zeitpunkt bereits volljährig war und das Geld direkt an mich hätte gehen müssen. Aus ihrer Sicht im hohen Alter stellte es sich wohl so dar, dass sie beim ersten Mal einfach nur Geld angenommen hatte, das für ihre Tochter bestimmt war. Beim zweiten Mal hatte sie die deutsche Regierung aktiv betrogen, was sie möglicherweise ein bisschen nervös machte. Zu jenem Zeitpunkt war sie bereits deutsche Staatsbürgerin, und die deutschen Behörden hätten möglicherweise etwas ungnädig reagiert, wenn sie von der Sache erfahren hätten.

Mir war klar, dass es 1956 relativ einfach für sie gewesen war, das Geld zu bekommen. Aber wie war es ihr gelungen, sich die zweite Hälfte anzueignen, als ich bereits volljährig und verheiratet war? Als ich an die Umstände meines 21. Geburtstages zurückdachte, ging mir auf, dass auch das relativ leicht gewesen war. Meine Tochter kam einen Tag nach meinem 21. Geburtstag zur Welt. Sofort nach der Geburt war klar, dass mit ihrem Bein etwas nicht stimmte, und wir versuchten verzweifelt herauszufinden, wie schwer die Behinderung war. Letztendlich wurde die Diagnose gestellt, dass sie an einer seltenen Haut- und Knochenkrankheit litt, die dazu führte, dass man ihr im Alter von zwölf Jahren das Bein unterhalb des Knies amputieren musste. All meine Gedanken und Ängste kreisten um meine neugeborene Tochter. Als meine Mutter mich einige Monate nach meinem Geburtstag und der Geburt meiner Tochter um eine Vollmacht bat, bevor sie nach Europa fuhr, willigte ich ein und verschwendete nie wieder einen Gedanken daran. Sie sagte, sie brauche die Vollmacht, weil sie noch einmal versuchen wolle, in meinem Namen eine Entschädigung bei den deutschen Behörden zu beantragen. Als sie aus Europa zurückkam, hatte ich anderes im Kopf als irgendwelches Geld, das ich aus Deutschland bekommen oder nicht bekommen würde. Sehr wahrscheinlich habe ich bei ihrer Rückkehr versäumt, sie zu fragen, ob sie erfolgreich war oder nicht.

Nachdem sie vorsichtig zugegeben hatte, dass sie den kleineren der beiden Beträge möglicherweise erhalten hatte, tauchte ein Rechtsanwalt in ihren Ausführungen auf. Er habe die ganze Angelegenheit in die Hand genommen, behauptete sie. An seinen Namen konnte sie sich nicht erinnern, aber sie hielt es für das Beste, wenn ich Kontakt zu diesem namenlosen Anwalt aufnahm – vierzig Jahre nach dem Geschehen. Er könnte vielleicht etwas Licht in die Angelegenheit bringen. Die in den USA lebende Helmi wurde um Hilfe gebeten. Und so schickte Helmi dann einen Brief an die Claims Commission und erklärte, meine Mutter könne sich nicht erinnern, irgendwelche Entschädigungen für mich erhalten zu haben, halte es jedoch für möglich, dass ich vielleicht eine Summe weit unter 5 000 DM bekommen hätte. Helmi bat den Ausschuss um Unterlagen, die belegten, dass man mir das Geld ausgezahlt hatte.

Ich bekam einen gehörigen Schrecken, als sie mir zurückschrieben, dass ich einen Betrag von insgesamt 12 287 DM bekommen hätte. Nachdem mich diese Information erreicht hatte, wollte ich wissen, auf wen der Scheck ausgestellt war und wer ihn quittiert hatte. Außerdem fragte ich an, ob noch Belege dafür vorhanden wären, auf welches Konto man das Geld überwiesen hatte. Das war natürlich eine dumme Frage – man hatte das Geld auf mein Konto überwiesen. Doch der einzige Mensch, der Zeichnungsvollmacht für dieses Konto hatte, war meine Mutter, da sie in meinem Namen den Antrag gestellt hatte. Zudem erhielt ich ein von Greta unterzeichnetes Dokument, in dem sie sich mit der Entschädigungssumme, die man mir zugesprochen hatte, einverstanden erklärte. Das belegte, dass die Person, mit der die Sache abgewickelt wurde, meine Mutter war. Von einem Anwalt ist nirgendwo die Rede.

Ich musste mich also mehreren unangenehmen Wahrheiten stellen. Meine Mutter hatte in meinem Namen bei der United Restitution Organization (URO) einen Antrag gestellt, weil ich minderjährig war. Als mir die Entschädigung 1956 zugesprochen wurde, war ich erst sechzehn. Das Geld wurde auf ein Konto, das unter meinem Namen lief, überwiesen. Nachdem ich den Namen der Bank erfahren hatte, wandte ich mich sofort an dieses Geldinstitut, Georg Haupt und Sohn in Frankfurt, aber erfuhr, dass dort alle Akten nach sieben Jahren vernichtet wurden – und diese Angelegenheit lag immerhin fast vierzig Jahre zurück. Außerdem teilte man mir mit, dass bei abgeschlossenen Vorgängen nicht die Akte selbst aufbewahrt werde, sondern nur ein Beleg über die Höhe des Betrages und ein Vermerk, wann und an wen er ausgezahlt worden sei. Bei meinem nächsten Besuch in Berlin legte ich einen Zwischenstopp in Frankfurt ein und suchte die Bank auf. Es war ein kleines Institut ganz in der Nähe der Entschädigungsorganisation. Hier hatte meine Mutter ein Konto für mich eröffnet. Und das Geld für sich selbst verwendet.

Ich bat weiterhin um so viele Informationen wie möglich zu den Umständen der Transaktion – weil ich einfach nicht glauben wollte, dass meine eigene Mutter so etwas getan hatte. Sobald die »perfekte Mutter« aufflog – das war mir auf einer gewissen Ebene klar –, eröffnete sich die Möglichkeit für mich, viele weitere Dinge zu erkennen, vor denen ich so viele Jahre lang erfolgreich die Augen verschlossen hatte.

Der erste Betrag wurde 1956 ausgezahlt. In jenem Jahr kaufte Greta sich ihr erstes Auto, gab ihren Job auf und gründete ihr eigenes Unternehmen. Im Dezember desselben Jahres fuhren wir für einen zweiwöchigen Urlaub in das damals größte Hotel in Durban, das *Edward*. Kam es mir merkwürdig vor, dass wir plötzlich im *Edward* landeten – eine kleine Familie, die in einer bescheidenen Wohnung im Arbeitervorort Yeoville lebte? Vorher hatten wir immer nur für zehn Tage im Dezember ein Ferienhaus in Magaliesburg gemietet – die preisgünstigste Möglichkeit für einen Familienurlaub, die es damals gab. Seltsamerweise erinnere ich mich an einen Jungen, den ich in diesem Urlaub in Durban traf und der meinte, er finde es komisch, dass eine Familie, die mit einer Vauxhall-Limousine herumfahre, zwei Wochen im *Edward* absteige. Die Bemerkung ist mir im Gedächtnis geblieben. Also wusste ich wohl doch irgendwo in mir drin, dass etwas Ungewöhnliches vorging.

Wusste mein Stiefvater Ernst, woher dieses ganze Geld plötzlich kam? Er muss es gewusst haben. Nur wenige Jahre zuvor hatte er eine mittellose Frau mit einer zehnjährigen Tochter geheiratet. Auch Greta selbst erhielt noch eine Entschädigungszahlung. Zusammen mit dem Betrag, den ich erhalten hatte, ergab das einen ordentlichen Batzen Geld für jene Zeit. Ernst wusste wahrscheinlich nicht, um was für Beträge es dabei ging. Sie hat ihn offensichtlich hinters Licht geführt. Er hatte im Grunde keine Ahnung, was sie tat, und auch nie Einblick in das wundervolle Unternehmen, das sie führte. Dass irgendeine Firma existierte, entspricht den Tatsachen. Greta trug Muster von der Spitze und den Knöpfen mit sich herum und eine Fabrik gab Bestellungen bei ihr auf, wovon sie einen kleinen Teil der Kosten bestritt. Andererseits ging Ernst selbst einer ganz ähnlichen Beschäftigung nach, die weit umfangreicher war als ihre und wesentlich mehr Zeit beanspruchte. Seine Einkünfte reichten nicht annähernd an das heran, was sie zu verdienen schien. Aus der Großzügigkeit, die er mir gegenüber in späteren Jahren zeigte, schließe ich, dass er wusste, was geschehen war.

Im selben Jahr – 1956 – fing Greta plötzlich an, jeden Morgen frischen Orangensaft für mich auszupressen. An diese Aufmerksamkeit von ihr war ich nicht gewöhnt. Ich weiß noch, wie schwer es mir fiel, dieses Glas Orangensaft zu trinken, und häufig ließ ich es stehen. Ich liebe Orangensaft und kann mir meine Abneigung nur damit erklären, dass ich irgendwie spürte, dass sie mich um mein Geld betrogen hatte. Ich fühlte mich zunehmend deprimiert, aß sehr wenig, weinte häufig und war ganz allgemein ziemlich unglücklich. Ich aß täglich einen Apfel und eine möglichst kleine Portion vom Abendessen. Dadurch hatte ich natürlich mit sechzehn eine tolle Figur. Ich redete mir ein, dass mein Stiefvater an meiner Niedergeschlagenheit schuld sei. Seinetwegen war ich unglücklich. Immer wenn meine Mutter nach

Übersee reiste, und wir beide allein waren, kamen wir prima miteinander aus. Tatsächlich freute ich mich auf diese Zeiten, weil sie so ruhig und friedlich waren. Ich war mir dessen bewusst, aber auch in dieser Hinsicht nicht bereit, meine Gefühle mit Greta in Zusammenhang zu bringen. Rückblickend denke ich, dass es eher eine ungewöhnliche Teenagerreaktion war. Ich war bereit, an allem und jedem etwas auszusetzen, aber niemals an meiner Mutter. An den eigenen Eltern herumzumäkeln, gehört eigentlich zum Erwachsenwerden, aber in meinem Fall nicht.

Als Greta sah, wie aufgebracht ich war, als ich feststellen musste, dass sie mein Entschädigungsgeld an sich genommen hatte, versuchte sie es mit einer anderen Taktik. Natürlich könne sie sich selbst an überhaupt nichts erinnern, erklärte sie. Es sei alles so lange her, aber wie war es mir nach der Heirat eigentlich gelungen, eine Anzahlung für unser Haus zu leisten? Woher kam das Geld? Vielleicht war dieser Betrag ja die infrage stehende Entschädigung und ich hatte vergessen, dass ich das Geld bekommen hatte.

Ich wusste, dass die Anzahlung für das Haus aus dem Erbe von Claudie stammte, die 1959 gestorben war, und nicht aus Deutschland. Ich kannte die Fakten, aber um auf Nummer sicher zu gehen, machte ich einen Besuch in den Nationalarchiven und schaute in der Akte nach, die das Testament meiner Großmutter enthielt. Dort bekam ich meinen zweiten Schock. Aus der Dokumentation, die ich entdeckte, ging klar hervor, dass meine Mutter auch versucht hatte, sich das Erbe von Claudie anzueignen. Greta hatte vor Gericht eidesstattlich versichert, dass meine Großmutter kein Testament hinterlassen hätte und dass sie, als ehemalige Schwiegertochter, die Alleinerbin meiner Großmutter sei, die keine anderen lebenden Verwandten mehr habe.

Ich machte eine Fotokopie von der Schlussabrechnung des Kontos, unterschrieben von meiner Mutter am 15. Dezember 1959. Die 400 Pfund, die sie vom laufenden Konto meiner Großmutter abgehoben hatte, waren im Guthabenteil des Dokuments nicht aufgeführt. Dieses Konto hatte sie leer geräumt. Sie nahm auch das Honorar als Testamentsvollstrecker an, worauf Verwandte normalerweise verzichten. Die Summe, die sie erhielt, belief sich auf ein Fünftel des Gesamtbetrages. Ich hatte im Juli 1959 gerade meinen ersten Sohn Marc zur Welt gebracht. Mein Ehemann Ronnie arbeitete damals am Gericht, verdiente 48 Pfund die Woche und befand sich immer noch im Studium. 400 Pfund waren also damals eine beträchtliche Summe für uns.

Ich erinnerte mich, dass Greta bei Claudies Tod aus dem Krankenhaus stürmte und zum Zimmer meiner Großmutter in *Our Parents' Home,* dem Altersheim in Orchards, eilte. Sie nahm Claudies Fotos, Dokumente und Schmuck an sich und weigerte sich, mir etwas davon auszuhändigen. Jetzt wurde mir klar, dass sie nicht nur diese Dinge, sondern auch das Testament meiner Großmutter geholt hatte. Später erkannte ich, dass sie befürchtet hatte, Claudie hätte mir einen Brief oder andere Dokumente, die Aufschluss über den Tod meines Vaters gaben, hinterlassen. Meine Mutter war die alleinige Nachlassverwalterin. Daher muss sie ihre eigene Kopie des Testaments besessen haben, das mich zur Alleinerbin machte. Ohne ihr Wissen hatte meine Großmutter allerdings auch eine Kopie bei der Bank hinterlegt.

Greta räumte die 400 Pfund von dem laufenden Konto meiner Großmutter ab, doch als sie an das Festgeld wollte, weigerte sich die Bank, es herauszugeben. Mein Mann Ronnie hatte mir damals erzählt, dass meine Mutter versuche, mich enterben zu lassen, aber ich wollte ihm nicht glauben. Ich konnte die Büchse der Pandora noch nicht öffnen. Das war das einzige Mal, das er sich für mich einsetzte und meiner Mutter die Stirn bot. Er marschierte zu ihr und verlangte, dass sie zumindest einen Teil des Schmucks, den Claudie mir hinterlassen hatte, herausrückte. Das tat sie, und ich war, wie gesagt, Ronnie sehr dankbar. Das Geld, das sie vom laufenden Konto meiner Großmutter abgehoben hatte, gab sie allerdings nicht zurück, sondern nutzte es für eine eigene Reise nach Übersee. Damals war ich neunzehn. Das Schmerzlichste an dem Ganzen war vielleicht, dass die Lüge, meine Großmutter hätte keine Erben, bis zum Äußersten getrieben wurde. Während die anderen Grabsteine auf dem Friedhof den Namen der Verstorbenen tragen und, wie es damals Sitte war, die Namen der Menschen, die um sie trauern, gibt die Inschrift auf dem Grabstein meiner Großmutter keinen Hinweis darauf, dass sie eine Enkelin hatte, die ihren Tod betrauerte, und auch der Name ihres Urenkels fehlt. Es ist, als ob Greta uns ausgelöscht hätte, um sicherzustellen, dass das Erbe an sie fiel. Ich weiß noch, dass mir die übertriebene Trauer, die Greta beim Begräbnis meiner Großmutter zur Schau stellte, peinlich war. Heute ist mir klar, warum sie sich so benahm – für den Fall, dass irgendjemand fragte, warum meine Großmutter ihr gesamtes Vermögen nicht ihrer einzigen Enkelin, sondern Greta vermacht hatte.

Diese Entdeckung war sehr traumatisch. Für mich war schwer zu verstehen, wie meine eigene Mutter, die genau wusste, wie knapp wir damals bei Kasse waren und wie besorgt ich wegen meines Babys war, sich so verhalten konnte. Ich schaute mir dann die ganzen anderen Testamente an, von denen Greta möglicherweise profitiert hatte, um zu überprüfen, ob sie dort auch manipuliert hatte. Ich sah mir zum Beispiel das Testament von Ernsts Mutter an, die kurz nach der Heirat gestorben war, und stellte fest, dass einige der Gegenstände, die sich noch im Besitz meiner Mutter befanden, nicht Ernst, sondern seinem Bruder vermacht worden waren. War es meine Mutter, die diese Dinge behalten hatte, oder Ernst? Dann sah ich mir den letzten Willen von Ernsts Vater, Julius Reichmann, an, dessen Nachlass Ernst geregelt hatte. Wie ich feststellte, hatte er die Wünsche seines Vaters äußerst gewissenhaft ausgeführt, und ich war sicher, dass er sich im Fall seiner Mutter genauso verhalten hätte – wenn seine Frau nicht unwillig gewesen wäre, sich von gewissen Wertgegenständen zu trennen. Die Beharrlichkeit, mit der ich für meinen Teil diese Testamente erforschte, hing damit zusammen, dass es mir immer noch widerstrebte, mich der Realität zu stellen.

Ich fing jetzt an, die verschiedenen Merkwürdigkeiten in der Geschichte unserer Kriegszeiterlebnisse mit meinen Kindern zu besprechen. Als meine Tochter Fleur ihre Großmutter in Berlin besuchte, erfuhr sie, dass ein freundlicher deutscher Major uns gewarnt und nahegelegt hatte, mitten in der Nacht zu fliehen. Er hatte einen Soldaten mit einer Nachricht zu uns geschickt, die mit »K.« unterschrieben war. Sobald Fleur mir diese Geschichte erzählte, machte etwas »Klick« bei mir. Ich wusste, und zwar ohne jeden Zweifel, dass »K.« für Klaus stand. Aber wer war Klaus? Bei meinem nächsten Besuch in London fragte ich Felix danach. Diese Frage traf ihn völlig unvorbereitet. Er sah erschrocken aus und erklärte, das sei ein Bekannter aus Zagreb – ein anständiger deutscher Offizier, der nicht immer damit einverstanden gewesen sei, was um ihn herum passierte. Außerdem sei er ein wichtiger Mann in Zagreb gewesen – so wichtig, dass man ihn während seiner Stationierung zum Major befördert habe, ein hoher Rang in der deutschen Armee. Ich weiß noch, dass er mir nicht ins Gesicht sah, während er mir das erzählte, sondern an mir vorbeischaute und ich mich dabei fragte, was er mir verheimlichen wollte. Ich bat ihn auch, mir seine Dokumente aus der Kriegszeit zu zeigen. Ich wusste, dass er sie aufbewahrt hatte, aber er weigerte sich, sie herauszuholen, was mich misstrauisch machte. Ich hatte jetzt den Namen – Klaus – eines

Mannes, den meine Mutter gekannt hatte, ein deutscher Soldat in Zagreb. Aber war »Klaus« der Vor- oder der Nachname? Es konnte beides sein. Hatte Greta ihn schon vor dem Krieg gekannt? Welche Rolle spielte Klaus bei den Ereignissen in Zagreb? Die Ustascha führte in Zagreb die Maßnahmen gegen die Juden durch, die in anderen Ländern den normalen Soldaten übertragen wurden. Diese enge Zusammenarbeit zwischen der Ustascha und den Deutschen bedeutete, dass keine regulären Truppen erforderlich waren.

Nach diesem Gespräch rief Felix, der in dieser Zeit an einen Rollstuhl gefesselt war, meine Mutter an und verlangte, dass sie ihm einen Montblanc-Füller kaufte. Ich hatte noch nie zuvor von diesen Federhaltern gehört, fand jetzt aber heraus, dass sie extrem teuer waren. Was wollte ein alter Mann im Rollstuhl mit einem Montblanc-Füller? Als ich meine Mutter fragte, erklärte sie, ein Mann von der Ustascha habe Felix den Füller aus der Tasche gestohlen, als er in Zagreb durch die Straßen ging. Jetzt bat er sie, Ersatz dafür zu beschaffen? Die ganze Geschichte klang ziemlich seltsam. Wer war der Mann, der den Füller gestohlen hatte? Konnte sich mein Onkel damals tatsächlich so ein teures Schreibwerkzeug leisten? Warum bat er sie jetzt, den Füller zu ersetzen, obwohl er ihn offenkundig gar nicht gebrauchen konnte? Ich habe diese Begebenheit nie wirklich verstanden, aber ich fand, es klang ein bisschen nach: Mia stellt mir Fragen, ich verdiene eine kleine Belohnung, weil ich ihr keine Antworten gebe.

3 Die Seele öffnen

Das belastende Material, das ich aufgedeckt hatte, reichte aus, um meine Mutter und meinen Onkel von dem Podest zu stürzen, auf das ich sie gestellt hatte. Niemand hatte mich gebeten, sie dort hinaufzuheben. Das hatte ich ganz allein besorgt. Ich war frustriert und verunsichert. Nichts ergab einen Sinn.

Ich weiß nicht genau, warum ich dachte, Hypnotherapie würde mir helfen, meine Erinnerungen aufzudecken. Es war, als ob mir in meinem tiefsten Inneren klar war, dass ich etwas wusste, aber zu große Angst vor diesem Wissen hatte, eine Angst, die mich daran hinderte, dieses Wissen allein freizulegen. Kurz nach dem Krieg – ich muss etwa sechs oder sieben gewesen sein – sah ich einen Film mit dem Titel *The Seventh Veic* (dt.: »Der letzte Schrei«) über eine wunderschöne Pianistin, die ein Trauma erlebt hat. Unter Hypnose ist sie fähig, sich bewusst zu werden, wen sie wahrhaft liebt und wem sie vertraut. In dem Film spielt James Mason einen Mann, der aufgrund einer Verletzung am Stock geht. Am Ende des Films läuft die glamouröse, aber nicht länger unglückliche Heldin in einem fließenden weißen Kleid eine Treppe hinunter, vorbei an den beiden Männern in ihrem Leben, auf die kein Verlass war, und hin zu dem einzigen Menschen, den sie liebt und dem sie vertraut – dem attraktiven, obschon hinkenden Helden. Die Hypnose hatte ihr geholfen, die Wahrheit zu erkennen.

Ich habe den Film nie vergessen. Hypnose war das Mittel, um den einzigen Menschen zu entdecken, dem ich vertraute, den ich liebte und vergessen hatte, wie die Heldin in dem Film. Auch mein Vater Mladen war attraktiv, mit schwarzem Haar und braunen Augen. Das Hinken muss mich auch irgendwie berührt haben. Auch ich suchte nach jemandem, der verwundet worden war und den ich liebte. Vielleicht könnte ich mich an ihn erinnern, wenn ich dieselbe Methode einsetzte wie die Heldin im Film. Außerdem habe ich letztlich nie daran geglaubt, dass mein Vater tot ist. Einmal fragte ich meine Mutter, warum ich solche Zweifel hätte. Greta antwortete, dass sie ebenfalls der Ansicht sei, er könne noch am Leben sein! Dennoch sei es unwahrscheinlich, fügte sie hinzu, weil die Mitglieder der Familie, aus der er stammte, nicht besonders lange lebten und er inzwischen über neunzig wäre, wenn er noch lebte. Viele Jahre lang hätte sie erwartet, dass er eines Tages vor ihrer Tür stehen würde, aber diese Hoffnung habe sie jetzt aufgegeben. Es war ein seltsames Gespräch. Wie konnte sie nach all dieser Zeit nicht wissen, ob er tot oder lebendig war?

Ich brauchte irgendeine Form von Hilfe, um aufzudecken, was ich eigentlich wusste. Mir war klar, dass ich es nicht allein konnte. So kam ich schließlich zu Dr. Hartman, von dem ich gehört hatte, dass er zu den wenigen professionellen Hypnotherapeuten der Erickson'schen Schule in Südafrika gehörte. Er praktizierte nicht in Johannesburg, wo ich lebte, sondern im nahe gelegenen Pretoria. Aber das schreckte mich nicht – die 45 Kilometer, die zwischen den beiden Städten lagen, nahmen mir eher etwas von meiner Angst vor den Sitzungen. Die Aussicht auf die Therapie machte mich extrem nervös, auch wenn ich nicht verstand, warum.

Ich suchte Dr. Hartman über einen Zeitraum von etwa zweieinhalb Jahren insgesamt vier Mal auf. Jede Sitzung war ein harter Angang. Nach dem ersten Termin musste ich mich zwingen, wieder hinzugehen, was der Grund dafür ist, dass ich nur so wenige und so weit auseinanderliegende Sitzungen hatte. Ich wollte eine Erinnerung aufdecken, von der ich meinte, dass ich sie falsch oder unvollständig im Gedächtnis hatte. Ich wollte mich besser erinnern. Nach der ersten Sitzung zog Dr. Hartman in eine andere Praxis um. Beim zweiten und dritten Termin »vergaß« ich, dass er umgezogen war und fuhr zur alten Adresse. Einerseits wollte ich ihn nicht sehen, weil es so viel Schmerz verursachte, andererseits war ich trotzdem entschlossen, die Wahrheit herauszufinden.

Als Dr. Hartman mich fragte, was ich wissen wollte, sagte ich, dass ich herausfinden wollte, was mit meinem Vater geschehen war. Das war alles, was ich ihm sagte. Alles, was er wusste, bevor wir anfingen. Bei der ersten Sitzung kam heraus, wie mein Vater gestorben war. Nach dieser Sitzung war ich, wie wohl nicht anders zu erwarten, in einem schrecklichen psychischen Zustand. Neun Monate lang ging ich nicht mehr zu Dr. Hartman. Dann trieb es mich wieder hin, weil ich immer mehr Angst wegen meines Großvaters mütterlicherseits bekam, an den ich, soweit ich mich erinnern konnte, nie wirklich gedacht hatte und der plötzlich ständig in meinem Kopf herumspukte. Das war der Zweck der zweiten Sitzung.[1]

Bei einem Besuch in Berlin versuchte ich, meiner Mutter weitere Informationen zu entlocken, größtenteils ohne Erfolg. Doch im Laufe dieser Gespräche hatte ich den Eindruck, dass die Ereignisse in Zagreb sie nicht allzu sehr beunruhigten. Was ihr Sorgen zu machen schien, war der Tod zweier junger Männer, die sie »antifaschistische Jugendliche« nannte, und die mit uns zusammen im Kloster gelebt hatten. Sie sagte, die beiden hätten einen Zug in die Luft gesprengt und seien dafür erschossen worden.

Nach meiner Rückkehr nach Südafrika hatte ich meine dritte Sitzung, in der ich mich an den Tod dieser beiden jungen Männer erinnerte und warum meine Mutter deshalb so besorgt war.[2] Danach dachte ich, dass von den damaligen Bewohnern des Klosters wahrscheinlich noch einige am Leben waren und dass sie sich bestimmt an die Ereignisse erinnerten. Ich hatte allerdings keine Ahnung, wo das Kloster sich befand. Deshalb ging ich zu meiner vierten und letzten Sitzung bei Dr. Hartman. Ich fand nie heraus, wo das Kloster lag, sondern deckte nur die Angst und Panik auf, die ich in Rom empfunden hatte, bevor wir ins Kloster gingen. Das warf mich derart aus der Bahn, dass ich den Therapeuten nicht mehr aufsuchte. Bei all diesen Terminen hatte er keine Ahnung, um welche Inhalte es ging, und hätte die Sitzungen nicht in eine bestimmte Richtung steuern können. Zudem kann man nicht sagen, dass ich ihm ausreichend Informationen zur Verfügung stellte, um ihn dazu zu befähigen. Ich wusste selbst so wenig.

Dr. Hartman war damals ein junger Mann mit dickem blonden Haar und blauen Augen. Wie ich in meiner ersten Sitzung feststellte, konnte er auch Deutsch. Das war ein glücklicher Zufall, weil er mich im Lauf der Sitzungen einige Gespräche, die ich gehört hatte, wiederholen ließ und diese Unterhaltungen in der Regel auf Deutsch stattgefunden hatten. Ich saß in einem bequemen Sessel und mein Therapeut forderte mich auf, mich zu entspannen. Draußen im Garten zwitscherten Vögel, was mich in meiner Konzentration störte. Dr. Hartman bat mich dann, die Augen zu schließen, ein Bild von meinem Vater wachzurufen und mir eine Tür vorzustellen. Vor meinem geistigen Auge tauchte eine schäbige alte Holztür auf, die aber trotzdem sehr solide war. Ich öffnete sie. Sie führte zum Vorraum eines Wohnhauses mit breiten Stufen. Ich stieg die Stufen hoch, bis ich vor einer weiteren großen Tür auf der linken Seite stand. Ich öffnete auch diese Tür und was dahinter lag, veränderte mein Leben für immer.

Es war 11 Uhr vormittags an einem Donnerstag (19. Juni 1941), meine Mutter und ich waren allein in der Wohnung, die meinen Großeltern mütterlicherseits, Karoline und Alexander Singer, gehörte. Ich erinnere mich, dass ich mich wunderte, warum sonst niemand da war, weil ich den Eindruck hatte, dass die Wohnung sonst nicht so leer war. Ein Klopfen an der Tür. Meine Mutter öffnete sie. Ich stand links hinter ihr. Sie trug ein marineblaues Kleid im Hemdblusenstil mit einem dünnen braunen Ledergürtel um die Taille. Das Kleid war aus schwerem Leinen, an den Ärmeln mit Umschlagmanschetten, die fast bis zum Ellbogen reichten, und mit einem ausgestellten Rock. Ein deutscher Offizier betrat die Wohnung – sehr schlank, groß und makellos gekleidet in grauer Uniform. Er hatte hellblondes Haar, das sich schon lichtete, und hellblaue Augen. Obwohl ich sein Haar nicht sehen konnte, wusste ich, dass es schütter und von sehr heller Farbe war. An sein Gesicht kann ich mich sehr gut erinnern.

Sie sprachen kein einziges Wort miteinander. Greta deutete nur mit einem Kopfnicken zu dem Raum, in den er eintreten sollte. Er ging an ihr vorbei und in das Zimmer, das von einem riesigen Bett beherrscht wurde – oder vielleicht kam es mir nur so vor, weil ich sehr klein war. Das Bett stand mitten im Raum, mit der Kopfseite an der rückwärtigen Wand. Links neben dem Bett stand eine große Kommode, auf der eine Haarbürste lag. Die Bürste hatte einen Holzgriff und die Haare darin waren von hellblonder Farbe, wie die des Offiziers. Alle Möbel wirkten schäbig und alt, das Bett hing in der Mitte durch. In dem Bett lag mein Vater. Da er sich ganz passiv verhielt, denke ich heute, dass er wahrscheinlich krank war. Ich wusste, dass er unter Malaria litt, die er sich zugezogen hatte, als er in der jugoslawischen Armee diente. Ich wusste nicht wirklich, warum er im Bett lag oder warum ich den Eindruck hatte, dass er nichts anhatte. Im Fall eines Malaria-Anfalls hätte er sehr hohes Fieber gehabt, was die fehlende Kleidung erklären würde. Die Sauberkeit des weißen, gestärkten Bettzeugs stand im Gegensatz zur allgemeinen Schäbigkeit des Zimmers.[3] Neben dem Bett befand sich ein Nachttisch mit einigen Gegenständen darauf, die ich nicht genau erkennen konnte, weil ich zu weit weg stand. Nachdem der Offizier das Zimmer betreten hatte, begab er sich zum Bett und setzte sich, mit dem Rücken zu uns. Meine Mutter blieb reglos im Türrahmen stehen, während ich neben ihr stand und nicht verstand, was vor sich ging. Plötzlich sah ich, wie der Offizier die linke Hand hochhob und dann damit nach unten stieß. In der Hand war ein Messer. Den Griff konnte ich nicht sehen, nur die Klinge. Die rechte Hand meines Vaters fuhr nach oben und er stieß einen sehr schwachen Schrei aus. Ich wollte nach vorn stürzen. Doch meine Mutter packte mit der linken Hand meine Schulter und hielt mich fest, sodass ich mich nicht bewegen konnte.[4] Ich war klein und ihre Hand, die mich zurückhielt, im Vergleich dazu sehr groß. Die Hand meines Vaters fuhr noch ein paar Mal in die Höhe, aber er gab keinen Laut mehr von sich.

Dann stand der Offizier vom Bett auf, immer noch mit dem Rücken zu uns, zog seine Uniformjacke hinten glatt, drehte sich um und ging ohne meine Mutter anzusehen wortlos an uns vorbei und zur Tür hinaus. Das einzige Geräusch, das während dieses ganzen Geschehens zu hören gewesen war, war der gedämpfte Schrei vom Bett meines Vaters. Ansonsten herrschte absolute Stille. Ich konnte die Klinge des Messers nicht mehr sehen, nur einen Griff ohne Klinge, der von dem breiten dunklen Ledergürtel des Offiziers hing. Das verwirrte mich. Wo war die Klinge, mit der er auf meinen Vater eingestochen hatte?

Dann sah ich, dass das Bett im Bereich der Kissen blutgetränkt war. Er hatte das Messer durch die Decke gestoßen. Obwohl die Decke zerschnitten war, war das Blut nicht durchgesickert. Deshalb war auch Klaus selbst nicht mit Blut beschmiert. Doch am Kopfende des Bettes war alles voller Blut.[5] Es stach grell von dem Weiß der gestärkten Bettwäsche ab. Ich weiß, dass ich aus dem Zimmer wegrannte und mich in einem dicken cremefarbenen Vorhang verbarg, der neben einem Fenster in dem Raum hing, der uns wohl als Wohnzimmer diente. Der Vorhang war warm und weich. Hier verkroch ich mich und hielt mich für eine lange Zeit, die mir wie eine Ewigkeit vorkam, versteckt.[6] Ich weiß noch, dass ich dachte, dass ich nie wieder irgendetwas sehen oder hören und den Schutz dieser Dunkelheit nie wieder verlassen wollte. Ich weiß nicht, wie lange ich dort blieb. Plötzlich spürte ich, wie meine Großmutter Karoline mir sehr sanft übers Haar strich. »Was hast du dem Kind angetan?«, fragte sie meine Mutter. »Was hast du ihr angetan?«

Sie hob mich hoch und trug mich zu meiner Mutter, die in einer Art Benommenheit am Tisch saß, das Gesicht in den Händen vergraben. Zu diesem Zeitpunkt wirkte Greta schockiert und betäubt, sie murmelte irgendetwas davon, dass sie gedacht habe, er würde erschossen, nicht erstochen. Als ich bei ihr ankam, immer noch auf dem Arm meiner Großmutter, versuchte ich, ihr das Gesicht zu zerkratzen. Meine Fingernägel waren zu kurz, um Schaden anzurichten, aber ich spüre noch immer, wie in diesem Augenblick der Zorn in mir aufstieg. Am Ende konnte ich nur nach einem Büschel ihres roten Haars greifen und mit aller Kraft daran ziehen. Sie griff nach meinem Handgelenk, um sich zu befreien, aber ich ließ nicht los. Meine Großmutter löste dann meine Finger – einen nach dem anderen – aus dem Haar. Der Raum, in dem wir uns jetzt befanden, war ebenfalls spärlich möbliert – mit nur einem Tisch und einigen Stühlen. Es gab keine Tischdecke und auf den nackten Dielenbrettern lag kein Teppich.

Bald nach der Rückkehr meiner Großmutter kamen zwei weiß gekleidete Männer mit einer Tragbahre in die Wohnung. Sie gingen ins Schlafzimmer und kamen mit meinem Vater auf der Tragbahre wieder heraus. Er war mit einer hellbeigen Decke bedeckt. Nur der Kopf war zu sehen, aber die Augen waren geschlossen. Der Kopf lag in einem seltsamen Winkel. Meine Großmutter und ich standen links neben der Tür, als die Männer, wahrscheinlich Krankenwagenfahrer, ihn an uns vorbeitrugen. Das war das letzte Mal, dass ich ihn gesehen habe.

Die Art, wie er weggebracht wurde – auf einer Tragbahre, so als würde er in ein Krankenhaus kommen –, vermittelte mir den Eindruck, dass er nicht tot, sondern immer noch lebendig war. Ich weiß noch, dass ich nach der Sitzung mit Dr. Hartman stritt, der nach meiner Schilderung des Geschehens der Ansicht war, dass er tot sein musste, aber in jenem Stadium beharrte ich darauf, dass er immer noch lebte. Ich wollte, dass er lebte.

Für den Rest meiner Kindheit baute ich die beige Decke und den verletzten Mann in eine Art Fluchtfantasie ein. Immer wenn ich mich elend fühlte, stellte ich mir vor, jemanden zu besuchen, den ich sehr lieb hatte. Niemand durfte wissen, dass dieser Mensch am Leben war – irgendetwas, das mit dem Krieg zu tun hatte, machte es unbedingt erforderlich, dass seine Existenz ein Geheimnis blieb. In meiner Fantasie besuchte ich ihn auf einer wunderschönen tropischen Insel. Wir beide saßen zusammen und ich fühlte mich getröstet. Er saß in einem Sessel, bis zu den Achseln von einer beigen Decke verhüllt. Die beige Decke, mit der sie seine Leiche bedeckt hatten, als sie ihn wegtrugen, war das einzige Stück Realität, das ich mir in meiner Fantasie gestattete. Er sah aus wie mein Vater, aber sein Haar war nicht schwarz, sondern sehr hell. Ich gab ihm auch nie einen Namen. So blieb mein Vater eine Quelle des Trostes für mich, wenn auch verhüllt und verkleidet, sodass die Realität seines Todes keinen Einzug in meine Fantasiewelt halten konnte.

Danach, immer noch in derselben Wohnung und in jener ersten Sitzung, erinnerte ich mich an meinen Onkel Felix, der am Küchentisch saß und wesentlich jünger aussah, als ich ihn in Erinnerung hatte. Er wirkte sehr besorgt, sagte aber nichts, weil es nichts zu sagen gab, und tat nichts, weil es nichts zu tun gab. Meine Großmutter sah sehr wütend aus, schwieg aber ebenfalls. Ich hatte Angst ohne sie und folgte ihr, als sie die blutigen Laken von dem schmutzigen Bett abzog und sie in eine große, mit Wasser gefüllte Badewanne legte. Das Wasser färbte sich langsam rot vom Blut der Laken. Das war das Ende meiner ersten Sitzung.

Hinterher zweifelte ich an dem ganzen Vorgang. Wie konnte ich sicher sein, dass irgendetwas davon der Wahrheit entsprach? Dr. Hartman hingegen hatte keinen Zweifel daran, dass es sich so zugetragen hatte. Seiner Erfahrung nach, sagte er, hätte meine Schilderung nicht so viele präzise Details, größtenteils über relativ belanglose Dinge, enthalten, wenn ich mir alles nur ausgedacht hätte. So hatte ich mich zum Beispiel an die Kommode erinnert, die linker Hand von mir stand, als ich in das Schlafzimmer hineinsah, in dem der brutale Angriff auf meinen Vater erfolgte. Auf der Kommode lag die Haarbürste und zwischen den Borsten hatten sich die blonden Haare verfangen, die exakt zu dem schütteren Haar von Klaus passten. Neben dem Bett stand ein Nachttisch, auf dem zwei oder drei kleine Dinge lagen. Ich konnte sie nicht deutlich erkennen, aber wahrscheinlich handelte es sich um die Uhr, den Ehering und den Lapislazuli-Ring, den ich immer noch trage. Das war natürlich der Grund, weshalb diese Gegenstände den Krieg überstanden. Hartman erklärte, dass solche Details nur zutage treten, wenn die Geschichte wahr ist.

Als ich aus diesem tranceartigen Zustand wieder auftauchte, hatte ich ungeheure Schuldgefühle. Ich sagte zu meinem Therapeuten, dass ich schuld am Tod meines Vaters sei. Ich hätte etwas tun müssen, um den Mörder aufzuhalten. Hartman fragte, was ich – ein kleines Kind – hätte tun können. Ich hätte schreien können, sagte ich, oder nach vorn stürmen oder den Mörder irgendwie ablenken, sodass vielleicht jemand auf den Lärm aufmerksam geworden wäre oder irgendetwas anderes geschehen wäre. Er versuchte, mich zu überzeugen, dass es nichts gab, was ich hätte tun können, dass es jenseits meiner Möglichkeiten lag, doch die Schuldgefühle hielten sich hartnäckig noch eine geraume Weile.

Meine Mutter hatte ihre Hand auf meine rechte Schulter gelegt, um mich festzuhalten, sodass ich mich nicht bewegen konnte. Ein Therapeut, den ich später konsultierte, meinte, dass ein solches Ereignis, bei dem ich fast immer noch spüren konnte, wie die große Hand meiner Mutter mich zurückhielt, eine körperliche Spur hinterlassen haben müsste. Ich habe eine Spondylose im Nackenbereich und meine eine Schulter ist ein bisschen höher als die andere.[7] Die höhere Schulter ist seltsamerweise die rechte, also diejenige, die meine Mutter heruntergedrückt hat. Vielleicht habe ich so zum Ausdruck gebracht, dass ich nicht bereit war, in das Geschehen einzuwilligen. Ich würde mich nicht niederdrücken lassen, ich würde protestieren, ich würde mich erinnern. Irgendwann. Jetzt stand ich vor der Situation, dass ich nicht nur um den Verlust meines Vaters trauerte, sondern auch um den Verlust jenes Urvertrauens, auf das jedes Kind ein Anrecht hat – das Vertrauen in eine gute Mutter.

Ich wollte diejenigen aus meiner Familie, die um das Geheimnis wussten, mit der Wahrheit konfrontieren. Die einzige Möglichkeit, meine Schuldgefühle loszuwerden, bestand darin, sie zu teilen, und Bestätigung von meiner Familie zu erhalten. Die Reaktion der Familie bestand in hartnäckiger Leugnung seitens meines Onkels und seiner Kinder in London und in Zorn seitens meiner Mutter. Ich enthüllte die Geschichte auch gegenüber meinen Kindern. Marc und Daniel wollten nichts davon hören. Fleur glaubte mir, ebenso wie Jimmy, aber die Besessenheit, mit der ich davon erzählte, war sicherlich erschöpfend und verstörend für sie. Die meisten meiner Freunde weigerten sich, mir zu glauben – immerhin hatte ich meine Mutter immer als den Inbegriff der Tugendhaftigkeit dargestellt. Zum Glück war ich schon geschieden und musste mich nicht mit Ronnie auseinandersetzen, der nur bissig und bösartig reagiert hätte.

Die Reaktionen der anderen schüchterten mich ein und enttäuschten mich. Heute ist mir klar, dass die spontane Reaktion auf schreckliche Ereignisse darin besteht, sie zu verdrängen. Schließlich hatte ich selbst genau das all die Jahre getan. Ich wusste, es war unwahrscheinlich, dass man die Täter vor Gericht stellen würde, doch ich hatte den naiven Glauben, dass meine Familie akzeptieren würde, was geschehen war, und in gewisser Weise auch mich akzeptieren würde, wenn ich genügend Beweise für die Ereignisse vorlegen konnte. Ich wusste, dass das Böse sich nicht besiegen ließ, aber ich hoffte, dass ich mein Trauma überwinden würde, wenn ich die Sache verfolgte und verstand, wie die Puzzleteile zusammenpassten. Und so machte ich mich daran, mit allen mir verfügbaren Mitteln das Rätsel meiner Kriegsjahre zu lösen.

Schon vor meiner Sitzung bei Dr. Hartman hatte es mich immer verwundert, dass sich die Ringe und die Uhr meines Vaters im Besitz meiner Mutter befanden. Niemand gibt seinen Ehering oder eine goldene Uhr weg. Sogar wenn man meinen Vater Mladen frühmorgens oder auf der Straße verhaftet hatte, hätte er sicherlich seinen Ehering anbehalten. Die Erklärung meiner Mutter, als ich sie danach fragte, lautete, dass die Ustascha-Offiziere, die ihn abgeführt hatten, sehr freundlich waren und diese Schmuckstücke für sie zurückließen! Die Männer der Ustascha, über die sie sich sonst nur hasserfüllt äußerte! Dieses verwirrende Element war jetzt zumindest geklärt und ich wusste, was es damit auf sich hatte, auch wenn es nur ein unwichtiges kleines Detail war.

Was ich nach der Sitzung nicht verstand, war, wieso Klaus meinen Vater nicht erschossen hatte. Ich wusste, er hatte eine Pistole. Ich hatte sie gesehen. Später erkannte ich, dass der Genozid an den Juden drei Stadien umfasste: die Ausgrenzung aus der Gemeinschaft, die Konzentration in den Lagern und letztendlich die Vernichtung. Was meinen Vater anging, so wurde er im Juni ermordet, als die Phase des Ausschlusses aus der Gemeinschaft noch andauerte. Woher wusste ich, wann es war? Ich habe keine Ahnung, wahrscheinlich habe ich es gehört. Als konkretes Datum habe ich den 19. Juni 1941 ermittelt, weil die Nationalsozialisten drei Tage später in die Sowjetunion einmarschiert sind. Meine Mutter hatte gesagt, es sei drei Tage vor dem Einmarsch in die Sowjetunion gewesen. Das passte zu dem, was meine Tante meinen Cousins erzählt hatte. Daraus habe ich das Datum rekonstruiert.

Dr. Hartman hatte nicht erwartet, dass bei dieser ersten Sitzung überhaupt etwas herauskommen würde. Das konnte ich ihm ansehen. Er hatte anfangs gefragt, ob ich ihm erlauben würde, eine Film- oder Tonbandaufzeichnung von der Sitzung zu machen, aber das hatte ich spontan abgelehnt. Obwohl er für diesen ersten Besuch eine Doppelstunde angesetzt hatte, musste er mich unterbrechen, weil ein anderer Patient wartete. Dadurch hing ich in der Luft, in einem schrecklichen Zustand. Ich wollte nur nach Hause und dass es mir wieder besser ginge, auch wenn ich keine Ahnung hatte, wie ich das fertigbringen sollte. Auf der Fahrt nach Hause sah ich ein McDonald's-Schild – Essen war die Antwort. Dann fuhr ich falsch herum in die Take-away-Spur, verursachte ein totales Chaos bei McDonald's und in mir selber auch nichts Gutes.

Das Durchbrechen der Amnesie hatte sich nicht als schwieriger Teil der Rekonstruktion erwiesen – die angewandte Technik hatte funktioniert. Der schwierige Teil bestand darin, das Puzzle, das aufgetaucht war, zusammenzufügen – ich musste weitere Teile aufdecken und einbauen und jedes Wissensbruchstück aus vielen verschiedenen Blickwinkeln betrachten, um zu sehen, wie es sich ins Ganze fügte.

Nach der ersten Sitzung erzählte ich die Geschichte Janet Davies, einer Freundin von mir, deren Vater im Zweiten Weltkrieg bei der South African Defence Force in Nordafrika gedient hatte. Ich berichtete von meiner Verwirrung über das Messer – dass ich mich an den Messerschaft erinnerte, der an seinem Gürtel hing, aber nicht so aussah wie das Messer, mit dem er meinen Vater ermordet hatte. Da holte Janet einen Füllfederhalter und ein Blatt Papier hervor und malte den Griff für mich auf. Es war die exakte Wiedergabe des Messers, an das ich mich erinnerte. Als ich sie fragte, woher sie wisse, wie es ausgesehen hätte, sagte sie, dass ihr Vater einem toten deutschen Soldaten ein solches Messer abgenommen hätte. Es war ein Taschenmesser, der Standardtyp in der deutschen Armee. Der Grund, warum ich mich nur an den Griff und nicht an die Klinge erinnerte, war, dass es ein Klappmesser war und die Klinge natürlich im Griff lag, als ich das Messer gesehen hatte. Damit war ein weiteres, wenn auch kleines Rätsel für mich gelöst.

Diese erste Sitzung führte dazu, dass ich überlegte, was mit den anderen beiden männlichen Mitgliedern meiner Familie geschehen war, die so plötzlich aus meinem Leben verschwunden waren – meine beiden Großväter. Ich konzentrierte mich auf das Schicksal meines Großvaters mütterlicherseits, Alexander Singer. Fünfzig Jahre lang hatte ich nicht an ihn gedacht und nach dieser Sitzung dachte ich plötzlich nur noch daran, was aus ihm geworden war. Diese plötzliche Angst, was sein Schicksal gewesen sein mag, überwältigte mich und trieb mich ein zweites Mal zu Hartman. Da ich auch über meinen Großvater nichts wusste, konnte ich dem Therapeuten keinerlei Hinweise in irgendeine Richtung geben. Wir gingen genauso vor wie in der ersten Sitzung. Ich saß in demselben Sessel und entspannte mich auf die gleiche Weise. Und dann kamen die Erinnerungen ...

Was auftauchte, knüpfte an den Inhalt der ersten Sitzung an. Ich erinnerte mich daran, dass mein Großvater an demselben Tag, an dem die Sanitäter meinen Vater weggebracht hatten, in die Wohnung zurückkehrte. Greta saß immer noch am Tisch, ich saß auf dem Fußboden zwischen Tisch und Fenster. Als er an die Tür kam, hörte sie ihn, drehte sich aber nicht zu ihm um. Bevor er etwas sagen konnte, erklärte sie, dass ihm dasselbe geschehen würde wie Mladen, wenn er sich nicht in Acht nähme. Ich erinnere mich, dass das Gesicht meines Großvaters bei diesen Worten einen schockierten und ungläubigen Ausdruck annahm. Aber er sagte nichts und wandte sich ab, ohne hereinzukommen. Meine Großmutter, seine Frau, hörte die Worte ebenfalls, und obwohl sie sehr wütend aussah, blieb sie ebenfalls stumm. Ich bekam panische Angst, als ich hörte, was meine Mutter sagte. Ich weiß noch, dass ich ihm nachlief und die Arme in stummer Verzweiflung, für die ich keine Worte hatte, um ihn schlang. Ich reichte ihm nur bis zu den Knien, also legte ich meine Hände um seine Beine. Ich wollte, dass er weglief, so weit und so schnell weglief, wie er konnte, damit man ihm nicht so wehtun konnte, wie man meinem Vater wehgetan hatte. Ich verstand nicht, warum er nicht wegging. Aber wo sollte ein alter Mann wie er schon hingehen?

Kurz nach diesem Ereignis kamen zwei schwarzgekleidete Männer von der Ustascha in unsere Wohnung und nahmen ihn mit. Sie waren beide groß und kräftig im Vergleich zu meinem Großvater, den ich als klein und schmächtig in Erinnerung habe. Der eine der beiden Männer, der links neben meinem armen Großvater stand, schlug ihm mit der geballten Faust ins Gesicht, während der andere ihn festhielt. Ich glaube, der Schläger trug einen Ring oder so etwas an der Hand, denn nach dem Schlag blutete mein Großvater ein bisschen unter dem linken Auge. Dann brachten sie ihn weg. Ich erinnere mich, dass ich froh war, weil er nicht so schlimm verletzt war wie mein Vater. In meiner Unschuld dachte ich, dass er jetzt sicher wäre, außer Reichweite des Zorns meiner Mutter, sicher vor Schaden. Ich habe ihn nie wieder gesehen.

Als ich Dr. Hartman während der Sitzung von ihm erzählte, nannte ich ihn Outata Shandor. Tata ist das serbo-kroatische Wort für Vater und O(u)papa das deutsche Wort für Großvater. Ich hatte die beiden zu Outata Shandor miteinander verbunden. Daran erinnerte ich mich zum ersten Mal, seit sie ihn fortgebracht hatten. Als ich den Namen aussprach, kehrte die volle Erinnerung zurück – der dünne, gebrechliche Mann, der liebevoll und fürsorglich mit dem kleinen Mädchen umging, das ich damals war, obwohl er nicht an Kinder gewöhnt war. Wie er mich hochnahm und auf unbeholfene Weise im Arm hielt. Das war alles, woran ich mich erinnerte. Dennoch hatte ich jetzt wieder eine gewisse Vorstellung von meinem Großvater, den ich vergessen hatte, seit sie ihn vor so vielen Jahren weggeschafft hatten. Es war wie ein Geschenk – die Erinnerung an einen Menschen, der mich geliebt hatte, aber fortgegangen war. Meine Mutter und mein Onkel erwähnten ihn niemals namentlich. Ich fragte Greta, ob der Name meines Großvaters Shandor gewesen sei. Ja, antwortete sie, Shandor sei eine häufige Abkürzung für Alexander und ich hätte ihn tatsächlich Outata Shandor genannt.

Greta merkte jetzt, dass meine Erinnerung zurückkehrte. Sie fragte, ob ich mich an die beiden »antifaschistischen Jungen« erinnerte, die sich mit uns zusammen im Kloster versteckt hätten. Sie hätten versucht, Eisenbahnzüge zu sabotieren und wären dafür erschossen worden. Ich sagte ihr, dass ich keinerlei Erinnerung an die beiden hätte. Das Verhalten meiner Mutter vermittelte mir den Eindruck, dass sie beunruhigt gewesen wäre, wenn ich mich hätte erinnern können.

Das stachelte meine Neugier an. Obwohl mir inzwischen viele Dinge über das Kloster wieder eingefallen waren, gab es zwei Aspekte unseres Aufenthalts dort, an die ich überhaupt keine Erinnerung hatte. Das eine waren die Menschen, die sich gemeinsam mit uns dort versteckt hatten, das andere war unser Schlafquartier. Deshalb machte ich erneut einen Besuch bei Dr. Hartman, wobei ich wiederum zu seiner alten Praxis fuhr und mich auf dem Weg zu seiner neuen Adresse verirrte, aber schließlich ankam. Bei der dritten Sitzung war es, als ob ein Teil von mir sagte: Okay, du weißt, dass du dich wieder verfahren wirst, also sorg dafür, dass du genügend Zeit einplanst, um trotzdem rechtzeitig da zu sein. Ein Teil war geduldig, aber der andere war auch noch da – das ängstliche kleine Mädchen in meinem Innern, das noch nicht bereit war, sich weiteren unangenehmen Enthüllungen zu stellen.[8]

Diese Sitzung führte dazu, dass ich mich wieder an das Schlafquartier auf dem Dachboden des Klosters erinnerte, das zuvor völlig aus meinem Gedächtnis verschwunden war. Ich dachte immer, dass diese Dachböden riesige Räume gewesen sein müssten, weil das Kloster so groß war und das Dachgeschoss eine entsprechende Ausdehnung gehabt haben musste. Doch jetzt fiel mir wieder ein, dass der Dachboden, auf dem wir uns aufgehalten hatten, recht klein gewesen war. Das hing damit zusammen, dass es eine ganze Reihe solcher Dachböden im Kloster gab, die alle voneinander getrennt waren, weshalb sie sich so gut als Versteck eigneten. Wir schliefen auf dünnen Matratzen oder ausgelegten Stoffbündeln.

Während dieser Sitzung fand ich heraus, dass unsere beiden Mitbewohner tatsächlich erschossen worden waren, aber nicht, weil sie einen Zug in die Luft gesprengt hatten, sondern weil sie meine Mutter als Kollaborateurin bezeichnet hatten. Greta wusste, dass sie beim Abzug der Deutschen in Gefahr sein würde, wenn die beiden sie verrieten, also musste sie sie loswerden. Sie wurden beide erschossen, und zwar von Klaus, der, wie mir bei dieser Sitzung klar wurde, offenbar auch mit uns im Kloster gewesen war.

Der erste wurde auf dem Dachboden getötet, auf dem wir schliefen. Klaus und meine Mutter gingen auf diesen Dachboden, den man vom obersten Stockwerk des Klosters mittels einer kleinen Holztreppe erreichte. Der Junge war etwa neunzehn, mit einem wuscheligen hellbraunen Haarschopf, ein langer Schlaks mit blasser Haut und dem für einen Jungen dieses Alters so typischen pickligen Gesicht. Er ahnte nichts Böses, als Klaus und meine Mutter mit mir im Schlepptau hereinkamen. Ich folgte ihnen die Leiter hoch, aber beide schienen mich überhaupt nicht wahrzunehmen. Meine Mutter behandelte mich eher wie ein Haustier und nicht wie ein menschliches Wesen. Die Reaktion des jungen Mannes beim Auftauchen der beiden lässt mich vermuten, dass er Klaus schon vorher mit meiner Mutter zusammen gesehen hatte und durch seine Anwesenheit nicht beunruhigt war.

Er saß auf irgendeiner Lagerstätte auf dem Boden, als sie hereinkamen. Hinter ihm befanden sich drei leere Betten. Noch weiter hinten lagen zwei Personen, ein Mann und eine Frau, auf einer Matratze, aber relativ weit entfernt vom Eingang des Dachbodens. Ich stand ein Stückchen weiter zurück, auf der linken Seite von Klaus. Klaus sagte dem jungen Mann, dass er aufstehen solle. Er zog gerade seine Stiefel an. Ich erinnere mich, dass sie ziemlich schmutzig, ungepflegt und abgetragen waren. Der Junge hatte sie bereits beide an, aber war dabei, die Schnürsenkel zuzubinden. Als er fertig war, stand er auf. Klaus wies ihn an, sich an die Wand gegenüber von seinem Bettplatz zu stellen. Das tat er. Dann hat Klaus ihn sofort erschossen. Der Schuss kam aus so kurzer Distanz, dass der Körper des Jungen hochschnellte, bevor er in sich zusammensackte. Aus einer Wunde in der rechten Bauchhälfte nahe der Taille sickerte Blut.

Ich war geschockt, nicht so sehr durch das, was geschehen war, weil ich gar nicht genau wusste, was es eigentlich war, sondern weil Klaus, für den ich inzwischen eine gewisse Zuneigung entwickelt hatte, jemanden verletzte, der ihm nichts getan hatte.

Klaus hatte seine linke Hand benutzt, um meinen Vater zu erstechen, aber die Pistole hatte er mit der rechten abgeschossen. Da ich links hinter ihm gestanden hatte, hatte ich weder gesehen, wie er die Waffe gezogen, noch wie er sie in der Hand gehalten hatte. Daher wurde ich von dem Schuss und den Folgen völlig überrascht. Die Erinnerung daran, was er meinem Vater angetan hatte, war vollständig aus meinem Kopf verschwunden. Die anderen beiden Personen, die zu Zeugen des Schusses geworden waren, sahen aschgrau aus und schienen ebenfalls völlig überrumpelt vom Geschehen. Meine Mutter stand ziemlich passiv da, wirkte weder besonders überrascht noch verstört. Ihre Haltung gegenüber Klaus war seltsam, sowohl hier als auch in Zagreb. Sie war im Allgemeinen ein lauter und pompös auftretender Mensch, doch in Gegenwart von Klaus wirkte sie sanftmütig und geradezu von ihm überwältigt.

Sie und Klaus stiegen danach die Leiter wieder herunter. Ich erinnere mich, dass ich in einem solchen Zustand war, dass ich einige Sprossen der Leiter verfehlte, als ich ihnen folgte, und halb herunterrutschte. Die Leiter hatte nur etwa fünf Sprossen, aber da ich damals erst vier Jahre alt war, hätte ich mich leicht verletzen können, vor allem wenn man bedenkt, dass das Holz voller Splitter war. Die Leiter war nicht alt, aber irgendwie unfertig. Sie sah aus, als hätte man sie in aller Hast angefertigt und dann so gelassen.

Greta und Klaus begaben sich ins Erdgeschoss des Klosters und warteten dort auf die Rückkehr des zweiten Jungen. Ich stellte mich wieder zu ihnen. Der Junge hatte das Pech, dass er schon nach wenigen Minuten kam. Er war jünger und kleiner als der andere, ich schätze etwa sechzehn, mit dunkelbraunem Haar. Der Grundriss des Klosters hatte die Form eines Vierecks, mit einer offenen Seite. Um ins Kloster zu kommen, musste man durch diesen von drei Seiten abgeschlossenen Bereich gehen, in dessen Mitte sich ein Fischteich befand. Es war Sommer, die Sonne schien und es war heiß und diesig. Die Luft war erfüllt vom Duft des schon ziemlich vertrockneten Lavendels, der im Garten wuchs. Alles im Garten war trocken. Klaus zielte auf den Jungen. Er stützte die rechte Hand, mit der er die Waffe ausrichtete, auf dem linken Arm ab, mit dem er sich an einen der Bögen gelehnt hatte. Der Junge sah Klaus mit der Waffe und wandte sich nach links, aber wurde von der Kugel getroffen, bevor er weglaufen konnte. Ich sah ihn fallen, aber das war alles.

Ich konnte nicht sehen, was als Nächstes geschah, weil ich mich umdrehte und so schnell ich konnte zur Klosterküche lief, wo sich, wie ich wusste, meine Großmutter aufhielt. Sie saß in der Küche vor einer alten weißen Emailleschüssel mit einer großen verrosteten Stelle auf der linken Seite und palte Erbsen aus. Sie trug einen schwarzen Rock und balancierte die Schüssel zwischen ihren auseinandergespreizten Knien. Ich rannte zu ihr, aber von der Küche aus hatte sie die Schüsse nicht gehört, und war sich zu diesem Zeitpunkt nicht bewusst, was geschehen war. Sie konnte nicht verstehen, warum ich unfähig war, mich auszudrücken, und nur meinen Kopf in ihrem Schoß vergraben wollte, was wegen der halb mit ausgepalten Erbsen gefüllten Emailleschüssel nicht ging. Zwei oder drei Nonnen hatten gesehen, wie der zweite Junge erschossen wurde. Aufgrund des an dem Tag herrschenden Wetters denke ich, dass diese Ereignisse nur im Sommer, nach der Befreiung Roms im Juni 1944, stattgefunden haben können.

Im Anschluss an diese Sitzung sagte ich zu Dr. Hartman, dass dies sicher nicht wahr sein könne. Wie konnte Klaus sowohl in Kroatien als auch in Italien mit Greta zusammen gewesen sein? Es fiel mir schwer, an die Ergebnisse dieser Sitzung zu glauben. Es bedeutete, dass meine Mutter nicht nur in Zagreb, sondern auch in Rom eine Art Beziehung mit ihm gehabt hatte.

Mein Cousin Zvi bestätigte, dass Klaus auch in Italien mit ihr zusammen gewesen war. Als meine Mutter nach dem Krieg mit mir nach London kam, hatte sie der Familie zufolge damit geprahlt, dass Klaus so verrückt nach ihr gewesen sei, dass er ihr nach Rom gefolgt sei. Alle meine Cousins und Cousinen wussten anscheinend, dass sie während des Krieges die Geliebte eines deutschen Offiziers gewesen war. Zvi sagte, dass sie bei unserer Ankunft in London im Februar 1946 einige wunderschöne Kleider mitgebracht hatte und sich finanziell offenbar recht gut stand.

Meine erste Sitzung hatte den Mord an meinem Vater aufgedeckt; die zweite das Schicksal meines Großvaters; die dritte zwei weitere Morde. Obwohl ich unbedingt das Kloster finden wollte, hatte ich große Angst vor dem, was sonst noch herauskommen könnte. Aus den aufgedeckten Erinnerungen hatten sich so viele Probleme für mich ergeben: eine Art Entfremdung von einigen Mitgliedern meiner Familie, ein großes Problem bei der Kommunikation mit meiner Mutter und dass ich mit vielen Freunden, mit den Menschen, die mir am nächsten standen, nicht über die Dinge sprechen konnte, die mich belasteten.

Schließlich nahm ich meinen ganzen Mut zusammen, um doch noch einen weiteren Versuch zu wagen. Ich sagte Dr. Hartman, dass ich nur wissen wollte, wo das Kloster lag und wie es hieß. Das schien nicht allzu gefährlich.

Und so ging ich zu meiner letzten Sitzung mit ihm. Es gab immer noch vieles, was ich nicht wusste. Bei vielen Orten und Menschen fehlten mir die richtigen Namen. Ich dachte, wenn ich das Kloster wiederfände, wäre das auf alle Fälle hilfreich: Auch wenn ich vielleicht keine Nonne antraf, die bei dem Mord an den beiden Jungen dabei gewesen war und sich daran erinnerte, gab es dort bestimmt noch jemanden, der von der Sache gehört hatte und mein neu gewonnenes Wissen bestätigen konnte. Vielleicht würde ich auch etwas über Klaus in Erfahrung bringen. Im Moment wusste ich nur, wie er hieß und dass er den Rang eines Majors innehatte. Ich war mir nicht einmal sicher, ob Klaus sein Vor- oder Nachname war. Zudem hatte ich keine Ahnung, was seine Aufgabe gewesen war. Gehörte er zur normalen Wehrmacht? Zur SS? Hing das alles mit den häufigen Besuchen meiner Mutter im Hauptquartier der Gestapo in Zagreb zusammen, von denen sie mir erzählt hatte?

Jetzt erkannte ich, dass ich nicht einfach nur diejenigen Erinnerungen aufdecken konnte, die ich gern aufdecken wollte. Was ich vergessen hatte, waren nicht kleine Schnipsel nützlicher Informationen, sondern traumatische Ereignisse in meinem Leben, die ich als kleines Mädchen nicht hatte verarbeiten können. Was in dieser letzten Sitzung auftauchte, war die Phase vor unserem Aufenthalt im Kloster. Die Zeit, von unserer Ankunft in Rom bis zu dem Zeitpunkt, an dem wir wieder aufbrachen, um uns zu verstecken – soweit man das Wort in diesem speziellen Zusammenhang benutzen kann.

Meine Mutter hat im Laufe der Jahre oft betont, wie wunderschön die Via Veneto in Rom zu jener Zeit gewesen ist, was mir den Eindruck vermittelte, dass wir dort gewohnt hatten. In der Via Veneto stiegen die deutschen Offiziere und Würdenträger ab, als sie die Stadt besetzten. Die Prachtstraße lag weit entfernt von unserer bescheidenen Unterkunft. Ich stellte in dieser letzten Sitzung fest, dass sich unsere Pension in einer kleinen Straße befand, die auf einen Platz mit einer Kirche führte. Der Stadtteil Trastevere hat viele derartige Straßen und es kann gut sein, dass wir dort gewohnt haben. Damals lebten dort viele jüdische Familien, sodass sich dieses Viertel vor der deutschen Besetzung als Bleibe für uns angeboten hätte.

Unsere Unterkunft (ich bin nicht sicher, ob sie den Namen »Hotel« verdient) hatte einen Eingang mit einer Rezeption, die sich auf der linken Seite befand, wenn man hereinkam. Das Haus war alt, schäbig und nicht besonders sauber. Die Person, die immer hinter dem Empfangstresen stand, war ein kleiner, griesgrämig wirkender Italiener, der niemals lächelte – oder jedenfalls kam es mir so vor. Meine Mutter sagte immer, dass es ein Schweizer Hotel sei, das einem Schweizer gehöre. Wer dieser Schweizer war, habe ich nie herausgefunden, aber es war nicht die Person, an die ich mich jetzt erinnerte. Wir haben für unser Zimmer nicht bezahlt. Es wurde für uns bezahlt. Wir kochten für uns selbst in dem kleinen Raum, den wir bewohnten, und meine Großmutter und ich verließen das Hotel nur, um Lebensmittel einzukaufen. Meine Großmutter nahm mich mit, weil sie sich auf Italienisch nicht verständlich machen konnte, während ich die Sprache während unseres Aufenthalts in Split sehr schnell gelernt hatte. Ich fungierte als ihre Dolmetscherin.

Meine Mutter ging morgens zur Arbeit. Das tat sie auch, als wir im Kloster lebten. Ich wusste nie, was für einer Art Arbeit sie nachging. Manchmal wurde sie von einem deutschen VW-Kübelwagen nach Hause gebracht. Das muss also nach der Besetzung Roms durch die Deutschen gewesen sein. Dieser Umstand und die fehlenden Sprachkenntnisse meiner Wiener Großmutter, die nie etwas anderes als Deutsch gelernt hatte, machten uns zu Parias in der Straße, in der wir wohnten. Die antideutsche Haltung in diesem Viertel Roms, das, wie ich im Rückblick denke, wohl ein Arbeiterviertel war, machte uns extrem unbeliebt.

Während der deutschen Besatzung waren Lebensmittel in Rom streng rationiert. Die Geschichte, die meine Mutter über die deutschen Soldaten erzählte, die eine Warteschlange bei der Essensausgabe bewachten und uns nicht nur bevorzugt behandelten, sondern uns auch eine Extraration gaben, weil sie uns für Deutsche hielten, könnte sich tatsächlich so zugetragen haben. Vielleicht wurden wir auch wegen ihrer Beziehung zu Klaus bevorzugt behandelt. Die Erinnerungen, die in dieser Sitzung auftauchten, versetzten mich allerdings die ganze Zeit über in einen Panikzustand. Die Feindseligkeit der Frauen in unserem Viertel jagte mir große Angst ein. Zu diesem Zeitpunkt waren alle Menschen, die ich geliebt und denen ich vertraut hatte, verschwunden. Meine geliebte Karoline war die Einzige, die mir geblieben war. Meine lebendigste Erinnerung ist, dass ich immer ihre Hand umklammert hielt und schreckliche Angst hatte, dass ihr etwas zustoßen könnte.

1945 mit meiner Großmutter Karoline Singer, kurz bevor sie Rom in Richtung London verließ. Das Leid steht ihr ins Gesicht geschrieben.

Ich nahm die Feindseligkeit der Italiener um uns herum viel deutlicher wahr als sie. Ich verstand die Schimpfworte, die uns nachgerufen wurden, wenn wir die wenigen Orte aufsuchten, an denen man Lebensmittel erhielt. Wenn ich heute, viele Jahre später, auf die schmächtige alte Dame und das kleine Mädchen an ihrer Seite zurückblicke, erscheinen sie mir traurig und hilflos – Opfer einer Situation, auf die sie wenig Einfluss hatten. Für die Italienerinnen, die uns beschimpften, waren wir die Empfänger von Privilegien, die meine Mutter durch ihre Arbeit erhielt. Eine doppelte Portion Kartoffeln kommt einem heute nicht viel vor, doch wenn die eigenen Kinder hungern, reichen solche Privilegien verständlicherweise aus, um großen Neid zu wecken. »Tedeschi, Tedeschi!«, riefen sie uns nach. Das italienische Wort für Jude ist *ebreo*. Niemand hat uns je so genannt. Für die Italiener waren wir die verhassten Deutschen, die »Tedeschi«. Ich lebte in ständiger Furcht, und dass meine Mutter behauptete, »Tedeschi« bedeute »Juden«, machte es nicht besser.

Die Vorstellung, Oumama Karoline zu verlieren, und allein mit meiner Mutter zurückzubleiben, entsetzte mich. Greta behauptete, dass der Zwischenfall bei der Essensausgabe eine derartige Feindseligkeit ausgelöst hätte, dass wir nicht länger bleiben konnten. Doch im Laufe meiner letzten Sitzung mit Dr. Hartman erinnerte ich mich an eine wütende, ganz in Schwarz gekleidete Italienerin mit dunklen Haarsträhnen, die sie ständig aus dem Gesicht strich, während sie meine Mutter anpöbelte, die gerade die Stufen zu unserem Hotelzimmer hochgehen wollte. Sie warf ihr wütende Beschimpfungen an den Kopf und beschuldigte sie der Kollaboration. Meine Mutter ließ sich nicht aus der Fassung bringen. Sie reagierte ihrerseits mit Drohungen, doch die Drohungen schienen wirkungslos zu verpuffen, denn die Frau fuhr mit ihren Beschimpfungen fort. Die Feindseligkeit gegenüber meiner Großmutter und mir war eine durchgehende Haltung gewesen, die sie praktisch seit unserer Ankunft in Rom an den Tag legte. Meine Mutter ließ das alles kalt. Das kleine Mädchen mit den Zöpfen und die kleine alte Dame schlichen wie zwei verängstigte Mäuse auf einer Straße herum, auf der lauter wachsame, aber nicht immer eben leise Katzen lauerten. Greta beharrte immer darauf, dass die ganze Feindseligkeit nicht ihr, sondern meiner Großmutter galt. Die Bedrohung für Frauen, die kollaboriert hatten, war sehr real. Schon wer nur mit dem Feind schlief, musste Vergeltung fürchten, und meine Mutter arbeitete sogar für ihn. Die Alliierten rückten vor, die Deutschen zogen sich zurück. Greta befand sich in echter Gefahr.

Es war Klaus, der unsere Flucht aus Rom und den Umzug an einen sicheren Ort, nämlich das Kloster, arrangierte. Er kam mit seinem VW-Kübelwagen – dem Wagen, mit dem er meine Mutter zur Arbeit chauffierte, setzte mich zusammen mit meiner Großmutter auf den Rücksitz und dann fuhren wir los, weg von den Gefahren Roms. Ich weiß, dass ich während der Fahrt geschlafen habe, deshalb habe ich keine Ahnung, wie lange sie dauerte. Wir sind nachts losgefahren, und als ich aufwachte, war es fast Morgen, aber ich habe keine Erinnerung daran, wie lange oder wie weit wir tatsächlich gefahren sind.

In meinen Augen erschien Klaus jetzt als der Retter. Er hatte mich von dem Ort weggeholt, an dem meine geliebte Karoline, wie ich fürchtete, in Lebensgefahr schwebte. Klaus hatte uns gerettet. 1944 war es zweieinhalb Jahre her, dass er meinen Vater getötet hatte. Den Mord hatte ich jedoch komplett ausgeblendet. Das war einer der Gründe, warum ich Zuneigung für Klaus empfand. Ich erinnerte mich auch daran, dass er uns gelegentlich etwas zu Essen gebracht hatte. Er mochte mich, schenkte mir eine Puppe und zeigte mir sein Messer, nicht die Klinge, aber den Griff. Deshalb erinnere ich mich so gut daran.

Nüchtern betrachtet scheint die Zeit in Rom nur ein kurzer Moment in einem langen, schrecklichen Krieg gewesen zu sein. Was ist schon die Geschichte eines kleinen Mädchens, dessen Erinnerung darauf fixiert ist, dass es sich so fest es konnte an die Hand seiner Großmutter klammerte? Ein Mädchen, das durch die unerträglichen Ereignisse in seinem Leben so durcheinander war, dass es die wichtigsten Erlebnisse vergessen hatte, und nur um jeden Preis wollte, dass die einzige Person, auf deren Liebe und Fürsorge es vertraute, bei ihm blieb? Die Italienerinnen hätten der alten Frau wahrscheinlich nichts angetan. Ihnen reichte es, ihrem Zorn durch Beschimpfungen Luft zu machen, doch das wusste das kleine Mädchen nicht. Meine Angst war so real, als ob ich in Auschwitz gestanden hätte, und meine Großmutter in die eine und ich in die andere Richtung geschickt worden wäre. In meiner Vorstellung hing meine Sicherheit davon ab, dass ich ihre Hand halten konnte.

Die aufgedeckte Erinnerung an die Zeit, die wir in dem Hotel in Rom verbracht hatten, war sehr wichtig für mich. Zum ersten Mal verstand ich, warum meine Haltung gegenüber den Deutschen und Deutschland sich so stark von derjenigen anderer unterschied – nicht nur von der Einstellung der Holocaust-Überlebenden, sondern auch von der Einstellung vieler anderer Menschen, die den Zweiten Weltkrieg erlebt haben. Die es bis heute, über ein halbes Jahrhundert nach Kriegsende, nicht ertragen können, einen Fuß auf deutschen Boden zu setzen. Ich hatte immer freundliche und sogar herzliche Gefühle für Deutsche. Klaus, der Mann, der uns gerettet hatte, war für mich die Personifikation Deutschlands und der Deutschen. Widersinnig, aber wahr.

Es war meine letzte Sitzung bei Dr. Hartman. Ich hätte wieder hingehen sollen, aber ich fand jeden Besuch schlimmer als den vorherigen, und fand nie wieder den Mut, ihn ein weiteres Mal aufzusuchen.[9]

Ich erinnerte mich, dass das »K.«, mit dem die Nachricht, dass wir Zagreb verlassen sollten, unterschrieben war, meiner Mutter zufolge für Klaus stand. Das war mir schon vor der Sitzung bei Dr. Hartman wieder eingefallen, aber ich konnte keine konkrete Person damit verbinden. Mein Onkel ebenso wie mein ältester Cousin bestätigten dann, dass es der Name des deutschen Offiziers war, der eine Rolle bei unserer Flucht aus Zagreb gespielt hatte. Zvi hatte mir ja erzählt, dass meine Mutter damit geprahlt hätte, dass er ihr Liebhaber war. Die Entdeckung, dass er auch in Italien dabei gewesen war, war eine weitere Überraschung für mich, die ebenfalls von meinen Cousins bestätigt wurde. In der Sitzung schien es mir, dass er ein Mann Mitte vierzig gewesen war. Als ich meine Mutter fragte, löste die Andeutung, dass sie mit einem derart alten Mann geschlafen haben könnte, natürlich hysterischen Protest aus. Sie fand es nicht empörend, dass ich sie des Beischlafs mit dem Feind verdächtigte. Sie fand es nur empörend, dass ich annehmen konnte, eine so glamouröse Frau wie sie hätte sich dazu herabgelassen, Sex mit einem »alten Mann« zu haben.

Wie alt er tatsächlich war, hat sie nie gesagt. Nachdem ich seinen Nachnamen ermittelt hatte, schrieb mir Ephraim Zuroff vom Wiesenthal Centre in Jerusalem auf meine Anfrage, dass Klaus als Major einen relativ hohen Rang in der deutschen Wehrmacht bekleidet hatte und dass kaum jemand unter vierzig in diesen Rang erhoben wurde.

Zu den besonders bewegenden Momenten in der zweiten Sitzung mit Dr. Hartman gehörte, dass ich die Erinnerung an meinen Großvater, an meinen »Outata Shandor« aufdeckte. Ich fragte meine Mutter, ob ich ihn so genannt hätte. Das bestätigte sie ebenso wie alles andere, was ich in dieser Sitzung herausgefunden hatte. Angesichts der Unzuverlässigkeit meiner Mutter in puncto Wahrheit scheint es vielleicht verwunderlich, dass ich sie um Informationen bat. Doch bei Fragen wie diesen hielt meine Mutter sich an die Tatsachen. Dass ich mich daran erinnerte, meinen Großvater »Outata Shandor« genannt zu haben, war in keiner Hinsicht bedrohlich für sie. Solche Art von Informationsfragmenten, die für sie selbst irrelevant waren, halfen mir dabei, das in den Sitzungen Aufgedeckte zu verifizieren. Das war einer der Gründe, warum ich meine Besuche in Berlin nicht aufgeben wollte. Greta für ihren Teil wollte das Band nicht zerschneiden, weil sonst die sorgsam aufrechterhaltene Fassade, dass ihre Familie sie liebte und bewunderte, zum Einsturz gebracht worden wäre. Natürlich waren die Gründe dafür komplexer, aber es war einer davon.

Dennoch – als ich zu Dr. Hartman ging und anfing, die Erlebnisse meiner Kindheit aufzudecken, fühlte ich mich hin und her gerissen zwischen dem Bedürfnis, meine Mutter weiterhin zu besuchen und sie dazu bewegen, die Wahrheit zu sagen, und dem Wunsch, sie nie wiederzusehen. Ich fuhr zweimal nach Berlin, um sie zur Rede stellen. Das fand ich extrem schwierig. Immer, wenn ich in irgendeiner Weise versucht hatte, ihre Vergangenheit zu erforschen, hatte sie mich eingeschüchtert, mich niedergebrüllt, war hysterisch geworden oder hatte mich verhöhnt. Ich erinnerte mich an ein Gespräch zwischen meinem Onkel, meiner Tante Blanka und meiner Mutter, das ich vor vielen Jahren in London unabsichtlich belauscht hatte. Falls ich je auf die Ereignisse meiner Kindheit in Europa zu sprechen käme, hatten sie gesagt, könnten sie einfach behaupten, dass ich durch die Kriegsjahre psychisch krank geworden sei und dass man mir deshalb meine verwirrten Gedankengänge nachsehen müsse.

Interessanterweise versuchten Greta, Felix und meine Cousins genau das in London, als ich anfing, all die Geschichten, die man mir erzählt hatte, infrage zu stellen und meinen Verwandten von einigen der in den Sitzungen freigelegten Erinnerungen berichtete. Schließlich rief mich meine jüngste Cousine Esther an und teilte mir mit, dass man einen Rabbi in der Angelegenheit konsultiert habe. Seiner Ansicht nach sollte man mir all meine Sünden vergeben, schließlich könnte niemand von ihnen beurteilen, was ich im Krieg durchgemacht hätte. Genaugenommen sollte man allen Holocaust-Überlebenden vergeben, was sie im Nachhinein erzählten. Ich weiß nicht, ob dieser Generalpardon auch für alles gilt, was man im Nachhinein schreibt.

Ich ahnte immer, dass sie so etwas tun würden, obwohl ich damals noch nicht wusste, warum. Schließlich hatte ich damals ja durchaus positive Erinnerungen an meine Kriegsjahre!

Ich wollte Bestätigung dafür, dass das, was ich aufgedeckt hatte, der Wahrheit entsprach. Wie konnte ich diese Dinge über meine Mutter sagen, wenn ich auch nur den leisesten Zweifel daran hatte, dass sie stimmten? Wie sollte ich andererseits diese Entdeckungen wieder unter den Teppich kehren, ohne meinen Vater und Großvater zu verraten, deren liebevolles Wesen mir erst vor so kurzer Zeit gegenwärtig geworden war, die einen schrecklichen Tod gestorben waren und die nicht einmal in Yad Vashem registriert sind? Es war, als hätte man ihrem Tod die Bedeutung genommen – nur ich war übrig und hatte die Chance erhalten, die Wahrheit über das, was mit ihnen geschehen war, zu erzählen. Ich, die nicht aufbegehrt hatte, als man sie ermordet und fortgebracht hatte, die so viele Jahre zu niemandem etwas gesagt hatte. Meine Mutter hatte sich den Folgen ihrer Taten niemals stellen müssen, nur ich konnte sie dazu bringen. Es brachte mich in eine extrem schwierige Situation.

Es widerstrebte mir sehr, der wahren Greta ins Gesicht zu sehen. Viel lieber wollte ich das Bild von ihr, das ich so gewissenhaft gepflegt hatte, aufrechterhalten – großzügig, liebevoll, eine gute Mutter und Großmutter. Es war ein so sicheres, befriedigendes Bild. Gewiss, manchmal hatte sie mich im Stich gelassen. Zum Beispiel als sie Partei für ihren Schwiegersohn ergriff, als ich mich scheiden lassen wollte, obwohl sie wusste, wie unglücklich er mich dreißig Jahre lang gemacht hatte. Als meine Tochter sich nach vielen Operationen und Bemühungen schließlich doch das Bein amputieren lassen musste, sorgte ich dafür, dass die Operation erst stattfand, als meine Mutter auf einer ihrer Europareisen war. Ihre Egozentrik hätte weder meiner Tochter noch mir geholfen, diese furchtbare Zeit zu überstehen. Trotzdem – das waren durchschnittliche Charakterschwächen. Welche Mutter ist schon perfekt – oder welche Tochter? Dennoch verursachte das falsche Bild durchaus Probleme, nachdem meine Sitzungen mit Dr. Hartmann vorbei waren. Da ich Greta, wie gesagt, immer hartnäckig als perfekte Mutter und Großmutter betrachtet hatte, fiel es meinen südafrikanischen Familienangehörigen und Freunden sehr schwer zu glauben, dass das Bild, das ich so beharrlich gepflegt hatte, nicht der Wahrheit entsprach. Diese Skepsis verletzte mich und trug zu meiner Depression bei.

Mit meiner Familie in London war das ganz anders. Sie kannten die wahre Greta viel besser als ich, was natürlich insbesondere für ihren Bruder Felix, den Vater meiner Cousins und Cousinen und meinen Onkel zutraf. Immerhin war er es gewesen, der behauptet hatte, dass mir nichts Besseres passieren könne, als dass Greta so weit wie möglich von mir entfernt sei, als ich ihm 1979 von ihrem Umzug nach Berlin erzählte! Er hat mir nie erklärt, warum er diese Ansicht vertrat. Seinen Kindern schwor er, dass mein Vater nicht auf die Weise umgekommen war, wie ich behauptete, und sie glaubten ihm bedingungslos, obwohl sie seine mangelnde Integrität in vielen anderen Bereichen sehr wohl kannten. Mein Onkel und seine Kinder bemühten sich nach Kräften, mich davon abzuhalten, weitere Nachforschungen anzustellen. Zum einen hing es wohl damit zusammen, dass sie zumindest teilweise wussten, was ihr Vater im Krieg getan hatte, zum anderen fanden sie das Ganze vermutlich, wie meine eigenen Kinder, einfach unbequem. Sie kehrten solche Dinge lieber unter den Teppich. All das war vor langer Zeit geschehen, und aus ihrer Warte bestand keine Notwendigkeit, irgendetwas davon wieder auszugraben. Aber mir war es unmöglich, die Sache einfach auf sich beruhen zu lassen.

Ich fing an, ernsthafte Recherchen anzustellen und meine Ausbildung als Historikerin zu nutzen. Inzwischen war ich Geschichtsprofessorin geworden, und ich war jetzt entschlossen, der Wahrheit nachzugehen, ganz gleich, wohin die Suche mich führen oder was sie mich kosten würde.

Der erste Bereich, den ich näher unter die Lupe nahm, war die Methode, mit der ich meine Erinnerungen freilegte. Diese Sache hatte zwei Aspekte: Zum einen ging es um die Validität der Methode an sich, zum anderen um die gezielte Ausblendung unangenehmer Wahrheiten. Zu den Büchern, die ich besonders hilfreich fand, gehören die von Dan Bar-On. Er hat Nachfahren von Nazi-Tätern interviewt, die über viele Jahre mit der Tatsache zu kämpfen hatten, dass der Vater in ihrer Kindheit ein Massenmörder war. Einige fanden es besonders schwierig, dass sie die schrecklichen Taten, die von der gesamten Familie eloquent verschleiert wurden, ganz allein rekonstruieren mussten. Viele dieser Täterkinder sprachen über ihr Alltagsleben in dieser Phase, als ob außerhalb des friedlichen Familienkontextes nichts geschehen wäre. Bei seinen in Israel geführten Interviews wurde dem Autor klar, dass die Überlebenden des Holocaust ein ähnliches Muster der Normalisierung zu entwickeln versuchten. Sie bemühten sich um Akzeptanz in einer Nachkriegsgesellschaft, die sich von den Gräueltaten, die man ihnen zugefügt hatte, distanzieren wollte. All das kam mir vertraut vor und entsprach den Erfahrungen, die ich nicht nur mit meiner Mutter und meinem Onkel, sondern vor allem auch mit den Kindern meines Onkels und mit meinen eigenen Kindern gemacht hatte.

Wir alle mussten uns mit den Tatsachen auseinandersetzen, die ich aufdeckte, und wir alle gingen auf unterschiedliche Weise damit um. Für mich war es besonders schwierig, dass so viele Familienmitglieder sich weigerten, die Fakten zu akzeptieren, ganz gleich, wie viele Beweise dafür vorlagen. Sehr häufig waren sie nicht einmal bereit, mir zuzuhören.

Was ich unbedingt finden wollte, waren konkrete historische Nachweise. Abgesehen von solchen direkten Beweisen gibt es keine empirischen Kriterien, anhand derer sich zeigen lässt, ob meine freigelegten Erinnerungen einem tatsächlichen Ereignis entsprachen oder reine Produkte der Einbildung waren. Mein Onkel behauptete, wie bereits erwähnt, dass meine Darstellung des Todes meines Vaters eine Lüge sei, als seine Kinder ihn danach fragten. Die Vehemenz, mit der er alles abstritt, ließ mich allerdings zum ersten Mal vermuten, dass auch er etwas zu verbergen hatte. Danach machte ich es mir zur Gewohnheit, bei meinen Recherchen in Archiv-Dokumenten sowohl unter seinem Familiennamen, Singer, als auch unter meinem Familiennamen, Bernfest, nachzuschlagen.

Autoren wissenschaftlicher Werke über das Thema aufgedeckte Erinnerungen vertreten ganz unterschiedliche Meinungen, vor allem, wenn es um die Erinnerungen von Holocaust-Überlebenden geht. So wird etwa darauf hingewiesen, dass diese Überlebenden unter Erinnerungsdefekten leiden können und dass diese Defekte zu einer partiellen oder vollständigen Amnesie traumatischer Erlebnisse führen können (Massive Psychic Trauma, herausgegeben 1968 von Henry Krystal).

Einige Wissenschaftler sind der Auffassung, dass alle aufgedeckten Erinnerungen »falsche Erinnerungen« sind – Täuschungen, die mithilfe des Therapeuten erzeugt werden. Nach der ersten Sitzung mit Dr. Hartman quälte mich die Angst, dass es eine Täuschung sein könnte. In dieser Sitzung erinnerte ich mich an Klaus und den Mord an meinem Vater. Wie erwähnt, hatte Dr. Hartman überhaupt keine Ahnung, was ich zu tun versuchte, außer dass ich mich an meinen Vater erinnern wollte. Er wusste nicht einmal, dass ich eine Überlebende des Holocaust war und hatte auch sonst keine Informationen über meine Herkunft. Auch ich hatte keine Ahnung, wer Klaus war oder was er getan hatte. Als ich zu Hartman kam, hielt ich Klaus für einen gewöhnlichen Soldaten, der meine Mutter vor einer drohenden Deportation gewarnt und ihr geraten hatte, Zagreb zu verlassen. Meine Mutter hatte zwar erwähnt, dass wir mit gefälschten Papieren geflohen waren, aber nie gesagt, wie sie an diese Papiere gekommen war. Es war nie die Rede von näheren Kontakten mit den deutschen Besatzungskräften, auch wenn ich es ziemlich merkwürdig fand, dass eine Jüdin ständig das Gestapo-Hauptquartier aufsuchte.

Ich hatte es immer tunlichst vermieden, genauere Einzelheiten über den Zweiten Weltkrieg in Europa in Erfahrung zu bringen. Deshalb kam mir die Behauptung, dass uns ein einfacher deutscher Soldat gewarnt haben soll, und überhaupt die ganze Geschichte unserer Flucht aus Zagreb durchaus glaubhaft vor.

Manche Wissenschaftler halten es aufgrund ihrer Forschungen für unwahrscheinlich, dass es nach einer massiven Verdrängung, bei der traumatische Kindheitserlebnisse jahrelang vollständig vergessen werden, im späteren Erwachsenenleben zu einer Rückkehr der Erinnerungen kommt. In meinem Fall waren die Erinnerungen nicht vollständig verschwunden, sondern in Bruchstücken vorhanden. Einige Elemente erinnerte ich, andere hatte ich vergessen. Und die vorhandenen Fragmente passten nicht zu den Erinnerungen, die andere Menschen an die Ereignisse jener Zeit hatten. Das Bild des glücklichen kleinen Mädchens, das fröhlich durch das Blutbad in Jugoslawien und Italien hüpft, deckt sich nicht mit den Bildern, die andere Leute aus den Kriegsjahren zurückbehalten haben. Erst nach meinen Sitzungen mit Dr. Hartman ähnelten meine Erinnerungen an vergangene Ereignisse den Erinnerungen anderer Menschen, die die Kriegsjahre in Europa erlebt hatten.

Ich bestreite nicht, dass unsere Erinnerungen Verzerrungen und Umformungen unterliegen. Wir neigen dazu, die schönsten wie auch die schlimmsten Momente in unserem Leben im Gedächtnis zu behalten, was vom Standpunkt der Evolution betrachtet, durchaus Sinn ergibt. Beides dient dem Überleben: Wir erinnern uns an die positiven Ereignisse in unserem Leben, um sie zu wiederholen, und andererseits auch an die negativen Ereignisse, um sie in Zukunft zu vermeiden. Das hängt natürlich davon ab, inwieweit man die Möglichkeit hat, dem Negativen in Zukunft auszuweichen. In meinem Fall waren die schlimmsten Ereignisse mit dem Verhalten der für mich wichtigsten Bezugsperson verbunden und ich hatte keine Möglichkeit, ihr zu entkommen. Ich hatte keine Wahl. Das Vergessen war die einzige Methode, wie ich mit meiner Mutter zusammenbleiben konnte.

Es scheinen sogar einige Hinweise darauf vorzuliegen, dass traumatische Ereignisse tendenziell besser erinnert werden als andere. Im letzten Jahrzehnt haben Wissenschaftler, die sich mit dem geheimnisvollen Innenleben des Gehirns befassen, viele interessante Studien veröffentlicht. Keine beweist oder widerlegt die Existenz verdrängter Erinnerungen, auch wenn Forschungen zur Chemie hochemotionaler Gedächtnisinhalte darauf hindeuten, dass die Beobachtung, die William James im Jahr 1890 machte, zutreffend ist:

»Was uns zu einem gegebenen Zeitpunkt am stärksten interessiert, ist das, was wir am besten erinnern. Ein Erlebnis kann emotional so aufregend sein, dass es nahezu eine Narbe auf dem Hirngewebe hinterlässt. Mit anderen Worten, starke Gefühle, ob positiv oder negativ, erzeugen starke Erinnerungen, die der Verzerrung und Entstellung weniger unterliegen als normale Erinnerungen.«

Nachdem ich diese Erinnerungen einmal zurückgewonnen hatte, erinnerte ich mich an die Ereignisse viel detaillierter als an alle anderen in meinem Leben. Es gibt die Auffassung, dass Menschen, die ein lang anhaltendes Trauma erlebt haben, diese Erfahrung nie vergessen. Das mag sein, aber ich glaube, es trifft nur dann zu, wenn sie irgendeine Methode finden, um diese Erfahrung so in ihr Leben zu integrieren, dass sie ihr Alltagsleben fortsetzen können. Das war mir kaum möglich, da die Mörder ein integraler Bestandteil meiner Alltagswelt waren. Wenn ich mich jedes Mal, sobald ich Klaus sah, daran erinnert hätte, was er meinem Vater angetan hatte, wäre ich vor Angst gestorben. Und meine Mutter? Ich war gezwungen, weiter mit der Frau zusammenzuleben, die seit meinen frühesten Erinnerungen an der Ermordung meines Vaters, meines Großvaters und zweier Teenager beteiligt war. Ich hatte drei Morde direkt miterlebt. Die einzige Methode, wie ich weiter mit Greta leben konnte, war das Vergessen. Indem ich sie auf ein Podest stellte, schuf ich eine zusätzliche Schutzvorrichtung für mich selbst.

Meine Lektüre zur Hypnotherapie ergab, dass sie seit Ende der achtziger Jahre in Verruf geraten war, weil diese Form der Psychotherapie viele Menschen zu der Überzeugung verleitete, sie wären in ihrer Kindheit missbraucht worden und hätten diese Erinnerungen vollständig verdrängt. Ihre Therapeuten ermutigten sie dazu, sich an diese hypothetischen Trauma-Erlebnisse zu erinnern. Außerdem vermittelten die Therapeuten ihren hypnotisierten Patienten offenbar in einigen Fällen ihre eigenen Vorstellungen, die der Patient dann in seine Erinnerungen integrierte und danach häufig mit besonders starker Überzeugung vertrat. Ein weiterer Aspekt, der Zweifel an der Wirksamkeit der Methode aufwirft, ist die erhöhte Bereitschaft des Patienten, auch unsichere Erinnerungen als feststehende Tatsachen zu präsentieren. Ich für meinen Teil war nach der ersten Sitzung nicht fest davon überzeugt, dass die freigelegte Erinnerung der Wahrheit entsprach. Im Gegenteil, ich wollte es nicht glauben. Ich versuchte in diesem Stadium auf jede erdenkliche Weise herauszufinden, ob ich mir das alles vielleicht nur ausgedacht hatte.

Als ich mich an den Mord an meinem Vater erinnerte, bestand die einzige Ermutigung, die ich von Dr. Hartman erhielt, darin, dass er mich aufforderte, den ursprünglichen Wortlaut der Gespräche auf Deutsch zu wiederholen. Bei einer bestimmten Unterhaltung zwischen meiner Mutter und meinem Onkel, bei der ich in einiger Entfernung auf dem Fußboden gesessen hatte, konnte ich nicht verstehen, was sie sagten, und das Gespräch daher auch nicht wiedergeben. Davon abgesehen, waren meine Erinnerungen sehr detailliert und die vielen Einzelheiten überzeugten Dr. Hartman, dass meine Nacherzählungen zutreffend waren, auch wenn ich es selbst, schockiert wie ich war, nur widerstrebend glauben wollte.

Hartman wusste zunächst überhaupt nichts von meinem Hintergrund und hatte keinerlei Möglichkeit, meine Erinnerungen an diese schrecklichen Ereignisse zu beeinflussen. Weder er noch ich hatten derartige Enthüllungen bei dem ersten angesetzten Termin erwartet. Bei jeder Sitzung, die ich mit ihm hatte, war das, was wir aufdeckten, schrecklich. Doch die letzte Sitzung fand ich am schlimmsten. Die Angst, meine Großmutter zu verlieren, die einzige Erwachsene, der ich noch vertrauen konnte, war so groß, dass ich nie wieder zu Dr. Hartman ging. Da mein Vater auf einer Tragbahre aus der Wohnung gebracht worden war, war ich davon überzeugt, dass er zwar verwundet, aber immer noch am Leben war. Ich weiß noch, dass ich mit Dr.

Hartman stritt und meinte, dass die Stichwunde nicht zwangsläufig bedeuten müsse, dass er tot sei. Hartman war anderer Ansicht und erklärte, dass mein Vater einen Angriff, wie ich ihn beschrieben hatte, auf keinen Fall überlebt haben könnte. Im Fall meines Großvaters Alexander Singer glaubte ich, dass er, nachdem man ihn weggebracht hatte, in Sicherheit wäre. Der Mord an den beiden Jugendlichen im Kloster war zwar traumatisch, aber traf mich nicht so tief. Nur die bloße Möglichkeit, dass ich durch die wiedergewonnene Erinnerung meine Großmutter verlieren könnte, machte mir so große Angst, dass sie mich davon abhielt, Dr. Hartman erneut aufzusuchen.

Hartman hatte anfangs vorgeschlagen, dass wir ganz langsam und behutsam vorgehen sollten, doch es kam leider anders. Es war der einzige Vorschlag, den er machte und den ich vollständig ignorierte – so viel zu dem, was ich später über solche Sitzungen gelesen habe, nämlich dass der Patient bei dieser Art von Therapie stillschweigend einwilligt, den Vorschlag des Hypnotherapeuten zu befolgen.

Ich streite nicht ab, dass viele aufgedeckte Erinnerungen an sexuellen Missbrauch, multiple Persönlichkeiten, Entführungen durch Außerirdische oder frühere Leben durch die Art von Hypnose erzeugt werden, bei der der Patient die Erwartungen des Therapeuten erfüllt. Doch Hartman hatte keine Erwartungen. Er hatte mich nie zuvor gesehen. Und er sagte nur: »Sie schauen ein Bild von Ihrem Vater an und gehen durch eine Tür – was sehen Sie?« Es war auch keine wirkliche Hypnose. Visualisierung in einem ruhigen, meditativen halb-tranceartigen Zustand beschreibt wahrscheinlicher zutreffender, was in diesen Sitzungen geschehen ist.[10]

Ich war mir sehr wohl bewusst, dass man die Zuverlässigkeit dieser Erinnerungen infrage stellen würde, wenn ich sie schriftlich festhalten und zu einem Teil der historischen Aufzeichnungen über den Holocaust und seine Überlebenden machen wollte. Ich war entschlossen, sie nicht um der besseren Lesbarkeit willen aus ihrem historischen Zusammenhang zu reißen oder sie erzählerisch zu bearbeiten. Ich wollte nicht, dass am Ende nur wieder eine weitere archetypische Geschichte der Unschuld und Diskriminierung herauskommt. Abgesehen davon, dass es die persönliche Beschreibung meiner Kindheit ist, abgesehen auch davon, dass es eine Geschichte ist, die von den Erwachsenen um mich herum anfangs verfälscht und zensiert wurde, hatte ich das Gefühl, dass sie auch aufgrund der moralischen Ambivalenz, von der sie durchzogen ist, wert ist, erzählt zu werden. Die beste Zusammenfassung dieser Ambivalenz liefert vielleicht der Kommentar, mit dem Greta reagierte, als ich anfing, ihre Aktivitäten während des Krieges zu hinterfragen: »Was hätte ich denn tun sollen? Dich an die Hand nehmen und ins Konzentrationslager gehen?« Darauf hatte ich keine Antwort. War es besser, mit dem Feind zu schlafen und mit ihm in der Form zu kollaborieren, wie ihr Verhalten es nahelegte? Mussten andere aufgrund des Verhaltens, das unser Überleben sicherte, sterben?

Nachdem ich mich davon überzeugt hatte, dass die Methode, mit der ich meine Erinnerungen aufgedeckt hatte, verlässlich war, fing ich an, nach Orten, Menschen und Dokumenten zu forschen, weil ich nach Bestätigung, aber auch nach einem Sinn suchte. Ich hatte mich an bestimmte Angst einflößende Ereignisse meiner Kindheit erinnert, aber sie waren nicht Teil einer zusammenhängenden Geschichte; sie waren zunächst einfach nur einzelne Geschehnisse, die ich miteinander in Zusammenhang bringen musste. Es reichte nicht aus, einfach nur zu wiederholen, was ich in den Sitzungen herausgefunden hatte. Ich hatte vielmehr vor, diese Ereignisse durch irgendeine Art von echten Beweisen zu verifizieren – durch Aussagen von Menschen, die dabei gewesen waren, die Ähnliches erlebt oder die diesen Zeitraum wissenschaftlich erforscht hatten. Außerdem war ich entschlossen, so viele Urkundenbeweise wie möglich zu finden, um die Zeugenaussagen zu untermauern. Die Ereignisse an sich waren klar, aber es fehlte der rote Faden, der sie verband. Ich hatte sie als Kind erlebt, aber wusste kaum etwas darüber, was sie ausgelöst hatte, was sie bedeuteten oder welche Konsequenzen sie hatten. Ich hatte nicht einmal eine klare Vorstellung von der Situation in Zagreb oder Italien zu jenem speziellen Zeitpunkt des Zweiten Weltkrieges. Für all das brauchte ich Bestätigung von äußeren Quellen.

Ich fing mit meinen Verwandten an. Meine Mutter in Berlin, mein Onkel mit seinen fünf Kindern in London, andere entfernte Verwandte, die vielleicht etwas Licht in die Ereignisse bringen konnten, und schließlich Freunde, die meine Mutter in Zagreb oder Italien gekannt hatten. Das war der erste Anlaufpunkt auf meinem Weg zur Klärung und Verifizierung der Ereignisse.

Ich war wirklich naiv. Ich war überzeugt, dass alle ebenso interessiert an der Aufdeckung der Wahrheit wären wie ich und mir dabei helfen würden. Mir war zwar klar, dass das nicht für meine Mutter galt, aber am Anfang glaubte ich fest daran, dass andere Verwandte mich unterstützen würden. Doch abgesehen von einem Streit, zu dem es gelegentlich kam, stieß ich bei den anderen in der Regel nur auf gleichgültiges Schweigen. Ich war immer noch naiv genug zu glauben, dass ich nur Beweise vorlegen müsste und dass sich dann alle um mich scharen und mir die Unterstützung geben würden, die ich nach meiner Entdeckung so dringend brauchte. Meine Anstrengungen, Informationen von meiner Mutter, meinem Onkel und dessen Kindern zu erhalten, waren mehr ein Versuch, Erkenntnisse aus beiläufigen Bemerkungen zu gewinnen. Auf echte Bemühungen ihrerseits, mein Verständnis zu erweitern, hoffte ich vergebens.

Meine Tante Blanka zum Beispiel erzählte ihren Kindern, dass mein Vater zu den Ersten gehörte, die man weggebracht hatte. Ich wusste, dass es an einem Donnerstagmorgen um 11 Uhr geschehen war, aber nicht das genaue Datum. Um es herauszufinden, fragte ich meine Mutter, wann sie ihn zuletzt gesehen hätte (diese höfliche Umschreibung eröffnete zumindest die Chance, an die Wahrheit zu kommen). Sie sagte, es sei drei Tage vor dem Einmarsch der Deutschen in die Sowjetunion gewesen. Die Invasion begann am Sonntag, dem 21. Juni 1941. Daher musste die Attacke auf meinen Vater, deren Zeuge ich wurde, am 19. Juni 1941 stattgefunden haben. Das Datum war mir wichtig, weil ich am Todestag meines Vaters eine Kerze anzünden wollte – ein jüdischer Brauch namens Yahrzeit. Vorher war ich nie in der Lage gewesen, dies am richtigen Tag zu tun. Jetzt war es mir endlich möglich. In Anbetracht seines Todes, in Anbetracht der Tatsache, dass ich ihn bezeugen konnte, hatte ich das Gefühl, dass ich als seine Tochter zumindest am richtigen Tag seiner gedenken sollte. Für mich war das ein wichtiger Sieg und ein Musterbeispiel dafür, wie ich vorgehen musste, wenn ich etwas erreichen wollte.

Als Nächstes befragte ich den einzigen noch lebenden Menschen, der meine Mutter in Split gekannt hatte. Maria war die Witwe von Gretas Cousin Bubi Adler. Sie lebte in Triest ebenso wie ihre beiden Töchter Paola und Ariella. Als ich ihren Töchtern etwas von meinen Kriegserlebnissen berichtete, wollten sie wie alle anderen nichts davon hören. Doch Ariella, die das Gefühl hatte, dass ich mich plötzlich für das Schicksal der jüdischen Holocaust-Opfer in Italien interessierte, zeigte mir ein Konzentrationslager in Triest. Es befand sich mitten im Industriegebiet. Das Lager selbst war nicht groß. Aber schließlich mussten die Deutschen ja auch nichts anderes aufstellen als Verbrennungsöfen. Dafür brauchte man nicht viel Platz. Ariella zufolge waren hier viele Tausende ermordet worden. Der Schornstein war gesprengt worden, als die Deutschen abzogen, aber alles andere befand sich noch im ursprünglichen Zustand. Es gab keine Schlaf- oder Essensbereiche für die Gefangenen; sie wurden direkt in die Tötungskammern geführt.

Anders als ihre Töchter reagierte Maria Adler weder überrascht noch erzürnt, als ich ihr von Gretas Verhalten im Krieg berichtete. Ich sagte nichts von dem Mord an meinem Vater. Sie hätte nichts dazu beitragen können, aber sie erklärte, dass es ihren Mann, Bubi Adler, bestimmt kein bisschen gewundert hätte, von einem Fraternisieren Gretas mit dem Feind zu erfahren. Sie meinte, dass alle erstaunt gewesen wären, weil Greta Split vor Ankunft der Partisanen verlassen hatte. Die Partisanen seien doch ihre Rettung gewesen, so Maria. Sie selbst, ihr Mann Bubi und meine Großmutter Claudie verließen die Stadt mit den Partisanen und überstanden den Rest des Krieges auf einer von den Partisanen kontrollierten Insel in der Adria. Niemand verstand, warum Greta nach Rom ging. Wenn meine Mutter allerdings in Zagreb für die Nazis gearbeitet hatte, hätte sich die Ankunft der Partisanen durchaus als gefährlich für sie erweisen können.

Ende August, Anfang September 1943 waren wir in Rom angekommen, einen Monat, bevor die deutsche Wehrmacht in die Stadt einmarschierte. Sie besetzten die großen Hotels an der Via Veneto und trennten sie vom Rest der Stadt durch Absperrungen und bewaffnete Wachposten ab. Die Hotels dienten vermutlich als Quartier für ranghohe deutsche Offiziere. Greta kannte die Prachtstraße in- und auswendig. Das betonte sie häufig genug.

Es gab nur eine einzige weitere Person, die meine Mutter möglicherweise aus der Zeit in Zagreb kannte. Das war die in Oxford lebende Ethel Forrest. Als ich in Oxford war, um einen Vortrag an der Universität zu halten, nutzte ich die Gelegenheit, sie aufzusuchen; sie war zu diesem Zeitpunkt 89 Jahre alt. Als ich ihr die Geschichte von dem deutschen Major und Liebhaber meiner Mutter erzählte, reagierte sie genauso wie Maria Adler. Wie Maria lachte sie in sich hinein und war nicht im Mindesten überrascht; und auch Ethel sagte, dass meine Mutter nie mit ihr über ihre Erlebnisse im Krieg gesprochen hätte. Von dem Major hatte Ethel nichts gewusst, aber sie meinte, dass meine Mutter nach dem Krieg viele Liebhaber in Rom gehabt hätte. Ihre eigene Familie in Zagreb, erklärte Ethel, sei nicht sehr vornehm gewesen. Meine Mutter sei ein großer Snob gewesen und wollte in Zagreb nie etwas mit ihr zu tun haben. Erst in Rom, nach der Befreiung, freundete meine Mutter sich mit ihr an.

Ich bat Ethel dann, mir von ihren eigenen Erfahrungen in Zagreb zu berichten. Ihre Geschichte stand in krassem Gegensatz zu dem, was ich in meiner Familie gehört hatte. Sie sagte, dass sie selbst, ihre Eltern und Geschwister zu den ersten Juden gehört hätten, die in das neu errichtete Konzentrationslager von Jasenovac gebracht wurden. Als Typhus im Lager ausbrach, schickte man Ethel zusammen mit zwei anderen Frauen, die sich ebenfalls angesteckt hatten, zurück ins Krankenhaus nach Zagreb. Die anderen beiden Frauen starben, aber sie wurde wieder gesund und von den Deutschen dann einfach irgendwie vergessen, wie sie es ausdrückte. Vielleicht nahmen sie an, dass sie auch tot wäre. Auf alle Fälle durfte sie das Krankenhaus verlassen.

»Und dann?«, fragte ich. »Wohin bist du gegangen?«

»Wohin konnte ich schon gehen?«, antwortete sie. »Niemand wollte mich aufnehmen, niemand wollte mir helfen. Ich hatte keine Kleidung, nur mein dünnes Sommerkleid und einen alten Regenmantel, den ich trug, als sie uns abholten.«

»Warum«, fragte ich, »bist du nicht zum Bahnhof gegangen? Warum hast du nicht versucht, mit dem Zug wegzukommen?« Genau das hatte schließlich auch meine Familie getan. Sie sah mich an, als ob ich nicht ganz bei Trost wäre.

»Mit dem Zug!«, wiederholte sie. »Mit dem Zug! Die Züge waren das Erste, was die Deutschen durchsuchten. Du konntest dich nicht einmal auf einer Straße sehen lassen, die zum Bahnhof führte. Sogar die wurden überwacht, und jeder, der sich dort blicken ließ, wurde festgenommen und verhört. Nein, mir blieb nichts anderes übrig als mich auf eine Parkbank zu setzen und zu weinen.«

Und dann, sagte sie, sei ein Wunder geschehen. Vor dem Krieg war sie mit einem prominenten jugoslawischen Chirurgen bekannt gewesen. Als sie dort weinend auf der Parkbank saß, kam er vorbei, sah sie und fragte, ob sie daran interessiert wäre, ihn nach Rom zu begleiten. Man hatte ihn gebeten, dort einige Operationen in einem Krankenhaus durchzuführen. Er konnte kein Italienisch und bat sie, ihn zu begleiten und für ihn zu dolmetschen. Sie willigte ein, verließ Zagreb und war gerettet. Später, nach dem Sturz Mussolinis, als die Deutschen die Stadt besetzten, wurde sie von der Gestapo festgenommen und inhaftiert. Aber zu diesem Zeitpunkt, sagte sie, wussten die Deutschen bereits, dass die alliierten Truppen näherrückten und gingen nicht mehr so brutal vor, deshalb überlebte sie die Haft. Sie lernte ihren späteren Ehemann, Robin Forrest, einen Offizier der britischen Armee, kennen und »er«, sagte sie, »hat mich in meinem alten Regenmantel geheiratet«.

Ihre Geschichte beeindruckte mich sehr. Nachdem ich meinen Vortrag in Oxford gehalten hatte, fuhr ich meinen Sohn Jimmy besuchen, der damals in Cambridge studierte. Dort blieb ich zehn Tage und nutzte die Gelegenheit, um so viel wie möglich über die Erfahrungen anderer Juden in Zagreb während der Kriegszeit nachzulesen. Sie alle hatten Schreckliches erlebt und ihre Erfahrungen passten zu dem, was Ethel über die Bedingungen in Zagreb erzählt hatte, die es unmöglich machten, irgendwohin zu fliehen, außer schließlich in die Berge zu den Partisanen. Niemand nahm den Zug. Niemand nahm Gepäck oder Schmuck und schon gar nicht ein Gebetbuch oder irgendwelche Papiere mit, die ihn als Juden ausgewiesen hätten.

Zu weiteren Puzzleteilen, die ich zu finden hoffte, gehörten Informationen über Klaus. Meine erste Sitzung mit Dr. Hartman lag hinter mir. Ich wusste, dass der Mann mit dem Namen Klaus derjenige war, der meinen Vater getötet hatte. Ich erinnerte mich an seine makellose graue Uniform, seine Mütze, sein Gesicht und dass er sehr dünn war. Außerdem hatte er glattes, hellblondes Haar, das sich zu lichten begann, blaue Augen und eine markante Nase. Auf einem Foto hätte ich ihn wiedererkannt. Doch darüber hinaus wusste ich nichts von ihm.

Als ich das nächste Mal in London war, sprach ich noch einmal mit meinem Onkel über Klaus. Bei dieser Gelegenheit erzählte er mir, dass Klaus uns geholfen hätte, aus Kroatien zu fliehen, und ein sehr guter Mensch gewesen sei. Ich merkte wieder, dass er sich unbehaglich fühlte, weil er mir nicht in die Augen sehen konnte, während er mit mir sprach, sondern immer an mir vorbeiblickte. Ich fragte ihn nach dem Nachnamen von Klaus. Er sagte, der Nachname sei »Klee« – Klaus Klee. Dann fragte ich Greta. Sie hatte mir ursprünglich erzählt, der Name sei »Kley«. Felix änderte dann seine Meinung und meinte, es sei »Kleyer«. Daraufhin fragte ich erneut meine Mutter, ob das stimmte – hieß er »Kleyer«?

»Nein«, sagte sie, »Kleher« habe er geheißen, mit Betonung auf dem »h«. Sie nahm es immer peinlich genau mit der richtigen Aussprache des Deutschen. Daher ging ich davon aus, dass das mit dem »h« im Namen wahrscheinlich stimmte. Der Nachname war ungewöhnlich, aber, wie ich hoffte, korrekt.

Meine Cousins und Cousinen in London rückten anfangs keinerlei Informationen über Klaus heraus, aber ich fragte sie auch nicht danach, weil ich annahm, dass sie von dem Ganzen genauso wenig wussten wie ich. Mein ältester Cousin Zvi ist nur ein paar Jahre jünger als ich und deshalb besser in der Lage, sich an die Ereignisse von 1940 zu erinnern als seine Geschwister. Als ich ein Jahr später zum Staatsarchiv in London ging, entdeckte ich einen Brief, den Felix an die englischen Behörden geschrieben hatte. Der Brief besagte, dass seine Schwester in Split sei und er sich Sorgen um ihre Sicherheit mache. Ich erzählte meinen Cousins von dieser Entdeckung, der ich eigentlich keine große Bedeutung beimaß. Ich glaube, dadurch kamen sie zum ersten Mal auf den Gedanken, dass die Vergangenheit ihres Vaters im Laufe meiner Recherchen ans Licht kommen könnte. Ab diesem Zeitpunkt reagierten sie etwas entgegenkommender, was Auskünfte betraf. Ich war einfach dankbar für ihre Hilfsbereitschaft und erkannte nicht, dass sie nur meine Aufmerksamkeit von ihrem Vater ablenken und wieder auf meine Mutter lenken wollten.

Zvi erzählte mir, dass er seit vielen Jahren von Klaus wusste und auch davon, dass Greta seine Geliebte gewesen war. Zudem bestätigte er, dass meine Mutter sich mit Klaus in Rom getroffen hatte. Seinen Angaben zufolge hatte sie bei ihrer Ankunft in London, 1946, feine Kleider im Gepäck gehabt und überhaupt nicht wie ein Flüchtling ausgesehen. Sie prahlte damit, dass Klaus so verrückt nach ihr gewesen sei, dass er ihr nach Rom gefolgt sei. Der Familie erzählte sie, dass Klaus dann an die Ostfront musste und gefallen war. Als ich das von Zvi erfuhr, fragte ich mich, wie sie so sicher sein konnte, dass er in Russland gestorben war. Damals stellte ich die Behauptung nicht infrage, weil ich nur sehr lückenhafte historische Kenntnisse von dieser Kriegsphase hatte.

Zurück in Südafrika fing ich an, mich intensiv mit der Geschichte Jugoslawiens und Italiens zwischen 1941 und 1945 zu beschäftigen. Dabei wurde mir klar, dass man Klaus nicht an die Ostfront versetzt haben konnte. Im Herbst 1944 rückte die sowjetische Armee vor. In Russland selbst war der Krieg vorbei. Die Deutschen schickten keine Leute mehr von Rom nach Russland. Und sogar wenn Klaus an die Ostfront gegangen wäre, wer sollte Greta von seinem Tod in Kenntnis gesetzt haben? Warum hatte sie überhaupt davon erzählt? Wollte sie, dass alle dachten, er wäre tot? Jetzt wurde mir auch klar, dass es Klaus gewesen war, der uns die Dokumente besorgt hatte, mit denen wir Kroatien verlassen konnten. Welche Position hatte Klaus innegehabt, die ihm das ermöglichte? Ich wusste, dass Juden in Zagreb auf legale Weise keine Lebensmittel kaufen konnten. Es kam alles vom Schwarzmarkt. Die Mieten für Juden, die mittlerweile als Illegale betrachtet wurden, waren ebenfalls schwindelerregend hoch. Wie konnte Greta es sich leisten, so lange in Zagreb zu bleiben? Ich sah mir noch einmal die Fotos, die Unterlagen und das Gebetbuch an. Ein Großteil davon zeigte, dass wir eine jüdische Familie waren. Klaus stattete uns mit Papieren aus, die für unsere Sicherheit sorgten. Weder Greta noch Felix verließen Zagreb als Flüchtlinge. Sie verließen die Stadt auf legale Weise.

Greta hatte zwar die Dokumente, die sie damals benutzt haben muss, nicht aufbewahrt, aber da sie es nicht über sich brachte, Fotos wegzuwerfen, die zeigten, wie schön sie war, besaß sie immer noch das Bild mit dem Stempel *Königlich-jugoslawische Delegation in Madrid*. Mein Onkel hatte erheblich mehr Unterlagen aus jener Zeit behalten, aber er weigerte sich, mir Einblick zu gewähren. Nur einmal zeigte er mir den falschen uruguayischen Pass, der auf den Namen meiner Tante ausgestellt war. Damals konnte er es auf der Habenseite verbuchen, mir dieses Dokument zu präsentieren, weil er behauptete, dass er diese Pässe angefertigt und sie jedem, der danach verlangte, gratis zur Verfügung gestellt hätte. Ich selbst ebenso wie mein Sohn Jimmy, der ihn einige Jahre später besuchte, baten ihn, den Rest der Akte sehen zu dürfen, aber er weigerte sich jedes Mal. Wenn diese Akte geheime Informationen enthielt, warum bewahrte er sie dann überhaupt auf?

Nach seinem Tod im Jahr 2000 fuhr ich erneut nach London, in der Hoffnung, dass seine Kinder mir schließlich zeigen würden, was die Akte enthielt. Felix war etwa sechs Monate vorher gestorben, daher mussten sie inzwischen Einblick in seine Papiere gehabt haben. Ich erhielt keine Gelegenheit, die Akte einzusehen.

2001, nachdem ich in Rente gegangen war, saßen wir einmal in London alle zusammen am Abendbrottisch und unterhielten uns darüber, womit ich mich beschäftigen wollte – im Garten arbeiten, Freunde besuchen »und natürlich«, warf einer meiner Cousins ein, »deine Geschichte aufschreiben«. Ich antwortete nicht und keiner sprach das Thema noch einmal an. Die Enkelkinder hatten ein Buch über ihren frommen Onkel zusammengestellt. Ich las das Album durch und sagte zu Esther, dass diese Geschichte in meinen Augen bloß ein nettes Märchen sei. Sie widersprach mir nicht.

Bis etwa eine Stunde vor meiner Abfahrt redeten wir gar nichts mehr. Dann übergab Esther mir zwei Dinge. Vielleicht meinten sie, dass ich misstrauisch werden und denken könnte, sie wollten etwas verbergen, wenn sie mir gar nichts gaben. Und so händigten sie mir eine Postkarte und ein kleines Notizbuch aus. Die auf Kroatisch geschriebene Postkarte und das Adressbuch waren offensichtlich beide alt. Esther sagte mir, sie hätten das Adressbuch ganz hinten in einem Schrank gefunden, der im Zimmer ihres verstorbenen Vaters stand und eine alte Büchersammlung enthielt. Sie waren offenkundig der Ansicht, dass es sich um nichts Wichtiges handelte – es war ein Knochen, den sie mir zuwarfen, in der Hoffnung, dass er meine Neugier befriedigen würde, anstatt mir etwas wirklich Aufschlussreiches zu geben. Damals erschienen die Dinge auch mir belanglos.

Die Postkarte hatte nicht wie üblich ein hübsches Bild auf der einen und Schrift auf der anderen Seite. Es war ein steifes weißes Stück Papier in Postkartengröße. Auf der einen Seite stand eine Adresse und auf der anderen eine von sieben Leuten unterschriebene Nachricht. Die Karte stammte aus Danica, einem von der Ustascha unweit der ungarischen Grenze eingerichteten Konzentrationslager. Später fand ich heraus, dass es zu den Lagern gehörte, in die man die Juden ursprünglich geschickt hatte. Doch der Standort erwies sich als ungünstig und deshalb wurde es schließlich geschlossen. Die Juden, die sich noch dort befanden, wurden fast alle ermordet. Einige wenige wurden in das neue Lager Jasenovac gebracht. Mein frommer Onkel, so die Erklärung meiner Cousins, hatte diese Postkarte immer zwischen seinen Psalmen aufbewahrt, doch vor seinem Tod hätten sie die Karte nicht zu Gesicht bekommen. Natürlich gaben sie sie mir, weil sie damit zeigen wollten, wie wichtig ihr Vater vielen Menschen war – sie schrieben ihm sogar aus dem Konzentrationslager!

Die Karte war an Samuel Zeitlin adressiert und besagte, dass dieser sie an Felix Singer weiterleiten möge. Eine der Unterschriften auf der Karte war die von Zeitlins Sohn Heinko, was vermutlich der Grund ist, warum sie an dessen Vater geschickt wurde. Das macht es unwahrscheinlich, dass irgendeiner der Unterzeichner ein Freund von Felix war. Dann hätten sie seine Adresse gekannt. Außerdem sprachen sie ihn als Herrn Singer an, nicht als Felix, was ebenfalls darauf hindeutet, dass keine große Vertrautheit bestand. Ich fand heraus, dass Heinko Zeitlin den Krieg überlebt hatte und zu jenem

Zeitpunkt 83 Jahre alt sein musste. Leider gelang es mir nicht, ihn ausfindig zu machen.

Der Text der Postkarte lautet:

»Lieber Herr Singer, es hat uns sehr gefreut, von Ihrem wundervollen neuen Leben zu erfahren. Wir hoffen, dass Sie ebenso glücklich werden wie wir.«

Eine seltsame Nachricht. Auf was für ein wundervolles Leben bezogen sie sich? Es ist nicht ausdrücklich die Rede davon, dass dies eine Gratulation zur Hochzeit ist. Meine Verwandten hielten es für selbstverständlich, dass das gemeint war. Doch sogar wenn die Karte sich auf die Hochzeit bezog, wieso schrieben sie von einem »wundervollen neuen Leben« – inmitten der Judenverfolgung durch die Nazis und ihrer Deportation in die Lager?

Datiert war die Karte auf den 20. Juni 1941. Die Unterzeichner waren alle Juden, die bereits in Danica inhaftiert waren. Damals gab es keine Ziviltrauungen in Kroatien, und jüdische Hochzeiten waren verboten. Als ich Recherchen über die Eheschließung meines Onkels und meiner Tante anstellte, fand ich den offiziellen Eintrag in einem kleinen Notizbuch, das aussah wie die Hefte, die wir als Schulkinder benutzt hatten: ein Extra-Verzeichnis der jüdischen Eheschließungen in Zagreb, getrennt von dem offiziellen Register, das man bis zur Besetzung durch die Nationalsozialisten geführt hatte. Dieses Extra-Register wurde offensichtlich angelegt, um die Ehen geheim zu halten. Zu diesem Zeitpunkt hatte die Ustascha die Synagoge systematisch demontiert und jüdische Zeremonien in Zagreb verboten, von daher musste jede Feier im Verborgenen abgehalten werden. Dass jemand eine derartige Mitteilung, wenn sie sich denn tatsächlich auf die Hochzeit bezog, offen aus einem Konzentrationslager sandte, war sehr merkwürdig. Warum sollten sie einen anderen Juden in Gefahr bringen, indem sie die Aufmerksamkeit der Behörden auf ihn lenkten? Sie wussten sehr wohl, dass man die Postkarte überprüfte, bevor sie abgesandt wurde.

Warum hatten diese Männer eine derartige Nachricht aus einem Konzentrationslager geschickt? Wenn sie meinem Onkel wirklich nur das Beste wünschten, wäre Schweigen sicherlich angebrachter gewesen. Und wenn es tatsächlich eine Gratulation war – warum sollten sie ihm wünschen, dass er so glücklich sein möge, wie sie es waren – im Konzentrationslager von Danica? Wollten sie die Behörden gezielt auf die Hochzeit aufmerksam machen? Der fromme alte Mann mit dem langen weißen Bart, der seine Psalme las und sich an seine alten Freunde erinnerte, die einen schrecklichen Tod gestorben waren – das ist das Bild, das heraufbeschworen werden sollte, doch es scheint auch möglich, dass diese Männer ihm weder freundschaftliche Gefühle entgegenbrachten noch ihm alles Gute wünschten. Falls es so war und er das wusste, warum behielt er die Karte? Weil er über sie alle triumphiert hatte?

Die Synagoge in Zagreb wurde von der Ustascha Stein für Stein abgebrochen.

Der Wortlaut ist merkwürdig, geradezu sarkastisch. Was für ein »wundervolles neues Leben«? Was hatte mein Onkel getan, das eine derartige Beschreibung rechtfertigte? Sicherlich keine Nachricht, die man einem frisch vermählten Juden schickt, der befürchten muss, im selben Konzentrationslager zu landen wie man selbst. Wenn die Postkarte sich dagegen nicht auf die Hochzeit bezog, sondern auf etwas anderes, dann ergab es Sinn, dass sie hofften, er würde in seinem »neuen Leben« genauso glücklich sein wie sie – wenn sie ihm wünschten, dass er – wie sie – in einem Konzentrationslager landete.

Was war sein »neues Leben«? Ein Leben als »Arier ehrenhalber« oder etwas Schlimmeres?

Nachdem Felix gestorben war und meine Cousins wahrscheinlich seine Papiere durchgesehen hatten, zeigten sie plötzlich Interesse am Schicksal unseres gemeinsamen Großvaters Alexander Singer. Sie fragten Julia Kos, die Bibliothekarin im jüdischen Gemeindezentrum in Zagreb, ob es Aufzeichnungen über ihn gebe. Sie schickte ihnen einige Informationen. Esther erzählte mir davon und versprach, mir eine Kopie zu senden, was sie jedoch nie tat. Als mir das klar wurde, wandte ich mich selbst an Julia Kos. Nach den Daten, die ihr vorlagen, war er ab Juli 1941 inhaftiert und im November desselben Jahres in das Konzentrationslager Jasenovac gebracht worden. Im Januar 1942 hatte er ein Essenspaket erhalten. Julia Kos berichtete mir, dass die Häftlinge in Jasenovac auch nach dem Erhalt eines solchen Paketes im Allgemeinen nur noch etwa sechs Wochen gelebt hätten, weil die Ustascha die Lebensmittel üblicherweise requirierte. Warum konnten meine Cousins mir das nicht selbst erzählen? Warum die Heimlichtuerei? Weil ich vielleicht die offenkundige Frage gestellt hätte: Warum kam ein alter jüdischer Mann ins Konzentrationslager, während sein gesunder Sohn in Freiheit blieb?

Ich habe meinen Cousins und Cousinen nie erzählt, dass ich Julia Kos um diese Auskunft bat. Später im selben Jahr, als ich in London war, erkundigte ich mich nach dem Bericht. Esther konnte ihn angeblich nicht finden und ihre Schwester Gita meinte, es fehle ohnehin eine Seite, sodass es keinen Sinn habe, mir die Unterlagen zu zeigen. Aufgrund der Information von Julia Kos über die Länge der Zeit, die Häftlinge und insbesondere schwache alte Männer unter den Lagerbedingungen überlebten, war klar, dass mein Großvater, der acht Monate nach seiner Inhaftierung starb, überdurchschnittlich lange durchgehalten hatte. Sie meinte, er müsse gewisse Privilegien genossen haben. Ich besitze ein Foto von ihm, das im Konzentrationslager Jasenovac aufgenommen wurde. Meine Mutter schrieb das Datum auf die Rückseite – Februar 1942. In diesem Fall ließ sie, was ungewöhnlich für sie war, den Ort weg und notierte nur das Datum. Es liegt auf der Hand, dass mein Großvater nur so lange überlebte, weil jemand in Amt und Würden dafür sorgte. Das Foto wurde als Beweis dafür geschickt, dass er noch am Leben war, kurz bevor Felix Zagreb verließ. Welche Art von Einfluss hatte Felix, um diesen, wenn auch nur vorübergehenden Aufschub für seinen Vater zu bewirken?

Was war so beunruhigend an dieser scheinbar harmlosen Auskunft, dass man sie mir vorenthielt?

Falls mein Onkel versucht hatte, seinem Vater zu helfen, so war das durchaus kein Einzelfall. Jüdische Nazi-Kollaborateure wie Stella Goldschlag, das »blonde Gift« von Berlin, die versteckte Juden bei der Gestapo denunzierte, schafften es, dass ihre Eltern ein bisschen länger am Leben blieben als andere. Felix war dies im Fall seines Vaters gelungen, aber wie hatte er seine heiß geliebte Ustascha davon überzeugt, dass er das Land verlassen durfte?

Da in Zagreb nur etwa 11 000 Juden lebten, war es relativ leicht für die Nazis, sie zusammenzutreiben. Meine Mutter war bildschön und ihr langes rotes Haar, das bei Slawen selten ist, hob sie von der Menge ab. Wie ich bereits erwähnt habe, trägt Sie auf keinem der Fotos, die ich von ihr habe und die im Allgemeinen im Porträtstudio aufgenommen wurden, einen gelben Stern. Man gewinnt den Eindruck, dass sie sich ungehindert in der Stadt bewegen konnte, was sie auch selbst bestätigt hat. Die Gestapo nutzte jüdische »Greifer«, Männer und vor allem attraktive Frauen, denen es leicht fiel, die Juden in der Bevölkerung zu erkennen und die dann als »Greifer« agierten, indem sie sie entweder an die Gestapo verrieten oder vorgaben, in derselben Situation zu sein, um die Juden zum Eingeständnis ihrer wahren Identität zu bewegen. Die Befriedigung, mit der Greta von den Juden gesprochen hatte, die sich selbst von der jüdischen Gemeinschaft abgewandt hatten, aber letztendlich doch gefangen und deportiert wurden, machte mir ein ungutes Gefühl. Diese Juden waren oft in Mischehen verheiratet, wie mein Großonkel, der Bruder von Claudie. Er hatte seinen Namen von Neumann in Slavonic Mucić geändert. Doch auch er kam in Jasenovac ums Leben.

Nach dem Tod meines Onkels und angesichts meiner Nachforschungen, die auch seine Vergangenheit betrafen, gaben seine Kinder mitunter von sich aus kleine Informationsbruchstücke preis, um ihren Vater in ein gutes Licht zu rücken. Als Esther einmal beim Kochen war, schnitt sie zum Beispiel ungefragt das Thema der Pässe und Visa an, die mein Onkel ausgestellt hatte und die, wie sie behauptete, vielen Juden in Rom das Leben gerettet hätten. Felix selbst hatte mir gesagt, dass die Papiere nichts taugten und niemand sie nutzen konnte oder wollte. Esther nannte sogar Namen von Personen, denen diese Dokumente angeblich geholfen hatten. Merkwürdig nur, dass sowohl mein Onkel als auch meine Mutter erklärt hatten, sie wären nutzlos gewesen. Esther kam dann auf Heinko Zeitlin zu sprechen, der die Postkarte aus dem Konzentrationslager Danica unterschrieben hatte. Samuel Zeitlin und alle seine Söhne, einschließlich Heinko, hatten den Krieg überlebt. Esther zufolge wurden Heinko und sein Vater Mitglieder der orthodoxen jüdischen Gemeinschaft in den Vereinigten Staaten. Ganz offensichtlich verfügten meine Cousins und Cousinen über eine Vielzahl von Kenntnissen, die sie nicht mit mir teilen wollten.

Was sie mir gegeben hatten, war außer der Postkarte das kleine Adressbuch. Es hatte einen Einband aus brauner Pappe und zwei Blätter für jeden Buchstaben des Alphabets. Auf der Vorderseite stand *Syrbski* (außerdem zwei weitere Wörter, die ich nicht entziffern konnte). Es enthielt eine Liste von kleinen Dörfern und Städten in alphabetischer Reihenfolge. Unter jedem Ort standen einige Namen, die mit blauer Tinte geschrieben waren. Neben einigen Namen – allesamt Männer – hatte man mit roter Tinte ein kleines »u« eingetragen. Die Schrift selbst ähnelte der meines Onkels, aber ich ging davon aus, dass die Einträge nicht von ihm stammten, weil man mir das Buch dann nicht ausgehändigt hätte. Einige weitere Namen waren in einer anderen Handschrift und mit Bleistift verzeichnet, vielleicht von einem Vorgesetzten, der die Einträge überprüft und kommentiert hatte. Was war die Verbindung zwischen meinem Onkel und einem Buch voller serbischer Namen? Stand das kleine »u«, das mit roter Tinte neben einigen Namen eingetragen war, für »umri« – tot?

Es besteht kein Zweifel daran, dass die Ustascha Tausende von Serben während des Zweiten Weltkriegs ermordet haben, wobei die Zahlen zwischen 100 000 und 700 000 schwanken. Waren die vier oder fünf Männer, deren Namen bei den einzelnen Orten eingetragen waren, serbische Kollaborateure? Warum hatte mein Onkel das Buch nicht nur aufbewahrt, sondern versteckt? Wie war er an das Buch herangekommen? War es eine Art Versicherungspolice für ihn? Wenn nach dem Krieg irgendeiner der verzeichneten Männer zu Einfluss in Titos Jugoslawien gekommen war, hätte es sich als sehr nützlich erwiesen. Als man mir das Buch übergab, war ich mir nicht sicher, ob es überhaupt irgendeine Bedeutung hatte, und die obigen Ausführungen waren reine Mutmaßungen meinerseits.

Außerdem versuchte ich herauszufinden, was es tatsächlich mit den Dokumenten auf sich hatte, die den sechs Mitgliedern meiner Familie ermöglicht hatten, Zagreb zu verlassen. Mir wurde jetzt klar, dass es keine falschen Ausweispapiere waren, wie man mir immer gesagt hatte. Immerhin waren sie auf unsere echten Namen ausgestellt. Dass keiner von uns etwas mit der königlich-jugoslawischen Delegation zu tun hatte, machte sie falsch, aber dass sie auf unsere echten Namen ausgeschrieben waren, was mit Zustimmung der Deutschen geschehen sein musste, machte sie echt. Anders ließ sich nicht erklären, wie ein Mann, vier Frauen und ein Kind Zagreb im Jahr 1942 auf so offene Weise verlassen konnten – mit dem Zug, mit Gepäck und ohne aufgehalten zu werden. Unser Nachname Bernfest klang nicht besonders jüdisch und das Gleiche galt für den Nachnamen meiner Großmutter – Singer. Meine Mutter hieß mit Vornamen Margarete und meine andere Großmutter Klotilde. Welchen Sinn hatte die Angabe, dass wir zur königlich jugoslawischen Delegation in Madrid gehörten? Für wen war diese Angabe bestimmt? Das konnten eigentlich nur die Briten sein. 1942 befand sich Peter II. von Jugoslawien im britischen Exil und alle Angehörigen seiner Regierung konnten natürlich auch Asyl beantragen, insbesondere wenn sie sich in einem so pro-deutschen Land wie dem faschistischen Spanien befanden. Meine Mutter hätte Felix begleiten können, aber sie entschied sich, in Jugoslawien zu bleiben, bis sie sechs Monate nach der Abreise ihres Bruders durch die Ustascha gezwungen war, das Land zu verlassen.

Anfangs erstaunte es mich, wie bereitwillig meine Londoner Familie akzeptierte, dass Greta die Geliebte eines deutschen Offiziers gewesen war. Diese Tatsache schien niemanden zu schockieren. War die Beziehung zu einem deutschen Offizier besser als das, was ihr Vater getan hatte?

Ursprünglich sollten wir Zagreb alle zusammen verlassen. Die gleichlautenden Papiere waren zum selben Zeitpunkt ausgestellt worden, aber Greta wollte in der Stadt bleiben. Erst als Knehe sie nicht länger schützen konnte, brachen wir nach Split auf. Angesichts der Wechselfälle des Krieges lässt sich nicht mit Sicherheit sagen, ob die Juden in Split wussten, dass die Partisanen vor der deutschen Armee in die Stadt einziehen würden. Knehe verließ Zagreb Ende Mai 1943. Wir trafen nach unserer Abreise aus Split Ende August, Anfang September 1943 in Rom ein. Dass die Gestapo in Rom schon vor der Besetzung durch die Deutschen aktiv war, ergibt sich aus dem Bericht über Felix in den kroatischen Gestapo-Archiven. In Anbetracht der sehr effektiven Judenverfolgung in Rom während der kurzen deutschen Besatzungszeit, kann man davon ausgehen, dass die Voraussetzungen dafür bereits vorher geschaffen wurden, und wer wäre besser für diese

Aufgabe geeignet gewesen als Major Klaus Knehe, der so exzellente Arbeit in Zagreb geleistet hatte. Greta hatte offensichtlich Kontakt zu ihm und mit ihm vereinbart, sich in Rom zu treffen. Dort hat sie zweifellos für ihn gearbeitet, und zwar bis wir über ein Jahr später das Kloster verließen. Geliebte zu sein ist eine Sache – man verbindet es in der Regel mit einer abendfüllenden Beschäftigung, aber nicht mit einem Vollzeitjob. Und jetzt war klar, welcher Art von Tätigkeit Klaus nachging.

Mittlerweile musste ich akzeptieren, dass meine Mutter und mein Onkel den Deutschen oder der Ustascha oder beiden in Zagreb geholfen hatten und für ihre Bemühungen belohnt wurden – zum einen durch Protektion und zum anderen durch die notwendigen Reisepapiere. In Anbetracht der Antipathie meiner Mutter der Ustascha gegenüber und ihrer Liebe zu Deutschland würde ich die Vermutung wagen, dass sie eher die Deutschen unterstützte, während mein Onkel, der die Ustascha bis zu seinem Tod vehement verteidigte, wohl eher dort involviert war.

Mir wurde klar, dass ich alle Informationen, die ich von meinen Verwandten bekommen würde, ausgeschöpft hatte. Der einzige Weg nach vorn bestand darin, nach Italien, London und insbesondere Kroatien zu gehen, um die dort verfügbaren Belege zu erforschen – Archive, persönliche Erinnerungen oder was immer ich finden konnte.

4 Den historischen Hintergrund aufdecken

Als Erstes forschte ich genauer nach, warum wir über Papiere verfügten, die uns als Angehörige der königlich-jugoslawischen Delegation in Madrid auswiesen. Wie erwähnt, besaßen wir alle diese Dokumente. Ich fand heraus, dass der jugoslawische Regent, der die Staatsgeschäfte für den jungen Peter führte, ursprünglich ein Bündnis mit Nazi-Deutschland eingegangen war. Der gewaltsame Protest der Serben gegen die Kooperation des Regenten Paul mit Hitler und der Sturz der jugoslawischen Regierung im März 1941 löste den Angriff der Deutschen im folgenden Monat aus. König Peter verließ dann mit der gesamten jugoslawischen königlichen Delegation das Land. Am 13. Mai 1941 traf die Delegation in London ein. Am 20. Juni 1941 erkannte Spanien den Staat Kroatien an. Aus diesem Grund gehörte Spanien, damals ein faschistischer Staat unter Franco, nicht länger zu den Unterstützern des jugoslawischen Königs. Felix behauptete immer, dass sie mithilfe dieser Papiere nach Madrid gekommen waren, aber ich glaube, sie dienten eher dazu, die Familie aus Madrid heraus- und nach England hineinzubringen.

Dusan Popov ist der jugoslawische Autor eines Buches, in dem er seine Heldentaten im Zweiten Weltkrieg beschreibt. Er war zur selben Zeit in Spanien wie Felix. Er berichtet, dass praktisch jeder gesunde, kräftige Mann, der so kurz nach dem Bürgerkrieg nach Spanien einreisen wollte, auf großen Argwohn bei den spanischen Behörden stieß und jede Menge Ärger bekommen konnte. Auch hatte die Gestapo zweifellos ihre Spione in Spanien. Nur seine Kontakte in Kroatien konnten Felix die Ein- und Ausreise in Spanien – und wahrscheinlich auch Portugal – ermöglicht haben. Deshalb hatte Felix keine Probleme, in das Land einzureisen oder dort eine Weile zu bleiben. Probleme hätte es nur bei einer Einreise nach Großbritannien gegeben, aber dafür hatte er die von Knehe ausgefertigten Papiere, die besagten, dass er als Angehöriger der königlichen Delegation aus Madrid kam. Damit hatte ich also ein weiteres kleines Puzzleteil gefunden, eine weitere kleine Frage geklärt, obwohl ich immer noch einen Beleg dafür brauchte, dass Klaus in der Lage war, sie mit den erforderlichen Dokumenten auszustatten. In dieser Phase hatte ich noch keinen echten Beweis dafür, dass er mehr war als ein gewöhnlicher Offizier.

Insgeheim hoffte ich das immer noch. Es hätte mich glücklicher gemacht. Ich forschte in deutschen Archiv- und Zeitungsquellen nach Berichten oder Hinweisen über die Einheit, der er möglicherweise angehört hatte. So fand ich heraus, dass die 14. Panzerdivision die erste war, die nach Zagreb gekommen war. Sie gehörte zur 2. Armee und zum 46. Panzerkorps. Als die 14. Panzerdivision in die Stadt einrückte, wurde sie von einer laut jubelnden, pro-deutschen Bevölkerung begrüßt (die Zeitungen zeigen eine begeisterte Menschenmenge). Die Deutschen richteten dann den kroatischen Marionettenstaat unter der nominalen Führung des abwesenden Herzogs von Split ein, übertrugen aber die tatsächlichen Machtbefugnisse an Ante Pavelic, den Poglavnik (Staatsführer). Er kam 1941 im Gefolge der Deutschen mit weniger als 100 Ustascha-Mitgliedern nach Kroatien. (Die Zeitungsbilder zeigen einen ernsten Pavelic mit anderen pittoresken Ustascha-Kämpfern). Die Ustascha war eine politisch-militärische Gruppe ähnlich den italienischen Schwarzhemden. Pavelic baute dann eine Armee aus kroatisch-deutschen Einheiten auf, die zwei SS-Divisionen – die 13. und die 23. – umfasste. Das sollte die Zahl der Besatzungstruppen, die zur Einhaltung der Ordnung und zum Schutz der neuen Regierung notwendig waren, verringern. Diesem Bericht zufolge erhielt die Ustascha ihre Waffen von den Deutschen, nicht von Felix Singer.

Da die 14. Panzerdivision als erste in Zagreb eingerückt war, hielt ich es für sehr wahrscheinlich, dass Klaus Knehe ihr angehört hatte. Diese Division hatte sich vermutlich eher mit Widerstandsnestern in Zagreb auseinandergesetzt als jede andere Einheit. Sie verließ die Stadt zwar fast sofort nach der Proklamation des unabhängigen Staates Kroatien, die am 15. April 1941 erfolgte, doch wahrscheinlich blieb eine gewisse Armee-Präsenz zurück, die möglicherweise aus Angehörigen der 14. Panzerdivision bestand. Der Grund, aus dem ich ursprünglich vermutete, dass Klaus zu dieser Einheit gehörte, war, dass diese Division im September 1943 auch in Italien einmarschierte. Da Klaus sich sowohl in Zagreb als auch in Rom aufhielt, schien es naheliegend, dass er ein Mitglied dieser Einheit war. Letztendlich erwies sich dieser Ansatz aber als Sackgasse. Er gehörte, wie sich herausstellte, nicht zu dieser Einheit. Die andere Möglichkeit war, dass er zur 13. oder 23. SS-Division gehört hatte. Ich hatte zu wenig Informationen über ihn, um irgendwelche befriedigenden Auskünfte über seine Identität von deutschen Militär-Archiven zu erhalten. Ich brauchte eine Weile, um mir eine weitere Möglichkeit einzugestehen, nämlich dass Klaus zu den SS-Einsatzgruppen für Jugoslawien gehört hatte. »Einsatzgruppen« waren Gruppen mit militärischen Spezialaufträgen. Der Auftrag der SS in Jugoslawien war klar. Oberbefehlshaber war Wilhelm Fuchs und zu seinen engsten Mitarbeitern zählten einige hochrangige SS-Offiziere und berüchtigte Kriegsverbrecher (Ohlendorf, Helm, Nebe, Stahlecker, Rasch). Die SS leitete oder beaufsichtigte alle anti-jüdischen Aktivitäten. Sie leitete auch alle Polizeieinsätze der deutschen Besatzungskräfte und Verwaltung in Jugoslawien. Eine Einsatzgruppe war in Zagreb stationiert. Ich erfuhr, dass sie dort im Hintergrund operierte und direkte Aktionen nur selbst durchführte, wenn die lokalen Helfer zu wenig Eifer zeigten oder zu langsam vorgingen. Ich bin dieser Spur allerdings nicht weiter nachgegangen, was ich vor mir selbst damit rechtfertigte, dass der deutsche Armee-Archivar, den ich befragte, mir mitteilte, dass ich zu wenig Informationen über Klaus hätte. Ich war mir nicht sicher, wie sein Name buchstabiert wurde, wusste nicht genau, ob »Klaus« oder »Nikolaus« sein Taufname war, und hatte keine Ahnung, wann oder wo er geboren war.

Je mehr Informationen ich sammelte, desto unwahrscheinlicher schien es leider, dass Klaus ein ganz gewöhnlicher Offizier war. Während des Krieges in Jugoslawien litten die deutschen Einheiten, die die Hauptlast des Kampfes gegen die Partisanen trugen, unter Personalmangel. Um Abhilfe zu schaffen, wurden alle Hilfsorganisationen der Armee angewiesen, ihre wehrtauglichen Männer für Kampfeinsätze zur Verfügung zu halten. Klaus wurde allerdings nicht auf diese Weise rekrutiert. Es war sinnlos, mir selbst vormachen zu wollen, dass seine Verlegung nach Rom mit der Versetzung zu einer Kampfeinheit zusammenhing. Klaus war nicht nur wehrtauglich, sondern aufgrund seiner besonderen Fähigkeiten auch zum Major ernannt worden. Warum sollte man ihn also nach Rom versetzen, wenn der Balkan ein so wichtiges Operationsgebiet war? Das ergab nur Sinn, wenn er andere Aufgaben hatte als ein normaler Offizier.

Das Hintergrundwissen zur geschichtlichen Phase 1941–1945 in Kroatien erwarb ich mir durch einen Besuch in der Universitätsbibliothek von Cambridge. Hier stellte ich fest, dass der Mord an meinem Vater vor dem Beginn groß angelegter Verhaftungen und Deportationen erfolgt war, die später im selben Monat anliefen. Einer Festnahme entging nur, wer sich versteckte oder floh. Ende August 1941 waren nur noch etwa 4000 Juden in Zagreb. Mein Onkel und meine Mutter verließen die Stadt beide mit dem Zug. Die Bahnverbindungen waren lebenswichtig für die deutsche Besatzung und wurden rund um die Uhr strengstens überwacht. Die deutsche Luft- und Seeoffensive im östlichen Mittelmeer musste über die Bahnlinie Zagreb-Athen mit Nachschub versorgt werden. 1941 befanden sich über eine halbe Million Deutsche und Österreicher in Jugoslawien. Die deutschen Kampftruppen zogen fast unmittelbar nach der Eroberung Jugoslawiens wieder ab, um sich für den Angriff auf die Sowjetunion zu formieren. Nach Auffassung der Deutschen reichten die wenigen Einheiten, die sie zurückließen, aus, um Jugoslawien zu sichern und den ununterbrochenen Nachschub von Rohstoffen für die deutsche Kriegsmaschinerie aufrechtzuerhalten. Daher hielt der durchschnittliche deutsche Soldat seinen Einsatz auf dem Balkan anfangs für relativ sicher und zweifellos für angenehmer als einen Dienst in Nordafrika oder Russland.

Ich befasste mich auch intensiv mit der Geschichte der berüchtigten Ustascha. Die Bewegung war im Kern antiserbisch und schürte seit ihrer Gründung zu dem Zeitpunkt, als Felix von seinem zweijährigen Aufenthalt in Wien zurückkam, den Hass auf die Serben. Als ihre Verbindung zu den Deutschen intensiver wurde, übernahm sie die Nazi-Ideologie mitsamt deren anti-jüdischem Rassismus. Ihr Einfluss in Jugoslawien führte dazu, dass 1940 zwei Gesetze erlassen wurden, mit denen die Gleichstellung der Juden abgeschafft wurde. Den Juden wurde der Handel mit Lebensmitteln verboten und für ihre Zulassung zu weiterführenden Schulen und Universitäten wurde ein Numerus clausus eingeführt. Diese beiden Gesetze wurden als Ergebnis der Beschwichtigungsbemühungen betrachtet, die der jugoslawische Regent gegenüber den Deutschen unternahm, bevor sie Jugoslawien besetzten. Nach der Okkupation wurden die antijüdischen Gesetze von der Ustascha in vollem Umfang gebilligt. Dieses Bild der Ustascha stand im Einklang mit der Auffassung meines Onkels, der behauptete, dass die Ustascha im Wesentlichen nicht antisemitisch, sondern antiserbisch gewesen und eigentlich als eine rein nationalistische Organisation anzusehen sei. Die blutrünstige Seite und das Verhalten ihrer Mitglieder im Krieg ließ er bei seinen Schilderungen aus. Die einzige Kritik, die meine Großmutter Claudie je an meiner Mutter geäußert hatte, war, dass mein Vater Zagreb nach Verabschiedung dieser beiden Gesetze im Jahr 1940 verlassen wollte, meine Mutter sich jedoch weigerte zu gehen, weil Karoline angeblich dagegen war. Meine arme Großmutter Karoline war immer der Sündenbock. In dem Gebiet, das unter der direkten Verwaltung der Ustascha stand, überlebten nur wenige Juden, und das auch nur, wenn sie großes Glück hatten oder wenn sie selbst oder ihre unmittelbaren Nachbarn außerordentlich wendig und klug reagierten. Einige Juden retteten sich, indem sie in die italienisch besetzten Gebiete Kroatiens, wie zum Beispiel Split, flohen.

Nach dem Sturz Mussolinis im Juli 1943 kamen die Partisanen nach Split. Obwohl sie später im selben Monat gezwungen waren, die Stadt zu evakuieren, gelang es ihnen, vor Ankunft der Deutschen beträchtliche Mengen an Material fortzuschaffen. Die Partisanen hatten Tausende von Anhängern in Split, sowohl unter den jüdischen Flüchtlingen als auch unter der linksgerichteten Bevölkerung. Viele von ihnen, einschließlich meiner Verwandten dort, entschieden sich dafür, mit den Partisanen zu gehen, als die Deutschen Split im September okkupierten.

Im September 1943 besetzten die Deutschen auch Rom. Damals waren meine Mutter und Klaus bereits dort. Vor dem Einzug der Deutschen hatte jemand fein säuberlich demografische Listen über die in der Stadt lebenden Juden aufgestellt, sodass sie leicht zu finden waren, auch wenn sie nicht in einem Getto lebten. Mithilfe dieser beim Amt für Demografie und Rasse hinterlegten Listen begannen die Deutschen eine rassistische Verfolgungskampagne. Durch die fünfundvierzig Tage zwischen dem Sturz Mussolinis und dem Einzug der deutschen Armee hatten die Juden sich in Sicherheit gewähnt und keine Vorsichtsmaßnahmen mehr getroffen. Sie hatten angefangen, das Laubhüttenfest (Sukkot) zu feiern, als Kapplers SS das Gebiet durchkämmte und Hunderte von Männern, Frauen und Kindern aufgriff. In den neun Monaten, in denen Rom in deutscher Hand war (8. September 1943 bis Juni 1944), gelang es ihnen, ein Drittel der dort lebenden Juden nach Auschwitz zu deportieren.

Obwohl die Alliierten in Italien vorrückten, waren die Rohstoffe, die vom Balkan für die deutsche Armee geliefert wurden, immer noch so bedeutsam, dass die deutschen Verteidigungstruppen auf dem Balkan blieben. Klaus war jetzt in Rom tätig, er kehrte nie nach Zagreb zurück. Ich hatte rekonstruiert, dass ich meinen Geburtstag am 26. März 1944 im Kloster gefeiert hatte. Obwohl Rom am 5. Juni 1944 befreit wurde, blieben wir noch bis in den Spätsommer 1945 im Kloster. Im August 1944 wurden Frankreich und Belgien befreit. Die Deutschen hatten den Krieg verloren. Es gibt ein Studioporträt von meiner Mutter, aufgenommen im August 1944, auf dem sie sehr besorgt aussieht – es ist das einzige im Krieg aufgenommene Foto, auf dem sie beunruhigt aussieht.

Mein Onkel hatte sich in der Zwischenzeit in Stamford Hill, London niedergelassen. Nach dem Krieg wurde das Viertel ein Teil der ultraorthodoxen jüdischen Welt und das Gleiche galt für meinen Onkel. Das machte ihn nicht moralisch integrer als vorher, aber wenn er einen Grund hatte, seine Kriegszeit-Aktivitäten zu verbergen, waren Stamford Hill und die chassidische Gemeinschaft zweifellos ein guter Ort dafür.

Die ganzen Recherchen, die ich durchführte, machten meine Londoner Verwandten zunehmend nervös. Zvi ließ häufiger Andeutungen fallen, dass er etwas sehr Unerfreuliches über den Ehestand meiner Mutter wisse. Ob sie je über ihre Hochzeit gesprochen habe, fragte er. Das hatte sie in der Tat nie getan. Das liege daran, behauptete er, dass sie meinen Vater nie geheiratet hatte! Ich habe nie Hochzeitsfotos oder Urkunden gesehen, die die Heirat bestätigten. Nur den Ehering meines Vaters mit dem eingravierten Hochzeitsdatum (1937). Aus meiner Sicht war das ein hinlänglicher Beweis für ihre Ehe. Für jemanden, der so viel Wert auf Studioporträts legte wie meine Mutter, war es allerdings merkwürdig, dass keine Hochzeitsfotos existieren. Bei meinem nächsten Besuch in Berlin fragte ich sie nach ihrer Hochzeit. Greta lachte ziemlich verunsichert und erklärte, sie hätten aufgrund der angespannten finanziellen Situation der Familie ganz schlicht geheiratet, sagte aber weder, was sie bei der Hochzeit getragen hatte, noch warum es keine Fotos gab. So tauchte also ein weiteres Rätsel auf – als ob es noch nicht genug gegeben hätte!

Was war der Grund für all diese Anspielungen auf einen verborgenen Skandal? Dass ich als uneheliches Kind gebrandmarkt wäre, wenn es herauskäme? In der Gemeinschaft, in der meine Verwandten lebten, hätte dies als schreckliche Schande gegolten. Wollte Zvi das als eine Art »Wie du mir, so ich dir« benutzen, nach dem Motto: In deiner Vergangenheit gibt es auch einen Skandal, und wenn du nicht den Mund über deinen Vater hältst, werden wir das überall ausposaunen. Ich hatte das jüdische Eheregister in Zagreb nie auf die Ehe meiner Eltern hin überprüft. Es war mir nie in den Sinn gekommen, dass es in der Hinsicht etwas zu entdecken geben könnte. War es möglich, dass der orthodoxe Rabbi in Zagreb sich aufgrund der Aufsässigkeit und des zweifelhaften Verhaltens meiner Mutter geweigert hatte, sie in der Synagoge zu trauen? Das schien mir doch eine recht gewagte Vermutung zu sein. Vielleicht wurden sie in einer Reformsynagoge getraut, was aus Sicht meiner Verwandtschaft einer wilden Ehe gleichkäme.

Als ich mehr und mehr Informationen über die Aktivitäten meines Onkels im Krieg zusammentrug, hoffte ich weiterhin, dass meine Cousins und Cousinen ehrlich zu mir wären. Ich fuhr mehrmals hin, besuchte sie für ein oder zwei Tage, um ihnen die Möglichkeit zu geben, mir von ihrem Vater zu erzählen und mir nach seinem Tod von den Erkenntnissen zu berichten, die sie aus seinen Nachlasspapieren gewonnen hatten. Ich tat es nicht nur, weil mein Wissen so bruchstückhaft war und ihr Beitrag hilfreich gewesen wäre, sondern auch, weil ich gern nach wie vor glauben wollte, dass ihre religiösen Überzeugungen nicht nur Ausdruck reiner Religiosität waren, sondern mehr Substanz hatten und auch ein ethisches Weltbild umfassten. Nach dem Tod meines Onkels würden die moralischen Werte stärker wiegen als das Bedürfnis ihn zu beschützen, dachte ich, und sie würden mir bei meiner Suche helfen. Sie hielten jedoch weiterhin das Bild eines Heiligen von ihm aufrecht, auch wenn sie es weniger seinetwegen als vielmehr um ihrer selbst willen taten. Sie wollten sich der Wahrheit nicht stellen, weil sie sich selbst schützen wollten.

Je tiefer ich in die Geschichte Kroatiens zur Kriegszeit eintauchte, desto zweifelhafter wurde die Geschichte von der Flucht meines Onkels und meiner Tante aus Zagreb. Als die beiden nach England kamen, hielten sie sich anfangs sehr bedeckt. Ich zweifle, ob irgendjemand wusste, dass sie ihr Londoner Haus so schnell nach ihrer Ankunft gekauft hatten. Meine Cousine Esther sagte mir einmal, dass die Familie bis zu ihrem zwölften Lebensjahr nie Geld zu haben schien, aber danach war es plötzlich in Hülle und Fülle vorhanden. Als Esther zwölf war, schrieben wir das Jahr 1961. Vorher sollten eigentlich alle Flüchtlinge in ihrer speziellen Situation mittellos gewesen sein. 1961 wurden die deutschen Entschädigungszahlungen rechtskräftig. Danach konnte die Familie behaupten, dass ihr Vermögen aus dieser Quelle stammte, falls jemand fragte. Das ist der offensichtliche Grund für den Geldsegen, aber möglicherweise gab es andere.

Die üppigen finanziellen Mittel meines Onkels während des Krieges waren und sind noch immer ein Rätsel. Die Erklärung, dass er Waffen an die Ustascha verkaufte, hatte ich seit Langem verworfen.

Auf alle Fälle wäre es unmöglich für ihn gewesen, in Zagreb eingenommene Gelder mit ins Ausland zu nehmen. Jüdische Bankkonten waren, lange bevor er Zagreb im Februar 1942 verließ, eingefroren.

Mein Onkel Felix Singer als junger kroatischer Nationalist. Seine Freunde nannten ihn »Sretan«.

Felix selbst hatte behauptet, dass sein Vermögen in Schmuck bestand und dass sie davon in Großbritannien gelebt hätten. Es muss eine Riesensumme gewesen sein. In den letzten zehn Jahren seines Lebens schien die Goldader aber zu versiegen. Dann erzählte Felix seiner Familie, dass er eine Rente von der deutschen und der österreichischen Regierung erhielt. Er hatte nie in Deutschland gelebt oder gearbeitet. Ich erkundigte mich beim deutschen Botschafter in Südafrika, ob es möglich sei, in einem Fall wie dem meines Onkels eine Rente zu beziehen, und er versicherte mir, dass es ausgeschlossen sei. Auch die österreichische Rente erscheint höchst unwahrscheinlich. Felix behauptete zwar, dass er in der kurzen Zeit, die er in Wien verbrachte, bei seinem Onkel gearbeitet hatte, aber meine Mutter bestritt es. Außerdem erzählte er seinen Kinder immer, dass er nach Wien gegangen sei, um an der Yeshiwa zu studieren, wo orthodoxe Jugendliche (wie er sich selbst darstellte) ihre jüdische Erziehung vervollkommnen. Felix dachte wahrscheinlich, dies sei die beste Art, um die regelmäßig jeden Monat eingehenden Beträge zu erklären. Aber woher oder warum er diese regelmäßigen Geldbeträge erhielt, ist ein Rätsel.

Wie ich in Erfahrung brachte, war Felix' Haltung gegenüber der Ustascha nicht untypisch für bestimmte jüdische Kreise in den 1930er Jahren in Zagreb. Einer der Mitbegründer der Organisation war Jude. Außerdem war Ante Pavelic, der berüchtigte *Poglavnik* (ein Äquivalent zu *Führer*), mit einer Jüdin verheiratet. Von daher wären also Felix' vor dem Krieg geäußerten Ansichten verständlich gewesen. Doch die Exzesse dieser Gruppe gegenüber den Juden, die immerhin die Menschen waren, mit denen er aufgewachsen war, seine Freunde und Nachbarn, machen seine Haltung gegenüber der Ustascha, gelinde gesagt, äußerst ungewöhnlich. Da es eine Reihe von Juden gab, die die Ustascha unterstützten, ist es wahrscheinlich, dass Felix dazugehörte. Meine Mutter erzählte mir, dass er bei seinen kroatischen Freunden in Zagreb nicht als Felix, sondern als Sretan bekannt war. *Felix* ist das lateinische Wort für »glücklich« und *Sretan* das kroatische für »froh/glücklich«. Viele änderten ihre germanischen Namen, als der Nationalismus die Region in den 1930er Jahren erfasste.

Bei meinen Recherchen in London lernte ich an der Universität von Southampton durch einen glücklichen Zufall einen Doktoranden kennen, der sich intensiv mit Rabbi Schonfeld beschäftigte. Ich erinnerte mich aus meinen Kindheitsjahren in London an den Rabbi. Diesem inzwischen verstorbenen Geistlichen war es offenbar gelungen, eine Reihe von jüdischen Kindern aus dem von den Nazis besetzten Europa herauszubringen. Daher fand ich Gelegenheit, meine Geschichte jemandem zu erzählen, der genau jene historische Phase wissenschaftlich erforschte, die auch mich interessierte, und der über weit mehr Kenntnisse verfügte als ich. Ich berichtete ihm von den Geschehnissen, soweit ich sie kannte, und ihm fielen ein paar wichtige Einzelheiten auf.

Zu den Gründen, aus denen ich meinen Erinnerungen an die Ermordung meines Vaters misstraute, gehörte, dass Klaus ihn erstochen und nicht erschossen hatte. Der Wissenschaftler widersprach und meinte, dass eher das Gegenteil zutreffend wäre – wenn ich mich an einen Schuss erinnerte, würde das sofort Zweifel an der ganzen Geschichte wecken. Dass er erstochen wurde, sei eher plausibel. Wenn die Deutschen in eine Stadt einmarschierten, entwaffneten sie als Erstes die Bevölkerung. Ein Schuss hätte sofort eine Untersuchung ausgelöst. In diesem Zusammenhang ergab seiner Ansicht nach auch die ausgeklügelte Inszenierung einen Sinn: Da man meinen Vater auf eine Tragbahre legte und ihn so zudeckte, dass die Stichwunden nicht zu sehen waren, wurde der Anschein erweckt, dass hier keine Leiche fortgeschafft, sondern ein Kranker ins Hospital gebracht wurde. Schließlich wussten die Nachbarn im Haus, dass mein Vater kein Krimineller war; es gab keinen Grund, ihn zu töten. Die Phase der Ausrottung der Juden in Zagreb hatte noch nicht begonnen, und auch als sie einsetzte, wurden jüdische Männer in Arbeitslager gebracht, nicht in ihren eigenen Wohnungen erschossen.

Wenn die Geschichte nicht wahr wäre, so der junge Mann weiter, warum hatte mein Onkel mir dann nicht den Nachnamen von Klaus genannt, als ich ihn darum bat? Warum sollte er mir nicht mehr über diesen deutschen Major erzählen, der uns die Ausweispapiere besorgt hatte, mit deren Hilfe wir Zagreb verlassen konnten? Es wäre keine Schande, darüber zu reden, dass dieser Mann uns das Leben gerettet hatte. Er wies auch darauf hin, dass die Deutschen erst am 10. April 1941 in Zagreb einmarschiert waren und dass es im Juni, als mein Vater ermordet wurde, noch nicht an der Tagesordnung war, dass einfach sinnlos gemordet wurde. Die Gestapo ging offenbar so vor, dass sie zunächst die örtliche Bevölkerung »weichklopfte«, damit sie die Ausgrenzung, dann die Deportation und schließlich den Tod der Juden akzeptierte. Am Anfang hätte man es noch nicht gebilligt, dass ein gesetzestreuer Bürger in seiner eigenen Wohnung erstochen wurde, nur weil er Jude war. Erst später wurden solche Taten als selbstverständlich hingenommen, auch wenn sie in der Regel nicht unter den Augen der lokalen Bevölkerung ausgeführt wurden.

Der Student wies mich auch als Erster darauf hin, wie unwahrscheinlich es war, dass mein Onkel mitten im Krieg ein Flugzeug in Italien besorgt haben wollte. Damals, sagte er, hätten die Deutschen die Lufthoheit über das Gebiet zwischen Italien und Spanien gehabt. Flugzeuge standen nicht einfach herum, und auch Treibstoff war schwer zu bekommen. Seiner Ansicht nach hatte mein Onkel entweder einen ordentlichen Batzen Geld – in Form von Gold und Schmuck – an einen Luftwaffenpiloten bezahlt oder – was wahrscheinlicher war –Papiere vorgewiesen, die einen Flug nach Madrid ermöglichten. Er half mir, im Staatsarchiv von Kew jenen Brief zu finden, den mein Onkel an die britischen Behörden geschickt hatte und der besagt, er wisse, dass viele Juden nach Split geflohen seien, darunter seine eigene Mutter und Schwester. Da die Deutschen jetzt Norditalien besetzt hätten, mache er sich Sorgen um sie. Der Brief bestätigt, dass Felix, wie ich aufgrund der Fotos vermutet hatte, vom Zeitpunkt seiner Abreise aus Zagreb bis zum Zeitpunkt seiner Weiterreise von Madrid nach London Kontakt zu meiner Mutter hatte. Danach riss der Kontakt ab.

Das Bild von Felix und Greta hatte sich verändert: Sie wirkten nicht länger wie hilflose Flüchtlinge, hin und her geworfen von den Wechselfällen des Krieges. Mittlerweile war mir klar, dass sie wussten, wohin sie gingen und keine Angst vor dem hatten, was sie dort erwartete. Jemand ermöglichte ihnen, Zagreb zu verlassen, in Kontakt miteinander zu bleiben und ungehindert durch das faschistische Europa zu reisen.

5 Ist es wahr? Die Suche nach Bestätigung

Jahrelang durchforstete ich nun Archive, Bücher, das Internet und andere Quellen, die ich entdeckte, um etwas zu finden, das meine Erinnerungen bestärkte. Als Erstes vertiefte ich mich in die Bücher. Die meisten erweiterten mein Verständnis der historischen Zusammenhänge, waren aber ansonsten nicht hilfreich. Ein Buch über Nazi-Uniformen bestätigte zum Beispiel, dass die Uniform, die Klaus getragen hatte, tatsächlich so aussah, wie ich sie in Erinnerung hatte. Was ich vor allem erfahren wollte, waren Insider-Informationen über die Aktivitäten der Deutschen in Zagreb. Das Problem war, dass Kroatiens Bedeutung für die Deutschen hauptsächlich in seinen Rohstoffen und der wertvollen Eisenbahnlinie lag, die durch das Land führte. Die Partisanenaktivität war die einzige Gefahr, der die Deutschen ausgesetzt waren. Ansonsten war das Gebiet in politischer und militärischer Hinsicht von geringem Interesse im Zweiten Weltkrieg.

Zwei Bücher spielten eine wichtige Rolle in dieser Phase meiner Entdeckungsreise. Das eine war das kleine braune Adressbuch, das Esther mir nach Felix' Tod gegeben hatte. Meine Verwandten hielten es für bedeutungslos und auch ich konnte zunächst nichts damit anfangen. Ich hoffte allerdings, dass ich vielleicht verstehen würde, warum Felix das Buch so lange aufbewahrt hatte, wenn ich jemanden fand, der aus Jugoslawien kam und etwas über den Krieg wusste.

Ich fand einen prominenten Angehörigen der jugoslawischen Gemeinschaft in Perth. Er hatte in Zagreb gelebt, war 1962 in den Westen geflüchtet und nach Australien gegangen. Ich erzählte ihm von einigen Fakten im Hinblick auf meine Mutter und Felix, zeigte ihm das kleine Buch und fragte ihn, ob er etwas damit anfangen könne. Sehr viel, wie sich herausstellte. Erstens sagte er mir, dass alle darin verzeichneten Orte eine überwiegend serbische Bevölkerung hatten. Die Namen waren allesamt serbisch, abgesehen von ein oder zwei Einträgen, bei denen es sich um albanische Namen handelte. Diese Namen tauchten jedoch nur bei Orten auf, an denen die Bevölkerung aus einer ethnischen Mischung von Serben und Albanern bestand. Er schaute sich auch die Zeichen hinter einigen der Namen an, und zeichnete dann eine Art Tabelle auf, in die er Ortsnamen eintrug. Schließlich erklärte er, er habe keinen Zweifel, dass es sich bei dem Buch um eine Auflistung serbischer Informanten handele. Die Zeichen bezogen sich auf ihre Verlässlichkeit und darauf, wen man bevorzugt auswählen sollte, wenn man Informationen brauchte oder erhielt. Er meinte, dass die Namen ein großes Areal in einer Art dreieckigem, sich überschneidendem Raster umfassten. Das sorgte dafür, dass nicht das gesamte System wie bei einem Dominospiel zusammenbrach, wenn einer der Informanten gefasst wurde, sondern nur dessen spezieller Bereich. Es sei sehr unwahrscheinlich, dass dieses Raster von der Ustascha angelegt worden sei, die keinerlei Erfahrung mit derartigen Systemen hatte. Es könne nur von den Deutschen entworfen worden sein. Die Namen der Orte und Informanten waren mit derselben Schrift geschrieben, die Zeichen mit einer anderen. Nach dem Tod meiner Mutter fand ich das Dokument, das uns die Flucht aus Zagreb ermöglichte. Die Handschrift auf diesem Dokument war dieselbe, mit der die Zeichen in das Adressbuch eingetragen waren. Informanten, Ausreisevisa: War das die Aufgabe, mit der Klaus in Zagreb beschäftigt war? Ich konnte es nicht mit Sicherheit sagen.

Wie war es meinem Onkel gelungen, dieses Buch in seinen Besitz zu bringen, wenn er nicht Teil des Apparats war, der es hervorgebracht hatte? Ich bin keine Grafologin, aber die Handschrift, mit der die Namen und Orte eingetragen sind, scheint der meines Onkels sehr ähnlich. Und warum hatte er das Buch sechzig Jahre lang aufbewahrt, wenn es nicht sehr wichtig für ihn war? Nach dem Krieg hatten einige dieser Informanten möglicherweise wichtige Positionen in der neuen kommunistischen Regierung inne, und für sie wäre es gefährlich gewesen, wenn diese Informationen ans Licht gekommen wären. Titos Männer kidnappten 1949 Eugen von Pott aus Österreich. Von Pott leitete den SD, den Nachrichtendienst innerhalb der SS, in Zagreb. Der entführte Pott sollte Aufschluss über einen mutmaßlichen Informanten geben. Felix verfügte über genau diese Art von Informationen. War das der Grund, warum er das Buch aus Zagreb mitnahm und es all die Jahre über aufbewahrte? Als eine Art Alterssicherung? In den letzten Lebensjahren verschlechterte sich die finanzielle Lage meines Onkels dramatisch. Er war nicht mehr der große Immobilienbesitzer. Seinen Angaben zufolge hatte er dann das Glück, nicht nur eine britische Rente zu erhalten, sondern auch eine Rente aus Österreich und Deutschland. Meine Recherchen ergaben, wie gesagt, dass er unmöglich eine Rente aus Deutschland und Österreich beziehen konnte. Woher kam also das Geld? Zahlte sich das kleine braune Buch am Ende für ihn aus?

Das zweite Buch, durch das ich einige wertvolle Erkenntnisse gewann, war der dritte Band der Memoiren von General Edmund Glaise von Horstenau, Hitlers Bevollmächtigtem in Zagreb. Dieser dritte Band handelt fast ausschließlich von der Zeit zwischen 1941–1943, als er Leiter der deutschen Abordnung in Zagreb war. Zu vielen der im Buch genannten Personen gibt es Fußnoten mit näheren Angaben zu ihrem persönlichen Hintergrund. Ich hoffte, dass Klaus als hochrangiger Offizier in dem Buch erwähnt würde. Leider war das nicht der Fall. Ich entdeckte allerdings den interessanten Hintergrund von Klaus' direktem Vorgesetzten Eugen von Pott.

Eugen von Pott war der in Rom geborene Sohn eines österreichischen Diplomaten (sprach also Deutsch und Italienisch). Außerdem war er vor dem Krieg in einer Bank in Zagreb angestellt und sprach daher auch Serbo-Kroatisch. Die Tatsache, dass Pott in einer Bank gearbeitet hatte, war bemerkenswert. Bankangestellte waren mir im Allgemeinen immer als besonders harmlose Menschen erschienen. Wer von den Kunden, deren Schecks er einlöste oder deren Einzahlungsbelege er ausfüllte, hätte geahnt, dass derselbe Mann sie ein paar Jahre später quälen und verstümmeln würde?

Durch seine Sprachkenntnisse war Pott bestens geeignet, um die Verhör- und Sicherheitsoperationen in Kroatien im Zweiten Weltkrieg zu leiten. Vielleicht hatte Klaus einen ähnlichen Hintergrund und hatte auch schon vor dem Krieg in Zagreb gelebt. Wenn er zudem Italienisch sprach, wäre das ein guter Grund gewesen, ihn nach Rom zu versetzen, als die Stadt in deutscher Hand war.

Obwohl die Memoiren von Horstenaus im Hinblick auf Klaus nichts hergaben, fand ich das Buch als solches überaus fesselnd. Es gibt nicht nur einen aufschlussreichen Einblick in das Zagreb zur Zeit der deutschen Besatzung, sondern auch in den Charakter eines Mannes, der die Verantwortung für ein Land trug, in dem Abertausende von Serben, Juden und Andersdenkenden, die man für Sympathisanten von Titos Partisanen hielten, ermordet wurden.

Vor allem die in dem Buch vertretenen Ansichten über Serben und Juden verblüfften mich. Es gibt keinerlei Hinweis auf irgendeinen Hass oder auch nur auf eine größere Antipathie. Beiläufig erwähnt der Autor, dass ein guter Freund von ihm eine Jüdin heiratete. Doch er sagt darüber nur, dass es »bedauerlich« sei. Er führt aus, dass der

Anführer der Ustascha, Ante Pavelic, eine Ehefrau mit jüdischen Vorfahren hat, ebenso wie der stellvertretende Befehlshaber Eugen Kvaternik. Der exzessive Nationalismus und die Brutalität der Kvaternik-Familie waren ihm ein Dorn im Auge und »der einzig wertvolle Teil der Familie«, schreibt er, sei die jüdische Ehefrau. Glaise von Horstenau sandte auch den bekannten Brief nach Berlin, in dem er sagt, die Kroaten seien nicht besser als wilde Tiere, nachdem er einen Ausflug ins Konzentrationslager Jasenovac gemacht hatte. Er erwähnt weitere Juden in der kroatischen Regierung, die wichtige Positionen innehatten, wie zum Beispiel den Chefarzt Dr. Singer (nicht mit uns verwandt) und den kroatischen Abgesandten in Ungarn mit dem Nachnamen Klein. Nachdem seine Ansichten über die Ustascha in Kroatien bekannt wurden, bat das Ustascha-Regime die Deutschen, ihn durch einen anderen Mann zu ersetzen. Er verließ Zagreb mit Bedauern im September 1943. Bei Kriegsende wurde Horstenau von den Alliierten als Kriegsverbrecher im Langwasser-Militärlager in der Nähe von Nürnberg interniert. Er beging Selbstmord, bevor man ihn vor Gericht stellen konnte.

Memoiren werden zu Recht als äußerst unzuverlässige Informationsquelle betrachtet. Der harmlose Inhalt von Horstenaus Memoiren lässt keine Rückschlüsse darauf zu, warum die Alliierten diesen liebenswürdigen Menschen als Kriegsverbrecher anklagten. Er spielt seine Rolle bei dem Anschluss Österreichs 1938 herunter und war ein großer Bewunderer von Hitler, wenn auch nicht von dessen Manieren. Er erwähnt einen Besuch, den er zusammen mit Pavelic bei Hitler machte. Beim gemeinsamen Essen mit Hitler ließ dieser zahlreiche antisemitische Bemerkungen fallen. Das war nach Auffassung von Horstenau äußerst geschmacklos, weil Pavelic mit einer Jüdin verheiratet war und Hitler die Äußerungen in dessen Gegenwart machte.

Unter der Herrschaft der Habsburger war Österreich jahrhundertelang eine bedeutende Weltmacht gewesen. Nach 1919 war es plötzlich nur noch ein kleines unbedeutendes Land in Europa. Österreicher wie Glaise von Horstenau sehnten sich nach der guten alten Zeit zurück, und Hitler schien deren Rückkehr zu verheißen. Obwohl Klaus in dem Buch nicht erwähnt wird, gab es mir wertvolle Aufschlüsse über seine Vorgesetzten.

1994 wurde ich von der Universität Zagreb eingeladen, einen Vortrag über die Politik in Südafrika nach dem Ende der Apartheid zu halten. Bei meiner Ankunft war ich entschlossen, Kontakt zu den anderen Verwandten meines Vaters aufzunehmen, die meine Mutter bei meinem ersten Besuch in Zagreb 1984 nicht hatte treffen wollen. Ich rief bei Stefan Bernfest, dem Cousin meines Vaters an, der inzwischen weit über achtzig war. Er freute sich darauf, mich zu sehen, und wir trafen uns am folgenden Samstagmorgen in meinem Hotel. Er brachte mir einen kleinen Strauß duftender Schneeglöckchen mit. Mein Großvater Ignatz Bernfest und sein Vater waren Brüder. Er sah meinem Großvater so ähnlich, dass es mir die Kehle zuschnürte. Wir standen im Foyer und er erzählte mir einige Fakten über sich selbst und seine Familie. Er und sein Vater hatten das Konzentrationslager überlebt. Er war Maschinenbau-Ingenieur und hatte zwei erwachsene Söhne und Enkel. Er stellte mir nur eine Frage – ob meine Mutter noch lebte. Als ich die Frage bejahte und sagte, sie lebe in Berlin, veränderte sich seine ganze Haltung. Er meinte plötzlich, dass er nur wenig Zeit hätte, weil seine Frau am Nachmittag ihren Geburtstag feiern wolle und er noch viel vorzubereiten hätte. Dann ging er. Danach hörte ich nichts mehr von ihm. Zu jenem Zeitpunkt hatte ich noch nichts Gravierendes über die Kriegszeitaktivitäten meiner Mutter herausgefunden und fand sein Verhalten ziemlich merkwürdig. Hatte ich irgendetwas gesagt, das ihn gekränkt hatte? Das Gespräch war extrem kurz gewesen! Eigentlich wäre doch ein Familientreffen eine ideale Gelegenheit, um mich – eine lang verloren geglaubte Verwandte – mit allen bekannt zu machen. Anscheinend nicht. Als ich mehr über die Vergangenheit der Familie herausgefunden hatte, schrieb ich ihm einen Brief, in dem ich darlegte, was ich wusste, und ihn bat, mir zu helfen, den Rest aufzudecken. Ich erhielt nie eine Antwort.

Im Jahr 2000 fuhr ich das dritte Mal nach Zagreb. Jetzt war ich entschlossen, so viel wie möglich in den Gestapo-Archiven und anderen Materialien zu recherchieren. Mir war inzwischen klar, dass Stefan Bernfest möglicherweise gute Gründe dafür gehabt hatte, nicht mit Gretas Tochter sprechen zu wollen, aber ich hoffte, dass seine Söhne bereit wären, sich mit mir zu treffen. Ich rief einen der Söhne, Miljenco Bernfest, an und wurde begeistert begrüßt. Wir verabredeten uns sofort für den folgenden Abend. Am nächsten Morgen rief er mich an, um mir zu sagen, dass er leider nicht kommen könne und auch während meines restlichen Aufenthalts sehr beschäftigt sei. Offensichtlich hatte er mit seinem Vater gesprochen und war nicht länger bereit, sich mit mir zu unterhalten. Einige Jahre später schickte ich ihm eine Mail. Er antwortete, dass ich mich an seinen Vater halten solle, wenn ich weitere Informationen benötigte. Das hatte ich natürlich bereits mehrfach und erfolglos versucht. Eine weitere Gruppe von Verwandten, die mehr wussten als ich, aber nicht bereit waren, ihr Wissen mit mir zu teilen.

In den kroatischen Staatsarchiven stellte ich Recherchen in zwei Hauptabteilungen an: Die eine nannte sich *Holocaust in Kroatien, Kurzbiografien,* die andere *Hans-Helm-Gestapo-Archiv*. Hans Helm gehört von 1943 bis zum Abzug der Deutschen aus Kroatien zur Gestapo in Zagreb. Außerdem ging ich zum Zeitungsarchiv und studierte die *Deutsche Zeitung für Kroatien,* die dort während des Krieges auf Deutsch erschienen war. Ich dachte, dass die Zeitung vielleicht nützliche Hinweise geben könnte, zu welchen Zeitpunkten bestimmte Verbote erlassen wurden, aber der wichtigste Grund, aus dem ich die Zeitung einsehen wollte, war, dass ich eine weitere rätselhafte Geschichte meiner Mutter aufklären wollte.

Ich fragte mich, wann Greta und Klaus sich kennengelernt hatten. Da mein Vater so kurz nach dem Einzug der Deutschen in Zagreb ermordet worden war, muss sie ihn schon sehr bald nach dem 10. April 1941 getroffen haben. Möglich ist auch, dass sie Klaus schon seit Anfang der 1930er Jahre aus Berlin kannte. Dann gibt es schließlich noch die Möglichkeit, dass Klaus wie Eugen von Pott in Zagreb lebte. Die »Wie ich Klaus kennenlernte«-Geschichte meiner Mutter ließ alle diese Möglichkeiten offen, denn wie bei ihren anderen Geschichten war auch diese Episode ziemlich verwickelt.

Als die deutsche Armee in Zagreb einmarschierte, schob mein Vater mich gerade im Kinderwagen durch die Straßen. Als er bemerkte, dass einige Partisanen im Hinterhalt lagen, warnte er die Deutschen vor der Gefahr. Eine sehr unwahrscheinliche Geschichte: Würde mein Vater mich im Kinderwagen durch die Stadt schieben, während die Deutschen einmarschierten? Außerdem habe ich nirgendwo gelesen, dass es im April 1941 die Art von Widerstand in Zagreb gab, die Greta schilderte. Alle Bilder zeigen wild johlende, begeisterte Menschenmengen, die die deutsche Armee willkommen heißen. Trotz meiner Zweifel wollte ich das mit Hilfe der Zeitung überprüfen, weil Greta behauptet hatte, am nächsten Tag wäre ein Artikel über den Zwischenfall erschienen, als Beispiel für das Wohlwollen der Bevölkerung gegenüber der deutschen Besatzung. Der Zwischenfall war nirgends erwähnt. Ich fragte Greta, wieso um alles in der Welt ein Jude wie mein Vater auf der Seite der Deutschen stehen sollte? Sie sagte, sie habe keine Ahnung. Hatte sie Klaus vielleicht kennengelernt, weil sie selbst in einen derartigen Zwischenfall verwickelt war, bei dem er verletzt wurde? Wer weiß. Doch warum erzählte sie mir so eine Geschichte – um zu zeigen, dass mein Vater auch ein Kollaborateur war, und ihn dadurch anzuschwärzen?

Obwohl das Zeitungsarchiv keinerlei Informationen über den angeblichen Zwischenfall lieferte, war es insofern nützlich, weil alle gegen die Juden erlassenen Dekrete aufgeführt waren, wodurch ich einige Daten erhielt, mit denen ich bestimmte Ereignisse abgleichen konnte. Ab dem 6. Juni 1941 mussten alle Juden den gelben Stern tragen. Laut dem betreffenden Bericht gab es keine Ausnahme von dieser Regel – alle Juden über vierzehn Jahren mussten ihn außerhalb ihrer Wohnung tragen. Am 20. Juni 1941 wurde der Staat Kroatien von Spanien anerkannt, das somit nicht länger auf Seiten von König Peter II. war. Es gab keine jugoslawische Delegation in Madrid. Es gab kein Jugoslawien mehr.

Ich war dann noch einmal in Zagreb, um meine abschließenden Recherchen zur Familiengeschichte durchzuführen. Nachdem ich die Zeitung durchgegangen war, suchte ich das Archiv des jüdischen Gemeindezentrums auf. Wie sich herausstellte, war Ladislav Šik, der nach einer Version für die finanzielle Goldgrube meines Onkels verantwortlich war, tatsächlich ein vermögender Zagreber Anwalt gewesen; er war allerdings kein alter Mann gewesen, wie Felix behauptet hatte, sondern erst 45 Jahre alt, als er in Jasenovac starb. Seine Frau überlebte den Holocaust und ging nach seinem Tod nach Israel. All die Geschichten über ein britisches Bankkonto, über das meine Tante Zeichnungsvollmacht hatte, und über den Schmuck, den Šik ihr angeblich in Verwahrung gegeben hatte – wenn irgendetwas davon zutreffend war, warum machte dann Šiks Frau keine Anstalten, ihren Schmuck und das Geld in London zurückzubekommen? Es bestand kein Zweifel mehr, dass diese ausgeklügelte Geschichte eine reine Erfindung war, um zu erklären, warum mein Onkel und meine Tante keine mittellosen Flüchtlinge waren, wie sie es eigentlich hätten sein müssen. Später fand ich heraus, dass dieses kunstvolle Lügenmärchen doch ein Körnchen Wahrheit enthielt. Vor diesem letzten Besuch in Zagreb hatte ich das Simon Wiesenthal Center in Jerusalem kontaktiert. Als ich Dr. Ephraim Zuroff mitteilte, dass ich für weitere Recherchen erneut nach Zagreb reisen wollte, vermittelte er den Kontakt zu Dr. Ivo Goldstein, einem Wissenschaftler an der Universität von Zagreb, der die Geschichte der jüdischen Gemeinde in Zagreb erforschte. Dr. Goldstein führte mich in die Archive ein und übersetzte einige der Materialien, die ich fand.

In der Bibliothek des jüdischen Gemeindezentrums untersuchte ich die Formulare, die die Juden im Mai 1941 für die Gestapo ausfüllen mussten. Wir waren alle auf dieser Liste verzeichnet, einschließlich meiner selbst. Alle Erwachsenen auf der Liste hatten zwei gelbe Sterne ausgehändigt bekommen. Die Formulare enthielten auch unsere Adresse: 76/1111 Klaiceva. Ich ging hin und stand draußen vor unserem alten Wohnblock. Möglicherweise war es nicht dasselbe Gebäude, das zu unserer Zeit dort gestanden hatte. Jedenfalls entdeckte ich dort nichts, was meiner Erinnerung auf die Sprünge geholfen hätte. Alle Adressen meiner Familienangehörigen in den Gestapo-Listen zeigten, dass wir normale Mittelschichtsangehörige waren. Das alles war weit entfernt von der doppelstöckigen Residenz, die meine Mutter mir in Zagreb gezeigt hatte. Es war auch weit entfernt von dem »Geld-ist-kein-Problem«-Bild, das mein Onkel von unserem Leben in Zagreb entworfen hatte.

Dieses Gestapo-Dokument gibt auch Aufschluss über die beruflichen Tätigkeiten der Verzeichneten. Mein Vater arbeitete, wie man mir wahrheitsgemäß erzählt hatte, für Metro Goldwyn Mayer. Dazu muss ich hinzufügen, dass sich zu diesem Zeitpunkt so vieles an meiner Geschichte als unwahr herausgestellt hatte, dass ich überrascht war, wenn etwas stimmte. Mein Großvater Ignatz Bernfest war Handelsreisender für eine Firma namens Neumann und Gomboss. Die Archivarin Julia Kos fand es erstaunlich, dass meine Eltern mich auf der Liste mit eingetragen hatten. Die meisten jüdischen Eltern, erklärte sie, hätten versucht, die Namen ihrer kleinen Kinder nicht zu nennen, weil sie hofften, die Kinder noch woanders unterzubringen und dadurch vor dem sicheren Tod zu bewahren. Als diese Listen entstanden, war mein Überleben wahrscheinlich schon gesichert. Als ich das erste Mal ins jüdische Gemeindezentrum ging, um die Informationen nachzulesen, fragte ich Julia Kos, ob viele Menschen zurückgekommen seien, um zu recherchieren. Sie sagte, einige wären gekommen. Sie waren alle fünf Jahre älter oder fünf Jahre jünger als ich. Von den jüdischen Kindern, die 1940 in Zagreb geboren wurden, hat keines überlebt. War ich wirklich das einzige jüdische Kind, das 1940 in die Zagreber Gemeinschaft hineingeboren wurde und überlebt hatte? Es scheint so. Nach dem Krieg wurden die Listen um weitere Daten ergänzt, als das

Schicksal der darin Verzeichneten bekannt wurde. Ursprünglich hatte neben dem Namen meines Vaters die Anmerkung gestanden, dass er in Karlobog gestorben war. Das wurde dann gestrichen und durch die Worte »Zagreb 1941« ersetzt. Auch über meinen Großvater gab es Informationen. Bezüglich meines Großvaters väterlicherseits, Ignatz Bernfest, 66 Jahre, ist verzeichnet, dass er in einem unbekannten Lager verstarb. Die Zusatzinformationen besagen, dass er Ende 1941 in ein Übergangslager gebracht wurde und man seitdem nichts mehr von ihm gehört hatte. Von den drei männlichen Mitgliedern meiner Familie, die im Holocaust umkamen, war seine Geschichte die einzige, die sich exakt mit dem deckte, was man mir über ihn erzählt hatte. Von den dreien war er auch der Einzige, an den ich mich immer erinnert hatte. Über Felix findet sich die Angabe, dass er bei seinen Eltern lebte und als Angestellter in einer Firma namens Pira arbeitete. Es ist die einzige Liste, in der der Name meiner Mutter und ihre jüdische Herkunft verzeichnet sind. Das taucht sonst nirgends auf. Das Gleiche gilt für meinen Onkel.

Inzwischen hatte ich sehr viel über die Erfahrungen von Juden gelesen, die den Holocaust überlebt hatten, und kam zu dem Schluss, dass Felix' Fall einzigartig in den Annalen der von den Deutschen besetzten Gebiete Europas im Zweiten Weltkrieg gewesen sein muss. Ich fragte Ivo Goldstein, der umfangreiche Forschungen zu diesem Abschnitt der jugoslawischen Geschichte durchgeführt hat, ob er von vergleichbaren Geschichten gehört hätte. Ja, antwortete er, der Fall meines Onkels sei keineswegs einzigartig. Tatsächlich besitze er ein Buch, in dem genau diese Flucht, mit dem Flugzeug von Rom nach Madrid, beschrieben werde. Ich reagierte ziemlich überrascht und fragte ihn, ob er noch einmal nachsehen könne, um welches Buch es sich handelte. Das tat er und teilte mir am nächsten Tag mit, dass die Geschichte doch einzigartig sei – der Name des Mannes, von dem er gelesen hatte, lautete Felix Singer ... Soweit er wisse, fügte er hinzu, sei dies der einzige dokumentierte Fall von Juden in Madrid.

Ein großes Problem bei meinen Recherchen in den Nationalarchiven von Zagreb war, dass ich den Archivaren sagen musste, wonach ich suchte, und sie mir dann gaben, was ihrer Ansicht nach hilfreich war. Diese Methode hatte viele Nachteile. Ich hatte vorher einige Recherchen in Moskau angestellt, wo die Verzeichnisse der Akten und Dokumente auf Russisch abgefasst waren. Ich durfte allerdings die Verzeichnisse des verfügbaren Materials einsehen und konnte dann mithilfe eines Dolmetschers selbst entscheiden, was nützlich sein könnte und was nicht. Auf das Urteil einer anderen Person angewiesen zu sein, wie in Zagreb, war eine große Behinderung und barg die Gefahr, dass ich wichtige Dokumente übersah. Der andere Nachteil war, dass ich keine Fotokopien anfertigen durfte. Das bedeutete, dass alles sofort für mich übersetzt werden musste oder dass ich gezwungen war, es mühsam per Hand abzuschreiben, um es später übersetzen zu lassen. Hinzu kam, dass die Original-Dokumente der Gestapo im Archiv in Belgrad lagen. Das Gebäude, in dem das Archiv untergebracht war, wurde während des jüngsten Bürgerkriegs bombardiert, und obwohl man die Unterlagen zur sicheren Verwahrung in den Keller des Gebäudes gebracht hatte, waren sie zu dem Zeitpunkt, als ich meine Recherchen anstellte, unter einem großen Trümmerhaufen begraben.

Die Original-Dokumente waren natürlich auf Deutsch verfasst. Die meisten Schriftstücke waren vor dem jugoslawischen Bürgerkrieg aus dem Deutschen ins Serbo-Kroatische übersetzt und in Kopie nach Zagreb geschickt worden. Einige wenige Aufzeichnungen waren auf Deutsch und damit hatte ich keine Probleme, aber die anderen mussten für mich übersetzt werden. All das erhöhte das Risiko, dass ich wichtige Unterlagen übersah. Da ich mir dieser Probleme bewusst war, erweiterte ich meine Suche auf Dokumente mit dem Mädchennamen meiner Mutter. Ich suchte nicht gezielt nach Informationen über ihren Bruder Felix, weil seine Abenteuer im Grunde erst begannen, nachdem er Zagreb verlassen hatte, sodass die Gestapo-Akten eigentlich nichts Wichtiges über ihn enthalten konnten. Das war ein Irrtum.

Die Geschichte, die Felix uns erzählte, war zum Teil wahr, zum Teil frei erfunden. Richtig ist, dass Uruguay im Januar 1942 die diplomatischen Beziehungen zu Deutschland abbrach und das Konsulat geschlossen wurde. Felix traf einen Monat später in Rom ein. Er erhielt tatsächlich die Gerätschaften, um falsche uruguayische Pässe für alle Juden auszustellen, die danach verlangten. Was mein Onkel nicht erwähnte, war, dass er diese Pässe nicht einfach so herausgab, sondern sich dafür bezahlen ließ. Obwohl Uruguay die Beziehungen zu Deutschland schon im Januar abgebrochen hatte, dauerte es einige Monate, bis es sich den Alliierten anschloss. In diesen Monaten, in denen Uruguay Deutschland noch nicht zum Feind erklärt hatte, hatten diese Pässe den Anschein der Legalität.

Felix verfasste nach seinem Bekunden in dieser Zeit einen Brief, in dem er angab, wie viel Gold er besaß. An wen dieser Brief gerichtet war, erwähnte er nicht. Die italienischen Behörden fingen den Brief ab, und steckten Felix wegen des Verdachts des illegalen Handels mit Gold ins Gefängnis. Von diesem Abstecher in einem italienischen Gefängnis hatte Felix berichtet. Ihm zufolge hatte es sich um ein reines Missverständnis gehandelt. Mussolinis Polizei verstand nicht, dass das Wort »Gold« sich auf seinen »Goldjungen« Zvi bezog, der gerade in Rom zur Welt gekommen war. Doch das Gestapo-Dokument besagte etwas anderes.

Felix Singer, so die Gestapo-Akte, wohnte im Albergo Colonna und war mit Blanka verheiratet. Er wurde inhaftiert, weil er unter dem Verdacht stand, mit Gold zu handeln und Gold zu besitzen. Nach seiner Festnahme und ohne Felix' Wissen setzte die Gestapo einen Spion zu ihm in die Zelle, der herausfinden sollte, was genau Felix trieb. Der Handel mit Gold war in Italien während der Kriegszeit ein ernstes Vergehen. Das war verständlich, aber was interessierte die Gestapo so sehr an Felix Singer, dass sie einen Spion auf ihn ansetzte? Der Spion nannte sich Vincent Penic, auch wenn das nicht sein richtiger Name war. Penic gab vor, dass er – wie Blanka – vor den Nazis aus Wien geflohen sei. Felix erzählte Penic, dass er von einer Möglichkeit wisse, wie Juden Europa verlassen und nach Südamerika gelangen könnten. Er gab dann eine ausführliche Beschreibung, wie solche Fluchtmanöver arrangiert werden könnten, wenn man über die nötigen Geldmittel verfügte.

Felix sagte Penic, dass für 50 000 Lire jede Woche ein Kontingent von 50 Juden von Rom ins spanische Barcelona oder ins portugiesische Vigo ausgeflogen würde. Dort würde dann dafür gesorgt, dass sie sich nach Uruguay einschiffen konnten. 50 000 Lire entsprechen heute ungefähr 50 000 Dollar. Die in dem Bericht angegebene Adresse, Albergo Colonna, deckt sich mit derjenigen, die Felix selbst für seinen Aufenthalt in Rom genannt hatte.

Es lässt sich unmöglich feststellen, wie viele Juden auf diesen Schwindel hereingefallen sind. Wenn man es schriftlich vor sich sieht, kann man sich kaum vorstellen, dass irgendjemand der Sache Glauben schenkte. Andererseits ist es natürlich verständlich, dass man seine Hoffnung darauf setzte, mithilfe gültiger Pässe aus Europa fliehen zu können. In Anbetracht der besonderen Zeiten, in denen Felix diesen Plan ausheckte, sind ihm sicherlich einige verzweifelte jüdische Familien auf den Leim gegangen.

Die Idee für den Betrug beruhte möglicherweise auf einer Reihe von echten und erfolgreichen Versuchen, einige europäische Juden im von den Nazis besetzten Europa zu retten. Im salvadorianischen Konsulat in der Schweiz beispielsweise wurde das Amt des ersten Sekretärs von einem Juden bekleidet. Mit Billigung des Konsuls stellte er über 1000 unzulässige Staatsangehörigkeitsnachweise aus. Geld verlangte er dafür nicht. Felix erschien ähnlich vertrauenswürdig: Es gab keinen Grund zum Argwohn, schließlich war er selbst Jude und offenbar ebenfalls Flüchtling. Und für die Bezahlung bekam man ja nicht nur die Pässe, sondern auch einen Flug nach Spanien und eine Schiffspassage von Portugal nach Uruguay. Der clevere Part dieses Betrugs war, dass nur 50 Personen pro Woche ausgeflogen werden konnten. Dadurch hatte Felix reichlich Gelegenheit, so viele Leute wie möglich zu schröpfen, indem er ihnen allen irgendeinen Reisetermin in der Zukunft zusicherte. Es dauerte sicher eine Weile, bis sie merkten, dass man sie hereingelegt hatte. Als es ihnen dämmerte, war Felix wahrscheinlich längst über alle Berge.

Kürzlich wurde eine Dokumentation herausgegeben, die zeigt, dass der Vatikan etwa 4 000 Juden (größtenteils katholische Konvertierte) geholfen hat, Italien zu verlassen, bevor es 1943 von den Deutschen besetzt wurde. Laut Angaben des Vatikans bestand ein großes Problem darin, Transitvisa für Portugal zu bekommen, weil die portugiesische Regierung den Transitemigranten die Einreise nur erlaubte, wenn sie ein bezahltes Schiffsticket vorlegen konnten. Felix und seine Familie hatten keine Probleme, von Spanien nach Portugal einzureisen, geschweige denn von Portugal nach England. Er musste auch keine Belege für eine gebuchte Schiffspassage vorlegen, er bestieg einfach ein weiteres Flugzeug und landete in London. Hatte er mehr Einfluss als der Vatikan?

Mein Onkel Felix, der so eine wichtige Rolle in meinem Leben gespielt hatte, den ich sogar, nachdem er mir mein Haus in England weggenommen hatte, immer noch gern mochte, entpuppte sich als ein Mann, der inmitten des größten Gemetzels an seinem Volk, andere Juden betrog, ohne mit der Wimper zu zucken. Die einzig gültige Währung jener Zeit waren Gold und Schmuck, und damit müssen die Juden, die ihm vertrauten, ihre »Schiffspassage« nach Uruguay bezahlt haben.

Der rätselhafteste Aspekt dieses Berichts war die Frage, warum die Gestapo solches Interesse an Felix Singer gehabt hatte. Was immer seine Gaunerei in Rom nach sich zog, was kümmerte das die Deutschen? Er betrog schließlich nur andere Juden und erschwerte ihnen die Flucht, nachdem sie all ihre Wertgegenstände an ihn ausgeliefert hatten. Mussolini war noch an der Macht und Italiens Kapitulation vor den Alliierten lag noch in ferner Zukunft.

Das andere Rätsel war, warum die Italiener Felix aus der Haft entließen, nachdem sie sicher wussten, dass er tatsächlich mit Gold handelte. Es muss recht offensichtlich gewesen sein, dass ihr Verdacht berechtigt war. Er handelte tatsächlich mit Gold, handelte mit der Bereitstellung falscher Pässe, knöpfte Menschen ihr Vermögen durch falsche Fluchtversprechen ab und versuchte, soweit sie wussten, vielleicht sogar, ein Flugzeug oder Treibstoff aufzutreiben – was allesamt illegale Aktivitäten waren. Die Archiveinträge geben keinen Aufschluss darüber, wie lange Felix in Haft war, aber seinen eigenen Angaben zufolge waren es nur einige Tage. Warum wurde er auf freien Fuß gesetzt? Alle Geschichten über den vermögenden Ladislav Šik, über Waffengeschäfte für die Ustascha, die Tatsache, dass er für den Rest seines Lebens nie wieder arbeitete – war das alles darauf zurückzuführen, dass er die Juden Roms geschröpft hatte? Weitere dunkle Flecken in der Vergangenheit meines Onkels aufzudecken, war eigentlich nicht das Ziel meiner Reise nach Zagreb gewesen.

Was ich außerdem in diesen Archiven entdeckte, waren Briefe meiner Mutter aus den Jahren 1941–1942, geschrieben inmitten der kroatischen Judenverfolgung. Doch im Gegensatz zu Ethel Forrest und anderen kroatischen Juden, die sich in entsetzlichen und verzweifelten Situationen befanden, fühlte sie sich sicher genug, um sich schriftlich an die Behörden zu wenden und damit auf sich aufmerksam zu machen! Im ersten von meiner Mutter verfassten und unterzeichneten Brief aus dem September 1941 bittet sie um die Freigabe der Gelder auf ihrem eingefrorenen Bankkonto. Die betreffende Summe betrug 3000 Kuna. Alle jüdischen Bankkonten wurden nach dem Einzug der Deutschen am 10. April 1941 eingefroren – und meine Mutter lenkt die Aufmerksamkeit der Behörden auf sich, indem sie offen darum bittet, ein aus diesen Gründen gesperrtes Konto freizugeben! Sie schreibt, dass sie eine Reiseerlaubnis erhalten habe und ihr Geld mitnehmen wolle.

Professor Ivo Goldstein, der damals eigene Recherchen im Archiv betrieb, hatte den Brief entdeckt. Er rief mich zu sich und fragte, ob es sich um die Unterschrift meiner Mutter handelte, weil er den Namen wiedererkannt hatte. Ihre vertraute Schrift zu sehen versetzte mir einen Schock. Ich bat ihn, den Brief für mich zu übersetzen, was er tat. Ich war allerdings so fassungslos, dass ich nicht auf die Akte achtete, aus der das Schreiben stammte. Als ich meine Mutter das nächste Mal in Berlin besuchte, fragte ich sie nach dem Brief. Sie antwortete, natürlich habe sie um ihr Geld gebeten. Wieso nicht? Ein Jahr später kam sie allerdings von sich aus noch einmal auf das Thema zu sprechen. Sie lachte verunsichert und meinte, dass es ein völlig absurder Gedanke sei, dass jemand in ihrer damaligen Situation einen derartigen Brief geschrieben hätte. Ich hatte den Eindruck, dass sie zum ersten Mal tatsächlich etwas über den Holocaust in Zagreb gelesen und erkannt hatte, dass viele der Entdeckungen, von denen ich ihr erzählt hatte, und die sie bislang nicht geleugnet hatte, nachteilig für sie waren. Ich denke, da sie nie mit anderen über ihre Kriegserlebnisse sprach, außer vielleicht mit ihrem Bruder, hatte sie keine Ahnung von der wahren historischen Situation. Das zeigt auch, dass sie sich nie für das Leid der Juden interessierte, von ihren Freunden und Nachbarn in Zagreb ganz zu schweigen.

Der zweite Brief, den ich selbst entdeckte, war auf den 30. Juli 1941 datiert, gut einen Monat, nachdem Klaus meinen Vater erstochen hatte. Das Datum ist bedeutsam, weil meine Mutter einen Tag später ihre Reisedokumente erhielt. In diesem Brief bittet sie um die Freilassung ihres Ehemannes aus einem Konzentrationslager. Sie schreibt, dass er im Juni 1941 abgeholt und in das Konzentrationslager Karlobog-Slano gebracht wurde. Es gab kein Lager mit diesem Namen. War es möglich, dass sie den Namen des Lagers, in dem mein Vater angeblich inhaftiert war, nicht wusste? In all ihren Geschichten hat sie dieses Lager nie erwähnt. Wie konnte sie mit solcher Sicherheit behaupten, dass er sich dort befand? Meine Großmutter, die dabei war, als die Sanitäter meinen Vater wegbrachten und anschließend die blutigen Laken wusch, kann schwerlich geglaubt haben, dass Mladen in einem Konzentrationslager saß. Die übrigen Familienangehörigen wussten, dass man ihn verwundet aus der Wohnung getragen hatte, waren aber nicht zugegen, um das Ausmaß der Verletzungen zu sehen. Greta erklärt in diesem Brief, dass sie bereits eine Ausreisegenehmigung für Italien habe und dass sie sofort nach der Freilassung meines Vaters aufbrechen werden. Wir haben Zagreb erst ein Jahr später verlassen. Ist das die Ausrede, mit der sie erklärte, warum sie länger in Zagreb blieb? Dass sie auf die Freilassung ihres Ehemanns wartete? Jede Jüdin mit einer alten Mutter und einer kleinen Tochter, die 1941 im Staat Kroatien eine solche Chance erhalten hätte, hätte sie sofort genutzt. Dass Greta dies nicht tat, ist außergewöhnlich. Zudem beweist der Brief, dass wir die offizielle Erlaubnis hatten, Zagreb zu verlassen.

In Anbetracht der allgemeinen Situation der jüdischen Gemeinschaft um sie herum – wie konnte sie im Ernst einen derartigen Brief schreiben oder denken, dass man ihm Beachtung schenken würde? Warum den Fokus auf uns richten? Sie konnte ja wohl nicht annehmen, dass man ihren Mann tatsächlich freilassen würde. Warum sollten die Deutschen das tun? Greta führt keine Gründe für seine Entlassung an. Sie schreibt zum Beispiel nicht, dass es sich bei der Festnahme um eine Verwechslung gehandelt hat. Sie muss sich absolut sicher gefühlt haben. Konnte sie wirklich glauben, dass er noch am Leben war? Ich erinnerte mich daran, wie heftig ich mit Dr. Hartman gestritten hatte, als mir der Angriff auf meinen Vater erstmals wieder bewusst wurde. Hartman war überzeugt, dass so ein brutaler Angriff tödlich verlaufen sein musste. Aber ich beharrte darauf, dass mein Vater nur verwundet war, dass man ihn mit einem Krankenwagen weggebracht hatte und er möglicherweise noch am Leben war. Vielleicht war es für jeden, der den Angriff nicht mit eigenen Augen gesehen hat, vorstellbar, dass er noch lebte. Wollte Greta nicht zugeben, dass er getötet worden war, bevor man ihn aus der Wohnung brachte? Wenn sie so tat, als ob er verletzt und dann deportiert worden wäre, musste sie ihre Mittäterschaft nicht eingestehen. Letztendlich wurden schließlich alle erwachsenen Männer in Zagreb abgeholt und inhaftiert, mein Vater war nur einer von ihnen. Auch Prügel waren sicherlich an der Tagesordnung, wobei manche vielleicht nur leicht verletzt wurden, wie mein Großvater, und andere schwer. Beide Briefe sind ziemlich vernichtend.

Als mir klar wurde, dass ich die Akten, die ich in den Nationalarchiven einsehen wollte, nicht bestellen konnte, sondern auf das Urteil der Angestellten angewiesen war, erweiterte ich meine Suche nach Klaus, indem ich darum bat, mir alle Dokumente aus den Gestapo-Archiven herauszusuchen, in denen jemand erwähnt wurde, dessen Name mit »K« begann. Im Hans-Helm-Archiv, Nr. 66, stellte ich fest, dass – Überraschung! – Greta mir tatsächlich den richtigen Namen genannt hatte: Knehe.

Dieser Teil des Archivs bezog sich auf die Deutschen, die in Kroatien Kriegsverbrechen begangen hatten. Die hier verzeichneten Männer galten als Kriegsverbrecher. Menschen, die von den Taten dieser Männer wussten oder sie bezeugt hatten, legten ihre Erinnerungen dar, in der Hoffnung, zur Ergreifung der Täter beizutragen. Es waren fragmentarische Hinweise. Die meisten der befragten Personen erinnerten sich nur an einzelne Bruchstücke, die ohne Zusammenhang waren. Man hatte versucht, die einzelnen Puzzleteile zusammenzusetzen, aber das war schwierig. Ob man einen der genannten Kriegsverbrecher gefasst und zur Rechenschaft gezogen hatte oder ob es eine Fortsetzung dieser Sammlung von Berichten gab, konnte ich nicht ermitteln.

Die Zeugen machten Angaben dazu, wie die mutmaßlichen Kriegsverbrecher ausgesehen hatten und ob sie irgendwelche Besonderheiten aufwiesen, und nannten die Namen der Personen, die mit ihnen kollaboriert hatten. Im Archivmaterial waren die Dienstgrade und Nachnamen der beteiligten SS-Männer aufgeführt, aber nicht die Vornamen, die unbekannt waren. Außerdem gab es eine Zusammenfassung der Taten, die diesen Männern zur Last gelegt wurden und zur Aufnahme in dieses Verzeichnis geführt hatten.

Hier entdeckte ich alle restlichen Informationen zu Klaus Knehe, auch wenn die Untaten, die unter seinem Namen verzeichnet waren, natürlich nicht den Mord an meinem Vater einschlossen. Meine Mutter und mein Onkel hatten erwähnt, dass er ein wichtiger Mann in Zagreb gewesen war. Das war keine Übertreibung.

Das Archivmaterial besagt: Major Knehe war ein Nachrichtenoffizier des deutschen Oberbefehlsstabs in Zagreb, der häufig im Gespräch mit Eugen von Pott gesehen wurde. Alle nachrichtendienstlichen Entscheidungen wurden von den beiden gemeinsam getroffen. Ihre Hauptaufgabe war zunächst das Verhören von Gefangenen. Als der Widerstand der Partisanen wuchs und an Bedeutung gewann, erweiterte sich Knehes Aufgabenbereich auf die Gegenspionage. Er war insbesondere erfolgreich bei der Suche nach Kollaborateuren, die die Partisanengruppen infiltrierten. (Das kleine braune Buch?) Er war zuständig für die Dokumentation und die Ausstellung von Papieren für Nazi-Kollaborateure. Dazu gehörten zum Beispiel Ausweise oder auch Briefe für die Angehörigen der Kollaborateure. Solche Briefe waren sehr wichtig für den Fall, dass die Deutschen oder die Ustascha diese Leute unwissentlich festnahmen. Knehe verhörte zahlreiche Überläufer aus den Reihen der Partisanen und führte mehrere Gespräche mit zwei prominenten Partisanenführern – Djilas und Stilnovic, die er dazu überredete, den Partisanenkampf aufzugeben und zu kollaborieren. Klaus leitete die Gespräche mit den Partisanen, die schließlich zu einem Gefangenenaustausch führten, den er für den 26. März 1943 organisierte. Er tat sein Möglichstes, um Partisanenaktivitäten zu verhindern, und die verschiedenen Partisanengruppen davon abzuhalten, sich zu vereinigen.

Nach dem Bericht zu urteilen, hatte Klaus Knehe seine Beförderung redlich verdient. Nur einmal unterlief ihm ein Fehler. Er ahnte nicht, dass eine der Gefangenen, die er austauschte, Herta Haas war – die zweite Ehefrau Titos und Mutter seines Sohnes Mišo. Das wäre eine Trumpfkarte in der Verhandlung über den Gefangenenaustausch gewesen, wenn er es gewusst hätte, aber niemand ist schließlich perfekt.

Knehe war ein eifriger Sammler von Luxemburg-Briefmarken. Ein Hauptsammler dieser Marken in Zagreb war ein gewisser Silvio Werner. Werner, der von diesem Interesse Wind bekommen hatte und wohl vermutete, dass Knehe die Sammlung beschlagnahmen würde, hatte sie allerdings an Oskala Scheibele verkauft. Knehe beschuldigte Scheibele prompt des Diebstahls und ließ ihn unter diesem Vorwand ins Gefängnis werfen. Am Ende landeten die Marken bei Knehe und die in das Geschehen Involvierten starben, weil sie die Marken besessen hatten. Ich erzähle diese nicht gerade sympathische Geschichte aus zwei Gründen. Der erste ist, dass sie zeigt, was für ein Mensch Klaus war, falls noch irgendwelche Zweifel daran bestehen sollten. Der zweite ist, dass sie vielleicht die Grundlage der Geschichte ist, bei der Greta dem Cousin meines Vaters, Vlado Mucić, vorwarf, dessen Briefmarkensammlung gestohlen zu haben. Das Archivmaterial erwähnt auch einige weitere Namen von Leuten, die Knehe verhört hat, einschließlich eines »Halbjuden«, den er der Spionage für die Partisanen verdächtigte.

Abgesehen von den sicher brutalen Verhören, die er durchführte, war Klaus vor allem berüchtigt, weil er persönlich verantwortlich für den letzten Transport von Zagreber Juden in ein Todeslager war. Im Gegensatz zu den von der Ustascha organisierten Deportationen führte der von Knehe geleitete Transport nicht nach Jasenovac, sondern nach Auschwitz. Es war das einzige Mal, dass kroatische Juden nach Auschwitz gebracht wurden. Die Deportation erwies sich als sehr effizient. Die Ustascha prahlte hinterher damit, dass Zagreb judenfrei sei. Es mag merkwürdig scheinen, dass die relativ kleine Zahl der in Zagreb lebenden Juden – nur 11 000 – nicht schon früher deportiert wurde. Der Eindruck trügt – sie wurden deportiert, doch anschließend kamen viele Juden aus den angrenzenden Gebieten heimlich nach

Zagreb, weil sie hofften, dass sie in einer Stadt bessere Chancen hätten, der Aufmerksamkeit der Nazis zu entgehen, als in den ländlichen Gebieten, wo sie jeder kannte.

Glaise von Horstenau schreibt im Zusammenhang mit der Ustascha von der »namenlosen Schweinerei, die diese Bande von Mördern und Verbrechern angestellt hat«. Diese Einschätzung klingt vertraut in meinen Ohren – meine Mutter beschrieb sie in ganz ähnlichen Begriffen. Greta wiederholte die Ansichten Horstenaus, die möglicherweise auch von einigen seiner Untergebenen wie Knehe vertreten wurden. Das war der Grund, weshalb der letzte Zusammentrieb der in Zagreb verbliebenen Juden nach Auschwitz und nicht nach Jasenovac führte. In Auschwitz wurden die Juden auf »humane« Weise vergast, anstatt dass man sie zusammenschlug, folterte und verhungern ließ. Jasenovac war ein Ort, der von »Mördern und Verbrechern« geleitet wurde, während das von den Deutschen geführte Auschwitz offenbar nicht in diese Kategorie fiel. Ich reagierte ungläubig, als ich das zum ersten Mal las, doch ich erhielt Bestätigung für diese seltsame Sichtweise aus unerwarteter Quelle.

Bei meinen Recherchen im jüdischen Gemeindezentrum in Zagreb ging ich einmal nach unten in den Gemeinschaftsraum. Dort saßen einige ältere Männer und lasen Zeitung. Ich schenkte mir eine Tasse Kaffee ein und setzte mich dazu. Neben mir saß ein Mann von ungefähr 75. Ich bin immer offen für neue Meinungen und Erfahrungen und dachte, er könnte ein interessanter Gesprächspartner sein. Ich fragte ihn nach seinem Hintergrund. Er erzählte mir, dass er als kleiner Junge 1943 mit seiner Familie aus Sarajewo nach Zagreb geflohen war, in der Hoffnung, hier ein Versteck zu finden. Doch sie wurden festgenommen und deportiert. Im März 1943.

»Wohin wurden sie deportiert?«, fragte ich.

»Auschwitz«, antwortete er. Nach kurzem Schweigen fuhr er fort. »Gott sei Dank!«

»Gott sei Dank?«, wiederholte ich verblüfft. »Ich habe noch nie gehört, dass jemand ›Gott sei Dank‹ gesagt hat, der nach Auschwitz geschickt wurde.«

»Wenn sie mich nach Jasenovac geschickt hätten«, antwortete er, »wäre ich heute nicht mehr am Leben. Mein Vater, meine Mutter und meine beiden Schwestern sind in Auschwitz umgekommen. Ich habe als Einziger überlebt.«

Sogar das Böse hat seine Abstufungen.

Dem Hans-Helm-Archiv zufolge verließ Knehe Zagreb kurz nach der Deportationsaktion im März 1943 und wurde danach nicht mehr in Kroatien gesehen. Ende des Sommers war meine Mutter in Rom und Knehe ebenfalls, da bin ich mir sicher.

Klaus' Anwesenheit in Rom war kein Rätsel mehr. Bei der von ihm organisierten Deportation der Zagreber Juden nach Auschwitz hatte er seinen Fleiß und seine Gewissenhaftigkeit unter Beweis gestellt. Rom brauchte genau diese Art von Effizienz. Ein Drittel der in Rom lebenden Juden wurde nach Auschwitz deportiert. Keiner der Zeugen erwähnt Knehes Beförderung zum Major, aber schließlich war auch keiner von ihnen in der Lage, davon zu wissen. Es waren allesamt Überlebende der Gräueltaten des Krieges, die hofften, dass die Auskünfte, die sie erteilen konnten, zur Ergreifung und Bestrafung der Männer führen würden, die sie inhaftiert und gequält hatten.

Die Aufzeichnungen zeigten, was die Mitarbeiter der Gestapo in Zagreb getan hatten. Gefangene verhören, Juden ins Konzentrationslager schicken, den Austausch von Gefangenen mit den Partisanen organisieren, Dokumente ausstellen – das war die Arbeit des Geheimdienstes innerhalb der SS, des sogenannten SD oder *Sicherheitsdienstes*. Meine Mutter hatte mir gesagt, dass Klaus für den SD arbeitete. Ich hatte es also gewusst. Mein selektives Gedächtnis ermöglichte mir, zu vergessen, woran ich mich nicht erinnern wollte. Ich wusste es alles, aber fand es schwer, mir die Wahrheit einzugestehen, selbst wenn sie mir ins Gesicht sprang, wie in den Zagreber Archiven.

Nachdem ich all das über Klaus entdeckt hatte und die ganzen Beweise, die vor mir lagen, nicht verleugnen konnte, saß ich völlig überwältigt da. Zum ersten Mal war ich nicht in der Lage, meinem Wunschdenken nachzugeben, und musste mir eingestehen, dass meine Mutter zum Leben dieses Mannes gehört hatte, der Menschen verhört, deportiert und ermordet hatte – Menschen, die sie kannte und mit denen sie aufgewachsen war, Mitglieder ihrer eigenen Familie. Dieses Wissen hatte nichts mit dem Mord an meinem Vater zu tun – es starrte mich an, und ich konnte es nicht wegerklären.

Was konnte ich tun? Ich lief weg und kam nie zurück. Die Archivarin sah mich gehen und versuchte, mich aufzuhalten, sagte, dass sie noch weitere Materialien für mich hätte, aber ich war zu verzweifelt. Ich lief weg, so wie ich vor Dr. Hartman weggelaufen war.

Ich wusste genug. Ich hatte eine Fülle von Beweisen dafür, wer Knehe war und was er in Zagreb getan hatte. Außerdem hatte ich den

Beweis, dass meine Mutter und mein Onkel in Verbindung mit ihm gestanden hatten und dass die Papiere, die ihnen ermöglicht hatten, den Krieg zu überleben, von der Gestapo stammten. Das war nur möglich, wenn sie für die Gestapo gearbeitet hatten. Das kleine braune Buch, voll mit den Namen von Kollaborateuren, musste von der Gestapo, vom SS-Hauptquartier gekommen sein, wo Klaus arbeitete. Was mir immer noch fehlte, war ein direkter Beweis dafür, dass Klaus meinen Vater ermordet hatte. Dass er zu so einer Tat fähig war, stand jetzt außer Zweifel, aber ob er es wirklich getan hatte, war eine andere Frage. Mein Wort stand gegen das meiner Mutter und meines Onkels, deren vehemente und hysterische Leugnungen akzeptiert wurden, auch wenn ich noch so viele logische Argumente dagegenhielt.

Da waren allerdings noch zwei weitere Morde, diejenigen, die Klaus im Kloster begangen hatte. Vielleicht gab es noch einen überlebenden Zeugen. Die offensichtliche Sorge meiner Mutter, dass ich irgendetwas über den Tod der beiden jungen Männer herausfinden könnte, ließ vermuten, dass dies ein vielversprechender Ansatz für weitere Recherchen war. Wenn es mir gelang, das Kloster zu finden, fand ich vielleicht auch eine Nonne, die sich an das Ereignis erinnerte.

Ich hatte das Glück, zwei Leute kennenzulernen, die mir halfen, mögliche Informationsquellen in Rom ausfindig zu machen. Das war zum einen die Karmeliternonne Schwester Rosemarie, ein Mitglied des Karmeliterinnenklosters in Dachau. Ich fühlte mich immer etwas unbehaglich, wenn sie das erwähnte. Ich bin sicher, dass die Karmeliten lange vor dem Konzentrationslager in Dachau waren, aber dennoch assoziierte ich »Dachau« ausschließlich damit. Sie hatte früher Theologie an einer deutschen Universität gelehrt, war dann Nonne geworden und führte einige wissenschaftliche Recherchen für ihren Orden durch. Deshalb hatte sie eine Sondergenehmigung, die ihr erlaubte, normale Straßenkleidung zu tragen. Ich lernte sie auf einer Tagung in Haifa kennen, wo wir beide einen Vortrag auf demselben Forum hielten. Sie war ausgesprochen charmant und auf höchst extravagante, ganz und gar unnonnenhafte Weise gekleidet. Nach der Tagung erkundeten wir gemeinsam die Stadt und versuchten, mit mehr oder weniger Erfolg, Elijas Höhle zu finden, und warteten auf ein Zeichen von Gott, dass es regnen würde. Ich berichtete ihr von meinen Plänen, nach Rom zu gehen und das Kloster zu finden, in dem wir uns während des Krieges versteckt hatten. Durch ihre Bemühungen konnte ich einen Kardinal im Vatikan aufsuchen. Er war zu jenem Zeitpunkt 91 Jahre alt, hatte während des gesamten Krieges in Rom gelebt und konnte mir, wie ich hoffte, etwas über den Standort des Klosters sagen.

Die andere Person, die mir half, Informationen in Rom zu finden, war Ephraim Zuroff, der mir den Kontakt zu Leonore Rosenberg vermittelte, einer Amerikanerin, die in Rom als Übersetzerin tätig war. Ich brauchte ihre Hilfe, denn ich hatte zwar als Sechsjährige fließend Italienisch gesprochen, aber fünfzig Jahre später waren meine Sprachkenntnisse nicht nur eingerostet, sondern praktisch nicht mehr existent. Leonore Rosenberg tat ihr Bestes, um mich bei meiner Suche zu unterstützen. Allerdings erwies sich Rom in emotionaler Hinsicht erneut als schwierig für mich. Ich hatte Angst, irgendetwas mit der jüdischen Gemeinde dort zu tun zu haben, und weigerte mich ohne Angabe von Gründen, Leonore zur Synagoge zu begleiten. Ihre Wohnung befand sich im obersten Stockwerk eines alten Gebäudes im Stadtteil Trastevere. Ich selbst stieg in einer Bed & Breakfast-Unterkunft in der Nähe ab. Das ganze Gebiet weckte viele Erinnerungen an den Ort, an dem wir gelebt hatten, bevor wir ins Kloster gingen. Durch die Besuche bei ihr wurde mir auch bewusst, dass unsere damalige Unterkunft typisch für die Gegend war – kleine Zimmer und eine ziemlich kunterbunte Anordnung der Wohnungen. Es berührte eine Saite in mir, aber ich konnte trotzdem nicht genau sagen, wo wir gewohnt hatten. All die Plätze mit den kleinen Kirchen und den engen Straßen, die davon wegführten, kamen mir vertraut vor, waren sich aber alle so ähnlich, dass ich nichts mit Sicherheit wiedererkannte. Obwohl nicht alle römischen Juden in einem Ghetto gelebt hatten, waren die Deutschen bei ihren Deportationen nach Auschwitz sehr gründlich. Inzwischen befürchtete ich, dass wir Split damals verlassen hatten, damit Greta die jüdische Gemeinschaft in Rom infiltrieren konnte. Meine Mutter wäre als das akzeptiert worden, was sie zu sein schien – eine Witwe auf der Flucht mit einer alten Mutter und einer kleinen Tochter.

Zu meinen ersten Unternehmungen in Rom gehörte, dass ich den Kardinal im Vatikan aufsuchte. Auf dem Weg dorthin sah ich eine Schule mit einer Gedenktafel am Eingangstor. Sie besagte, dass von diesem Ort aus 100 Kinder direkt von der Schule nach Auschwitz gebracht worden waren. Irgendwie war es merkwürdig, dass mir solche Gedenktafeln, von denen es jede Menge in Europa gibt, in all den

Jahren nie aufgefallen waren. Erst bei meinem dritten Besuch in Triest zum Beispiel sah ich das dort gelegene KZ. Solche Gedenkstätten an den Holocaust nahm ich erst bewusst wahr, als meine Erinnerung zurückzukehren begann.

Der Kardinal, der mich empfing, war eine interessante Persönlichkeit. Trotz seines hohen Alters schien er in großartiger Verfassung, und nicht nur er selbst strahlte etwas aus, das auf gute Pflege schließen ließ, auch seine weitläufige Wohnung war hervorragend in Schuss. Eine vergnügte Nonne in dem vertrauten schwarzen Habit, das ich aus meinen Tagen im Kloster kannte, führte mich in eine Art Empfangsbereich. Alles in seinen Gemächern blitzte vor Sauberkeit. Die Holzfußböden, die riesigen Fenster – nirgends war auch nur das winzigste Staubkörnchen zu entdecken.

Der Kardinal wusste natürlich, dass ich Jüdin bin.

»Es ist bedauerlich«, sagte er, »dass der Eindruck entstanden ist, dass der Papst während des Krieges antisemitisch eingestellt war.«

»Na ja«, antwortete die Wissenschaftlerin und Historikerin in mir, »der Vatikan könnte ja seine Archive für einen anerkannten und auch in den Augen des Vatikans unvoreingenommenen Wissenschaftler öffnen und alle Fakten offenlegen.« Der Kardinal antwortete nicht. Später erkannte ich, dass der Vatikan dies bereits getan hatte. Das Ergebnis war eine wenig schmeichelhafte Darstellung in einem Buch mit dem Titel *Hitler's Pope* (1999; dt. *Pius XII. Der Papst, der geschwiegen hat,* 1999). Ich schätze, das ist das Problem, wenn man Forscher einfach ungehindert in Archiven mit sensiblem Material stöbern lässt. Es erklärt meine Probleme in Zagreb und Deutschland. Nach diesem Austausch von Höflichkeiten wandten wir uns der anstehenden Frage zu.

Der Kardinal, der ein hervorragendes Englisch sprach, stimmte mit mir darin überein, dass die Chance, dass es sich bei den Nonnen um Kroatinnen handelte, wie meine Mutter immer behauptet hatte, minimal war. Meiner Ansicht nach waren es höchstwahrscheinlich Italienerinnen, und der Kardinal war ebenfalls dieser Auffassung. Er behauptete auch ziemlich kategorisch, dass das Kloster, wie ich es beschrieb, nicht in Rom sein könne. Er regte an, dass ich eher in Richtung Florenz suchen solle. In dem Gebiet gebe es viele Klöster, die meiner Beschreibung entsprächen, und dort wären auch relativ viele Bomben gefallen, als die Deutschen abzogen. Er wies mich auch darauf hin, dass man das Kloster nach einer Bombardierung geräumt und die Nonnen an einen anderen Ort gebracht hätte. Das würde die

Suche nach ihnen natürlich erschweren. Die einzige Nonne, an deren Namen ich mich erinnerte, war Maria, und sie war aus dem Kloster weggelaufen. Ich fragte, ob der Vatikan irgendwelche Aufzeichnungen aufbewahre und er meinte, die Unterlagen würden von dem Orden verwahrt, zu dem das Kloster gehöre. Ich hatte keine Ahnung, was für ein Orden das war. Er erklärte auch, dass in Rom selbst keine Kloster bombardiert wurden und dass es seines Wissens kein Kloster namens Centocelle gab. Ich fühlte mich unbehaglich dabei, ihm den Hintergrund des Falles zu schildern. Es klang alles schrecklich, was es auch war. Ich konnte mir vorstellen, was er dachte. Während ich ihm die Geschichte darlegte, murmelte er nur so etwas wie »Höchst bedauerlich, höchst bedauerlich« – was in Anbetracht der Umstände recht höflich von ihm war.

Schon vor der Reise nach Rom hatte ich einige Recherchen zum möglichen Standort des Klosters angestellt. 1996 schrieb ich an Steven Vitto von der Bibliothek des amerikanischen Holocaust Memorial Museum, ob er mir Auskunft über ein Kloster namens Centocelle geben könne, das während des Krieges Juden versteckt habe. Er antwortete, dass keine Daten über ein solches Kloster vorlägen. Ich fragte auch meine Mutter nach der genauen Lage des Klosters in Rom. Immerhin hatte sie dort gelebt, kannte Rom gut, hatte es nach dem Krieg besucht, sprach fließend Italienisch, sodass es eigentlich kein Problem für sie sein sollte, nähere Angaben zu machen. Sie nannte mir eine Adresse. Wie sich herausstellte, war es eine falsche Adresse, und das sagte ich ihr auch.

Dann passierte etwas Merkwürdiges. Greta bekam Helmi Goldmark zu fassen (die den Stein ins Rollen gebracht hatte), und Helmi wiederum bekam jemanden zu fassen, den sie, soweit ich das mitbekam, aus den Kriegsjahren kannte. Er ließ ihr freundlicherweise die Adresse des Klosters mitsamt einer Landkarte zukommen, auf der der Standort mit einem »X« markiert war. Die – falsche – Anschrift lautete Via dei Machelie, Centocelle. Ich schlug sie nach, wusste aber von Anfang an, dass es eine weitere falsche Spur war. Wahrscheinlich hofften sie, dass ich aufhören würde zu suchen, wenn sie mir die Adresse gaben. Keine der Adressen war in irgendeiner Hinsicht von Bedeutung.

Obwohl meine Mutter beteuerte, dass Centocelle in den 1940ern inmitten unberührter Natur und daher an der ungeteerten Landstraße gelegen hätte, an die ich mich erinnerte, war ich nicht überzeugt. Außerdem hatte ich jetzt die zusätzlichen Informationen von dem Kardinal, den ich für eine vertrauenswürdigere Quelle hielt. Als ich in Rom war, wurde mir darüber hinaus bewusst, dass Centocelle nicht auf der Route lag, die die Deutschen für ihren Abzug aus Rom benutzt hatten. Es war nie bombardiert worden und hatte in der Zeit, als wir dort angeblich gelebt hatten, bereits einen Flugplatz und aus diesem Grund auch geteerte Straßen. All dies wurde, wie ich erfuhr, von Mussolini veranlasst, der ein großer Freund von Teerstraßen und pünktlich verkehrenden Zügen war.

Ich dachte, wenn ich herausfinden würde, zu welcher Einheit Klaus gehört hatte, könnte ich auch das Kloster leichter finden. Er musste irgendwo in dessen Nähe stationiert gewesen sein. Doch würde mich das wirklich weiterbringen? In Anbetracht der Aufgaben, die er als Nachrichtenoffizier in Zagreb erledigt hatte, war er in Rom vermutlich ähnlichen Aufgaben nachgegangen. Wenn ich diesbezügliche Informationen über Klaus fand, wäre es vermutlich nur mehr vom selben gewesen – noch mehr Verhöre, noch mehr Deportationen in Todeslager. So wie es keine Einträge über den Tod meines Vaters gab, würde es auch keine Einträge zu dem Mord an den beiden jungen Männern im Konvent geben. Also landete ich in Rom erneut in einer Sackgasse.

Es gab eine letzte Möglichkeit, nämlich dass ich Klaus selbst fand. Vielen Angehörigen des SD und der Gestapo gelang bei Kriegsende die Flucht. Die Alliierten hatten Probleme damit, Männer wie Klaus zu überführen. Die Gestapo schob die Schuld für die Gräueltaten auf den SD, der SD schob sie auf die Gestapo. Das Ergebnis war, dass viele niemals angeklagt wurden. Die SS hatte ein großes Vermögen angehäuft, das zu einem Großteil nie wieder auftauchte. So wie Klaus durch die Hilfe des Vatikans einen sicheren Zufluchtsort für uns gefunden hatte, half der Vatikan vielen Männern wie Klaus bei Kriegsende ihrem Schicksal zu entgehen. Mithin hätten ihm sowohl das Geld als auch die Hilfe für eine Flucht zur Verfügung gestanden. Das einzige Problem war, dass meine Recherchen vierzig Jahre nach Kriegsende begannen. Ich fragte Dr. Zuroff, ob Klaus wohl Mitte der 1990er Jahre noch am Leben sein könne. Er hielt das für unwahrscheinlich, da Klaus damals schon den Rang eines Majors innehatte. 1941 war meine Mutter dreißig, und Klaus möglicherweise schon vierzig bis fünfundvierzig, aber auch nicht wesentlich älter, jedenfalls nicht nach der Erinnerung, die ich an ihn hatte. Damit wäre er zu dem Zeitpunkt, als ich meine Suche begann, über 100 gewesen.

Wie an früherer Stelle erwähnt – als meine Mutter darauf beharrte, dass Klaus viel zu alt gewesen sei, um ihr Liebhaber zu sein, erwähnte sie auch beiläufig, dass er beim »Sicherheitsdienst« war. Damals ließ das noch keine Alarmglocken bei mir läuten. Wenn ich Greta in Berlin besuchte, unterhielten wir uns überwiegend auf Deutsch. »Ein Sicherheitsdienst« war etwas, über das wir häufig sprachen. In Südafrika waren in den 1990er Jahren, als die Städte immer unsicherer wurden, viele Sicherheitsfirmen gegründet worden. Daran war nichts Düsteres, sie boten eine wichtige Dienstleistung an, und wer für diese Firmen arbeitete, war für einen Sicherheitsdienst tätig.

In Split gab es viele Gestapo-Agenten, sodass Greta sicher mühelos mit Knehe kommunizieren konnte. Er verließ Zagreb im Mai, sie kam im Juni in Rom an.

Das bombardierte Kloster lag nicht in Rom, aber ich hatte weder die Zeit noch das Geld, um der Anregung des Kardinals zu folgen und in der Gegend von Florenz danach zu suchen. Nach dem Gespräch mit ihm erkannte ich auf alle Fälle, dass ich nach einem Kloster fahndete, das zu diesem Zeitpunkt wahrscheinlich gar nicht mehr existierte. Wie der Kardinal gesagt hatte, war es nach der Bombardierung vermutlich nicht wieder aufgebaut worden.

Gretas Behauptung, Klaus sei an der russischen Front gefallen, ist nicht plausibel. Greta muss gewusst haben, dass er als Kriegsverbrecher abgestempelt war – als eine Person, mit der sie nicht in Verbindung gebracht werden wollte. In den Archiven von Zagreb findet sich kein Hinweis darauf, dass er je gefasst wurde. Ich hatte immer den Eindruck, dass er nicht nur überlebt, sondern in Berlin überlebt hatte.

Bei einem meiner Besuche in Berlin raffte ich einmal meinen ganzen Mut zusammen und schlug den Namen Knehe im Telefonbuch nach. Das folgende Telefonat war seltsam. Ich wählte die Nummer und fragte dann, ob dieser Knehe ein Verwandter von ... – weiter kam ich nicht, weil die Frau, die sich am Telefon gemeldet hatte, den Hörer auflegte. Ich wählte die Nummer erneut und nach einer langen Zeit meldete sich dieselbe weibliche Stimme. Dieses Mal ließ sie mich allerdings gar nicht erst zu Wort kommen, sondern sagte nur: »Sie haben die falsche Nummer«, und legte wieder auf. Vielleicht war diese Frau, ihr Ehemann, Verwandter oder Freund kriminell, drogensüchtig oder im Rotlichtmilieu tätig – vielleicht war sie aber auch einfach nur eine ungehobelte Person! Andererseits könnte es natürlich auch sein, dass sie sich geärgert hat, weil eine Unbekannte nach dubiosen Familienangehörigen fragte. Es gab nur den einen Eintrag unter dem Namen. Vielleicht hatte ich einen weiteren Menschen gefunden, der nicht wollte, dass die Vergangenheit aufgedeckt wurde.

6 Alles zusammenfügen und verstehen

Ich glaubte, dass ich jetzt alle beschaffbaren Informationen zusammengetragen hatte. Wenn entweder meine Cousins, die Kinder von Onkel Felix, oder die Familie meines Vaters, die Bernfests, mir geholfen hätten, hätte die Geschichte vielleicht Aufschluss über weitere Ereignisse geben können, aber meine Verwandten waren, wie sich gezeigt hatte, eindeutig nicht zur Kooperation bereit. Es war an der Zeit, die Puzzleteile zusammenzusetzen.

Ich hatte Klaus gefunden. Er war ein Nachrichtenoffizier und ein Mitarbeiter des SD, des gefürchteten Verhörzweiges der SS. Er hat sich gut mit Felix ebenso wie mit meiner Mutter verstanden. Es kann nur einen Grund geben, aus dem Knehe ihnen die Papiere besorgte, die ihnen die Ausreise aus Jugoslawien ermöglichten. Zur Arbeit von Klaus gehörte, dass er für die Sicherheit seiner Kollaborateure sorgte, indem er sie mit Papieren ausstattete, die sicherstellten, dass sie nicht von der Ustascha ermordet oder deportiert wurden. Die Dokumente, die Felix und meine Mutter erhielten, ermöglichten ihnen, Kroatien zu verlassen und ungehindert nach Italien, Spanien und Portugal zu reisen. Klaus handelte pflichtgemäß, als er ihnen diese Reisedokumente ausstellte. Dass er sie auch meinem Onkel gab, zeigt sich daran, dass beide Ausfertigungen identisch sind: Sie weisen Felix und meine Mutter als Angehörige der jugoslawischen Vorkriegsregierung aus, der Regierung von König Peter, und damit als involviert in die Kriegsanstrengung der Alliierten. Unter diesem Vorwand war es meinem Onkel möglich, als Jugoslawe, der für die loyale jugoslawische Regierung in Madrid gearbeitet hatte, nach Großbritannien einzureisen.

Hätte nur meine Mutter das Ausreisevisum erhalten, hätte ich die Vorstellung aufrechterhalten können, dass Klaus ihr half, weil sie seine Geliebte war. Doch warum sollte er seine Bemühungen auf ihren Bruder und dessen Frau erweitern? Warum sollte ein deutscher Angehöriger des SD überhaupt das Risiko eingehen, seiner jüdischen Geliebten solche Dokumente auszuhändigen? Mitglied der SS konnte nur werden, wer eine rein arische Abstammung von mindestens 100 Jahren nachwies. Und wer ein »reiner« Arier war, musste es auch bleiben. Arier fraternisierten nicht mit Nicht-Ariern. An meiner Mutter war nichts Arisches.

Felix und Greta standen den ganzen Krieg über in Kontakt. Felix wusste, dass wir Zagreb verlassen hatten und in Split waren. Greta wusste, dass er in Rom war. Sie wusste auch von den uruguayischen Pässen. Er verließ Zagreb im Februar 1942 und war immer noch ein glühender Verehrer der blutrünstigen Ustascha trotz ihrer Taten in eben jenem Konzentrationslager, in dem sein eigener Vater saß. Mein Outata Sandor, der acht Monate zuvor aus Zagreb deportiert worden war, befand sich zu diesem Zeitpunkt im Lager Jasenovac. So zeigte man jüdischen Kollaborateuren wie der berüchtigten Stella Goldschlag, dass ihre Bemühungen sich lohnten – man stellte ihnen in Aussicht, dass ihre Verwandten überleben durften. Durch das Foto von meinem Großvater erhielt Felix zum Zeitpunkt seiner Abreise den Beweis, dass sein Vater zwar im Konzentrationslager, aber noch am Leben war. Meine Mutter, meine Großmutter und ich verließen Zagreb sechs Monate später. Gretas Hass auf die Ustascha, ihre Besuche im Gestapo-Hauptquartier in Zagreb, ihre Bestürzung, weil sie gezwungen war, die Stadt zu verlassen, die Nachricht von Klaus, der ihr mitteilte, dass sie aufbrechen müsse – all das bedeutete, dass ihr Gefahr von der Ustascha, nicht von den Deutschen drohte.

Felix verließ die Stadt planmäßig, meine Mutter musste überraschend abreisen. Noch fünfzig Jahre später war sie wütend darüber, dass sie gezwungen war, die Stadt zu verlassen. Es gibt Berichte über Juden, die der Deportation entgingen, indem sie den Aufenthaltsort von anderen Verfolgten verrieten. Die einzige Frau, von der ich in diesem Zusammenhang gehört hatte, war die bereits erwähnte Stella Goldschlag, das »blonde Gift« von Berlin. In den Zagreber Archiven entdeckte ich den Namen eines weiteren Gestapo-Spions, der in Rom die Zelle mit meinem Onkel teilte.

Die Geschichte dieses Gestapo-Spions ist insofern bemerkenswert, als sie so viele Gemeinsamkeiten mit der meines Onkels aufweist. Dieser Spion, der laut dem Gestapo-Archivmaterial behauptete, »Halbjude« zu sein, benutzte mindestens zwei Pseudonyme und selbst die Gestapo schien nicht genau zu wissen, wer er wirklich war. Der Grund, warum ich ihn hier erwähne, ist, dass er zu Felix in die Zelle gesteckt wurde und Informationen über die Aktivitäten meines Onkels weitergab. Was ich an Vincent Penic (wie eines seiner Pseudonyme lautet) so interessant finde, ist, dass er einen ganz ähnlichen Hintergrund wie mein Onkel hatte. Dieser Mann nannte sich selbst ursprünglich Fritz Kauders. Er begann seine Arbeit für die Nazis im Jahr 1938 in

Wien und wurde dann 1941 nach Zagreb versetzt, als es unter deutscher Besatzung stand. Obwohl er für die Gestapo arbeitete, wurde er festgenommen und inhaftiert, als er in Zagreb eintraf. Der Bericht aus dem Hans-Helm-Gestapo-Archiv erweckt den Eindruck, dass man jüdische Spione nicht als wirklich vertrauenswürdig betrachtete und der Ansicht war, dass ein Aufenthalt im Gefängnis offenbaren würde, ob sie immer noch die Arbeit erledigten, für die man sie rekrutiert hatte. Kauders/Penic bestand den Test anscheinend mit Bravour und wurde 1941 mit einem neuen Auftrag in Split betraut. Leider traf er dort auf den echten Fritz Kauders, der wusste, dass Kauders/Penic seinen Namen übernommen und in Wien für die Gestapo gearbeitet hatte. Das führte dazu, dass Kauders/Penic nicht nur Split verlassen musste, sondern auch das neue Pseudonym Vincent Penic annahm. Die Gestapo sandte ihn dann nach Rom. Die Leichtigkeit, mit der Kauders/Penic von Kroatien nach Italien reiste, die Orte, an die er versetzt wurde, also nach Split und dann nach Rom, sein kurzer Gefängnisaufenthalt in Zagreb – all das erinnert an verschiedene Ereignisse, die Felix und Greta betreffen.

Ob er, wie er behauptete, »Halbjude« war oder nicht – offenbar war er jedenfalls jüdisch genug, um meinen Onkel hinters Licht zu führen. Das Gespräch, von dem Penic der Gestapo berichtete, zeigt, dass mein Onkel ihn für einen jüdischen Flüchtling aus Wien hielt. Penic hatte die Aufgabe, andere Juden glauben zu machen, er sei einer von ihnen, um dann ihre Aktivitäten an die Gestapo zu verraten. Der Bericht, den Penic über Felix an die Gestapo schickte, war sowohl für die italienischen Behörden als auch für die Gestapo annehmbar und so wurde Felix aus der Haft entlassen.

Zusammenfassend: Felix erhielt seine Papiere von deutschen Gegenspionage-Quellen in Zagreb. Offenkundig versuchte er weder zu fliehen noch sich zu verstecken, war sogar so kühn, zu heiraten, während überall um ihn herum, nicht nur andere Juden, sondern Angehörige seiner eigenen Familie deportiert wurden. Felix reiste dann von Zagreb nach Rom, wo er den Vatikan aufsuchte. In Rom trieb er einige falsche südamerikanische Pässe auf und reiste dann nach Madrid. Die ganze Geschichte erinnert stark daran, was ab 1944 mit der kroatischen Ustascha geschah. Deren Mitglieder flohen vor den vorrückenden Partisanen und nutzten exakt die gleiche Route wie mein Onkel Felix. Auch sie gingen von Zagreb nach Rom. In Rom verhandelten sie mit dem Vatikan. Dort erhielten sie Dokumente für

Südamerika. Von Rom reisten sie nach Madrid und erst hier trennten sich sozusagen die Wege der Ustascha und die meines Onkels. Die Leute der Ustascha gingen nach Südamerika, mein Onkel nach London. Man brauchte allerdings einen Sack voller Gold, um sich mitten im Krieg einen Flug von Rom nach Madrid leisten zu können. Die wahrscheinlichste Erklärung ist, dass die deutsche Luftwaffe ihm einen Flug nach Madrid spendierte. 1943 wurde der Luftraum über dem Mittelmeer von der deutschen Luftwaffe kontrolliert. Sie hätten nicht erlaubt, dass alte, klapprige Flugzeuge nach eigenem Gutdünken in diesem Bereich herumflogen. Zudem stand weder Treibstoff für derartige Unternehmungen zur Verfügung noch hätte man Felix gestattet, auf spanischem Boden zu landen.

Der ganze Gefängniszwischenfall in Rom spricht für die Bedeutung, die die Gestapo Felix Singer beimaß. Warum hätten sie sich sonst die Mühe gemacht, einen Spion in seine Zelle zu setzen oder einen Bericht über ihn an die Gestapo in Zagreb zu schicken? Nach der Entlassung flog Felix mit Blanka und Baby Zvi nach Spanien, dann nach Portugal und schließlich nach Großbritannien und konnte genügend von seinem wie immer erworbenen Vermögen mitnehmen, um den Rest seines Lebens damit auszukommen. Er wurde Teil der ultraorthodoxen Gemeinde von Stamford Hill in London. Felix ging keiner eigentlichen Arbeit nach und bewegte sich kaum über sein unmittelbares Umfeld hinaus. Daher war er im Allgemeinen sicher vor Entdeckung. Viele Jahre später, als sein auffälliger roter Haarschopf verschwunden war, als ein Hut seinen Kopf bedeckte und er sich einen langen weißen Bart hatte wachsen lassen, fing er an, viele Reisen zu unternehmen. Einmal hörte ich eine Geschichte über eine unerwartete Begegnung auf dem John-F.-Kennedy-Flughafen in New York. Erzählt wurde sie mir von meiner Mutter, die ein Talent für halb erfundene, aber herzerwärmende Geschichten hatte, häufig mit einem Körnchen Wahrheit darin. Offenbar war jemand auf Onkel Felix zugekommen und hatte ihm (natürlich) mit Tränen in den Augen dafür gedankt, dass er ihm und seiner Familie das Leben gerettet hatte. Es war angeblich ein Jude, den mein Onkel gerettet hatte, indem er ihn mit seinem klapprigen Flugzeug von Rom nach Madrid ausgeflogen hatte. Ich wiederholte die Geschichte gegenüber meinen Cousins und Cousinen und stellte zu meiner Überraschung fest, dass sie noch nie etwas davon gehört hatten. Ich glaube, dass Felix von jemandem angesprochen wurde, der ihn aus Rom kannte und von seinen Visa-

Betrügereien wusste. Ich bezweifle, dass die Begegnung so rührselig verlief, wie meine Mutter sie geschildert hat. Meine Tante, Felix' Frau, war zu diesem Zeitpunkt bereits verstorben und der einzige Mensch, dem er von diesem Ereignis berichten konnte, war meine Mutter.

Die Geschichte meiner Mutter kann wahrscheinlich genauso leicht wie die Geschichte meines Onkels analysiert und auf den Punkt gebracht werden, aber für mich, die Vermeidungsexpertin für unangenehme Erinnerungen, ist das nur mit Schwierigkeiten zu bewerkstelligen. Es gab viele schöne Jüdinnen während des Zweiten Weltkriegs in Europa, aber ich habe keinen anderen Fall entdeckt, in dem ein deutscher Offizier, der nicht nur zur Gestapo, sondern auch zum SD gehörte, eine Frau aus Liebe gerettet hat. Hätte er das getan, wäre das für ihn selbst angesichts der Nürnberger Rassegesetze ein beträchtliches Risiko gewesen. Es stimmt, dass viele Juden aus gemischten Ehen in Zagreb überlebten. Doch wer sich nicht in einer solchen Ehe befand, wurde entweder getötet oder hat das Land verlassen. Sogar die Schwester von Ante Pavelics jüdischer Frau, die mit einem jüdischen Arzt verheiratet war, musste aus Kroatien fliehen. Ihre Familie verbrachte den Rest des Krieges in der Schweiz, obwohl ihr Schwager an der Spitze der kroatischen Regierung stand.

Mein deutscher Major, spezialisiert auf das Verhören und Ermorden von Menschen, die ihm im Weg standen, rettete nicht nur meiner Mutter, sondern auch ihrer Tochter, ihrer Mutter und Schwiegermutter das Leben. Er rettete uns nicht nur in Zagreb, indem er uns mit den erforderlichen Papieren ausstattete und uns ermöglichte, das Land problemlos zu verlassen, sondern unterstützte meine Mutter auch auf ihrem weiteren Weg und brachte uns Anfang 1944 in die sichere Zuflucht des Klosters, bevor Rom am 5. Juni 1944 von den Alliierten befreit wurde. Außerdem erschoss er ihretwegen zwei Jugendliche. Ihre Beziehung währte vier Jahre. Ein Schindler war er allerdings nicht. Andere Juden hat er bereitwillig verhört und ermordet, und er war im Mai 1943 dafür verantwortlich, dass 5000 von ihnen nach Auschwitz geschickt wurden. Soldaten, die wissentlich mit Jüdinnen fraternisierten, konnten standrechtlich erschossen werden. Es stimmt, dass die Zagreber Situation mit ihren »Ariern ehrenhalber« einzigartig war, aber die erlaubte Fraternisierung war auf die Mitglieder der Ustascha beschränkt und galt nicht für die Deutschen in Kroatien.

War ihm die sexuelle Beziehung so wichtig, dass er sein Leben dafür aufs Spiel setzte? Wenn es eine einmalige Lovestory war, was geschah dann nach dem Krieg? Gretas Geschichte, dass er in Russland gefallen ist, ist unwahrscheinlich. Das Timing stimmt nicht. Außerdem geben die goldenen Armbänder, teuren Uhren und Ringe, die sie von ihren Reisen nach Europa mitbrachte, Anlass zu der Vermutung, dass Klaus immer noch irgendwo zugegen war. Als ich sie nach der Beziehung fragte, bestritt sie, seine Geliebte gewesen zu sein. Sie leugnete es nicht, weil er ein deutscher Soldat und der Feind war, sondern weil er zu alt für sie war. Alles, was er getan habe, teilte sie mir unbekümmert mit, habe er getan, weil ihm ihr Lachen so gut gefiel. Das entsprach definitiv nicht der Wahrheit, denn ihr Lachen war aufgrund ihrer vorstehenden Zähne das einzig Unattraktive an ihr. Auf keinem Foto von ihr, ob vor oder nach dem Krieg, ist Greta lachend zu sehen.

Dass sie für Klaus arbeitete, steht für mich außer Zweifel. War sie eine »Greiferin«, die Juden denunzierte? Ich habe mich lange Zeit an die Hoffnung geklammert, dass sie irgendeine Angestelltentätigkeit in seinem Büro erledigte. Sie sprach fließend Italienisch, Deutsch und Serbo-Kroatisch, hatte brauchbare Englisch- und Französischkenntnisse und konnte gut Schreibmaschine schreiben. Vielleicht waren kompetente mehrsprachige Schreibkräfte während des Krieges schwer zu finden, aber so schwer wohl auch wieder nicht. Die Art, wie sie an die Behörden geschrieben hat, zeigt, dass sie keine Angst vor der Obrigkeit oder vor Besuchen im Gestapo-Hauptquartier hatte.

Wir haben Kroatien nicht sofort verlassen, als wir unsere Ausreisevisa erhielten; wir gingen erst über ein Jahr später. Die Ausreisepapiere erhielt sie einen Monat nach der Ermordung meines Vaters. Wie meine Mutter selbst sagt, verließ sie Zagreb höchst ungern! Dafür gibt es nur einen Grund – sie war glücklich und zufrieden in Zagreb. Wie kann eine jüdische Witwe mit einer Mutter und einer kleinen Tochter in einer Stadt unter deutscher Besatzung glücklich und zufrieden sein? Es ist verständlich, dass sie Split verlassen wollte, bevor die Partisanen kamen. Sie floh *zu*, nicht *vor* den Deutschen.

Während der 45 Tage zwischen dem Sturz Mussolinis und dem Einzug der Deutschen in Italien bereiteten die Deutschen die Invasion Italiens vor. Ich habe keinen Zweifel daran, dass Klaus Greta sagte, sie solle ihn dort treffen. War sie gekommen, um die jüdische Gemeinschaft zu infiltrieren und bei der sehr effizienten Zusammentreibung und Deportation der Juden nach Auschwitz zu helfen, die sofort nach der Ankunft der Deutschen in Rom im September 1943 begann? Sie traf vor den Deutschen in Rom ein und wohnte im – wie ich heute weiß – Trastevere-Viertel, wo damals viele Juden lebten, und konnte sich glaubwürdig als Witwe ausgeben, die mit einer betagten Mutter und einem kleinen Kind auf der Flucht war.

Lange vor meinem Besuch bei Dr. Hartman habe ich mich immer daran erinnert, dass sie während des Krieges jeden Tag zur Arbeit ging. In ihrem Spielberg-Interview sagt sie selbst, dass sie das Kloster regelmäßig verließ. Unsere ganz offene Art und Weise zu reisen, die Tatsache, dass wir Gepäck, Schmuck, Familienurkunden und ein jüdisches Gebetbuch bei uns hatten: All das spricht dafür, dass wir legal und mit gültigen Ausweispapieren unterwegs waren. Die beiden Briefe, die ich im Archiv entdeckt habe, zeigen ebenfalls, dass sie keine Angst vor den Behörden hatte. Sie war keine Ethel Forrest, die in Zagreb so entsetzliche Angst hatte, dass sie sich nur noch auf eine Parkbank setzen und weinen konnte. Der Gegensatz ist erschreckend.

Dass ich ihn eher als Klaus denn als Major Knehe kannte, deutet darauf hin, dass er auf vertrautem Fuß mit unserer Familie stand. Das bestärkt die Annahme, dass er ihr Liebhaber war, was sie bei ihrer Ankunft in London 1946 offen eingestand, später jedoch heftig bestritt. Für die Liebesbeziehung spricht auch, dass er einfach zu viel für sie tat. Als klar wurde, dass die deutsche Armee aus Rom abziehen würde, brachte er uns persönlich zum Vatikan, um ein Versteck für uns zu finden. Greta behauptete, dass der Mann, den sie aufsuchte, der päpstliche Nuntius von Kroatien gewesen sei, und dass sie den Papst-Sekretär getroffen hätte. Mit dieser Geschichte wollte sie betonen, wie viel Mühe man sich gegeben hatte, um uns an einem sicheren Ort zu verbergen. Wenn die Geschichte stimmt, zeigt sie, dass Klaus in der Lage war, die Unterstützung einflussreicher Leute im Vatikan zu gewinnen. Ich weiß, dass er Katholik war. Was immer letztendlich aus den Frauen geworden sein mag, die während des Krieges mit den Deutschen kollaborierten – ich habe genügend Bilder davon gesehen, wie man sich später an ihnen gerächt hat, um zu wissen, dass Greta echten Grund zur Sorge hatte. Auf alle Fälle hätte sie keine Anstellung bei den Alliierten in Rom gefunden, wenn ihre Kollaboration allgemein bekannt geworden wäre.

Die deutschen Offiziere führten während des Krieges ein geselliges Leben. In Angst und Schrecken lebten nur die Gejagten. Die Jäger gingen weiterhin zu ihren Cocktailpartys und anderen gesellschaftlichen Veranstaltungen. Hochstehende Offiziere sahen, wie man mir sagte, auf die Arbeit eines SS-Nachrichtenoffiziers herab. Von daher war die bildschöne Rothaarige möglicherweise ein willkommenes Statussymbol für Klaus. Sie war immer elegant gekleidet, sprach perfekt Deutsch, war vertraut mit dem Glanz des Vorkriegsberlins, eine Bereicherung bei gesellschaftlichen Aufgaben in Zagreb und später in Rom, wo sie sich in den Hotels und Geschäften der Via Veneto, die sie so gut beschrieb, mühelos unters Volk mischte. Das hat sie zweifellos sehr genossen. Das war die Welt, die sie liebte. Ihre Heldin war Wallis Simpson, die Herzogin von Windsor (berühmt für ihr Bonmot: »Man kann nie zu reich oder zu dünn sein«).

Dann war der Krieg vorbei. Sie hatte Freunde in Rom, sie arbeitete (am Ende?) als Schreibkraft für die Alliierten. Wir zogen nach London und dann nach Südafrika und ihr Leben war mit einem Mal ziemlich eintönig. Die ganze Pracht war verschwunden. Die Pelzmäntel, die schicken Kleider, das Make-up, die kunstvollen Frisuren – alles vorbei. Ernst Reichmann und unsere Wohnung im Arbeiterviertel von Yeoville waren Welten von den Jahren des früheren Glamours entfernt. Erst nachdem sie meine und schließlich ihre eigenen Entschädigungszahlungen aus Deutschland bekommen hatte, konnte sie wieder auf elegant und wohlhabend machen – die reiche Tante aus Südafrika, die von ihrer Familie bewundert wurde. Es waren ein bisschen zu viele goldene Armbänder und Diamantringe – ich hoffe, das Entschädigungsgeld hat dafür gereicht.

Ich wüsste gerne, was aus Klaus Knehe geworden ist. Ich glaube, es ist gut möglich, dass er den Krieg überlebt hat. Er war nie im aktiven Dienst, hat immer hinter der Frontlinie gearbeitet. Wenn er ein Versteck für uns besorgen konnte, so konnte er dies sicher auch für sich selbst. Sein vorgesetzter Offizier Eugen von Pott überstand den Krieg unbeschadet und lebte dann in Österreich. Zugegeben, er wurde 1949 entführt und später im kommunistischen Jugoslawien getötet, aber Klaus geschah, soweit ich weiß, nichts dergleichen. Klaus war immer freundlich zu mir – sofern er mich bemerkte, was nicht allzu häufig vorkam. Er war außergewöhnlich höflich und hatte eine gewisse germanische Korrektheit in seinem Auftreten. Auch wenn es merkwürdig klingt, hatte ich nie Angst vor ihm. Angst hatte ich nur vor meiner Mutter. Ich betrachtete ihn eher als ihr Instrument und weniger als Initiator der Ereignisse, die ich beschrieben habe. Ich war extrem froh, als er uns in seinen Kübelwagen packte und zum Kloster fuhr, und meine Großmutter vor den drohenden Fäusten und hässlichen Schimpfworten der Italienerinnen rettete. Er war immerhin vier

Jahre lang ein fester Bestandteil meines Lebens. Den Mord an meinem Vater hatte ich vollständig aus der Erinnerung ausgeblendet, als wir in Rom wieder zusammentrafen. Die anderen beiden Morde geschahen, als ich ihn das letzte Mal sah. Ich hätte ihn nicht vergessen, wenn er nur ein netter Freund der Familie und unser Retter in Italien gewesen wäre. So hätte ich mich als Kind an ihn erinnern sollen, aber so war es nicht.

Der Rest der mit ihm verbundenen Geschichte ist jetzt leichter zu verstehen. Niemand hat ihn nach dem Krieg wieder erwähnt, weil jegliche Erwähnung darauf hingedeutet hätte, dass meine Mutter mit einem deutschen Offizier kollaboriert hatte. Aus demselben Grund hat man mir nie erzählt, wer uns mit den Reisepapieren ausgestattet hat. Deshalb fiel nie sein Name, wenn Greta und Felix über »ihre Flucht aus Zagreb« und die Hilfe eines »Freundes« sprachen.

Ich selbst habe Gespräche über die Beziehung der beiden meistens gescheut. Die Haare auf der Bürste in dem Schlafzimmer, in dem mein Vater ermordet wurde, waren blond. Niemand außer Klaus war blond. Sie schlief mit ihm. Ein Ehemann war im Weg. Vielleicht war es so einfach.

Schluss

Ich brauchte zehn Jahre, um die Geschichte aufzudecken, und weitere zehn, um sie aufzuschreiben. Ich war wild entschlossen, nicht aufzugeben, trotz der Probleme, die meine Nachforschungen in meiner Familie auslösten, trotz der Unkosten, die sie verursachten, und obwohl es mir peinlich war, die Geschichte immer wieder fremden Menschen zu erzählen. Was ich herausfand, war nicht nur das Ergebnis meiner Recherchen in Archiven und meiner Fragen, sondern hatte auch viel mit Glück und Zufall zu tun.

In Haifa in Israel lernte ich Schwester Rosemarie kennen, die enge Verbindungen zum Vatikan hatte. Ihre Kontakte ermöglichten mir, mit dem Kardinal zu sprechen. In London suchte ich häufig das Staatsarchiv in Kew auf. Durch Zufall traf ich dort auf einen Wissenschaftler, der sich sehr gut mit der Situation in Europa im Jahr 1943 auskannte. Es war auch reines Glück, dass Dr. Goldstein den von meiner Mutter unterschriebenen Brief in den kroatischen Nationalarchiven entdeckte, als ich auch gerade dort war. Dann hatte ich schließlich noch das Glück, jemanden in Australien zu finden, der so sachkundig war, dass er mir Aufschluss über das kleine braune Buch geben konnte.

Die Fakten, die ich brauche, um die Lücken zu schließen, hätten meine Mutter und mein Onkel mir liefern können. Beinahe hätte ich geschrieben »*leicht* liefern« können. Doch wenn es leicht für sie gewesen wäre, hätten sie mir alles, was sie wussten, wohl schon vor Jahren erzählt, als ich zu fragen begann. Dann würde es keine Lücken mehr geben. Diese Leerstellen sind immer noch da, weil es unmöglich für sie war, sie zu füllen. Wenn sie es getan hätten, wäre das Bild des alternden frommen Patriarchen und der charmanten kleinen Lady zerstört und durch ein anderes ersetzt worden. Mein Onkel und meine Mutter waren beide nicht sonderlich gebildet und waren sich nicht bewusst, wie viele Unterlagen vom Staat aufbewahrt werden. Sie haben nicht damit gerechnet, dass man ihre Untaten ein halbes Jahrhundert nach Kriegsende überhaupt noch aufdecken könnte.

Ich weiß, dass schwer zu glauben ist, was ich in meinen Sitzungen mit Dr. Hartman erlebte. Ich fand es selber schwer zu glauben, was dort geschah. Trotzdem wurde ein Großteil der Erinnerungen, die ich dort aufdeckte, letztendlich durch äußere Quellen bestätigt. So viel von meiner Geschichte war absichtlich manipuliert worden. Ich musste sie entwirren wie einen verknoteten Wollstrang und hatte keine Ahnung, wohin der Weg, dem ich folgte, mich führen würde.

Was immer man von Milton Ericksons psychologischem Ansatz halten mag, der mir ermöglichte, mich an meine traumatische Kindheit zu erinnern – warum ich sie vergessen hatte, ist verständlich. Meine anhaltende Selbsttäuschung lässt sich auf ein *Betrayal Trauma* (Trauma durch Verrat), wie Psychologen sagen, zurückführen. Man hat argumentiert, dass ein Trauma häufig eine Abtrennung der traumatischen Erinnerung beim Betroffenen auslöst, insbesondere wenn, wie in meinem Fall, der Überlebende ein Kind ist, dessen Bindung an das Elternteil durch eine klare Erinnerung an Angst und Verlust gefährdet wäre. Was hätte ich mit diesen Erinnerungen an den Tod meines Vaters, an die Deportation meines Großvaters, an die Bedrohung meiner Großmutter und an die Morde im Kloster anderes tun können, als sie zu vergessen?

Ich erinnere mich, dass ich mir als Kind sagte, dass es ganz gleich ist, was man tut – Hauptsache, man bleibt am Leben. Ich weiß nicht, ob ich das irgendwo aufgeschnappt hatte oder von allein darauf gekommen bin. Nach der einen und einzigen Konfrontation mit meiner Mutter sagte sie: »Was hätte ich tun sollen? Dich bei der Hand nehmen und ins Konzentrationslager gehen?«

Ich möchte an dieser Stelle etwas zur Verteidigung meiner Mutter und meines Onkels schreiben. Nicht um etwas schönzufärben oder zu rechtfertigen, sondern einfach nur, um sie menschlicher zu machen. Mein Onkel war sehr großzügig zu seinen direkten Angehörigen. Zum Beispiel musste kein Kind oder Enkelkind eine Waschmaschine entbehren, wenn es eine brauchte. Inzwischen wissen wir, woher der Grundstock des Vermögens stammte, aber einiges hat er hoffentlich auch ehrlich erworben. Tatsächlich hat er Häuser gekauft und verkauft, bevor der britische Immobilienmarkt in den 1980ern zusammenbrach. Wir haben drei Jahre bei ihm gewohnt, als wir von Rom nach London kamen und bevor wir nach Südafrika gingen. Meine Großmutter wohnte bis an ihr Lebensende bei ihm. Er kümmerte sich also um seine Mutter und seine Schwester. Immer wenn ich nach London kam, konnte ich bei meinen Cousins und Cousinen unterkommen. Als meine Tochter sich Anfang der 1970er in England operieren lassen musste, wohnten wir sechs Wochen lang bei meinem Onkel und meiner Tante. Sie waren immer freundlich und rücksichtsvoll.

Ich glaube, dass mein Leben anders verlaufen wäre, wenn Greta sich nicht meine Entschädigungszahlung aus Deutschland angeeignet hätte, weil ich dann nicht dazu gezwungen gewesen wäre zu heiraten, einzig und allein, um jemanden zu haben, der ihr gewachsen war. Über weite Strecken meiner Ehe hat sie sich mir und den Kindern gegenüber sehr großzügig gezeigt. Ich deute das heute als ihre Art, wieder gutzumachen, was sie getan hat. Ihre beständige Kritik und im Allgemeinen hässlichen Bemerkungen über mein Aussehen oder mein Verhalten setzten sich fort, bis ich ihr im Alter von 52 Jahren sagte, sie solle damit aufhören und etwas höflicher zu mir sein. Seltsamerweise hielt sie sich daran. Zum Teil war ich wahrscheinlich selbst schuld an ihrer Haltung mir gegenüber, weil ich ihr aufgrund der ganzen unterschwelligen Angst, die ich in ihrer Gegenwart empfand, nie Kontra gab. Noch zu ihren Lebzeiten, als sie in ihren Neunzigern war, überschrieb sie mir ihr gesamtes Vermögen. Nach meiner Scheidung rief sie mich häufig an und fragte besorgt, ob ich Geld benötigte, und immer wenn ich die Frage bejahte, überwies sie es am nächsten Tag auf mein Konto.

In beiden Fällen, bei meiner Mutter ebenso wie bei meinem Onkel, passte die Maske, die sie sich nach dem Krieg aufsetzten, nicht besonders gut. Mein Onkel war seinen Kindern gegenüber ein anspruchsvoller und schwieriger Vater. Er gab ihnen zwar Geld, wenn sie es brauchten, aber er zollte ihnen weder Respekt noch Anerkennung für ihre Leistungen. Auch bei meiner Mutter war das Bild immer ein bisschen schief und verschwommen, als hätte sie irgendwie einen Fehler bei der Zeichnung gemacht. Was nun bleibt, ist ein Rätsel. Einerseits konnte sie, wie gesagt, am Telefon liebevoll und hingebungsvoll sein. Ihre Geschenke waren immer großzügig und kamen zur rechten Zeit. Bei familiären Problemen und Auseinandersetzungen brachte sie ihre Gefühle im Allgemeinen angemessen zum Ausdruck.

Mein Onkel Felix starb mit 89, meine Mutter mit 94. Die Einzige, die möglicherweise ein schlechtes Gewissen wegen ihrer Aktivitäten im Krieg hatte, war Tante Blanka. Sie bekam in mittleren Jahren Diabetes und starb mit Anfang sechzig an den Folgen eines Schlaganfalls. Sie machte keinen Versuch, ihre Ernährung umzustellen, und nach ihrem Tod fand man einen ganzen Schrank voller unberührter Arzneimittel. Sie war eine außergewöhnlich kluge Frau, und es ist unwahrscheinlich, dass sie nicht wusste, welche Folgen es hatte, wenn sie ihren Diabetes ignorierte.

Weder Greta noch Felix scheinen oberflächlich betrachtet unter ihren Taten gelitten zu haben. Einmal ging ich mit Felix ins Westend, als ich in London war. Vor einem Geschäft für Musikinstrumente blieben wir stehen. Im Schaufenster war, drapiert auf rotem Samt, ein Cello ausgestellt, daneben ein Foto von Jacqueline du Pré. Er sah es so sehnsüchtig an, dass mir klar wurde, wie anders sein Leben jetzt war. Die ultraorthodoxe Richtung, der er jetzt angehörte, verbot solche weltliche Musik. Er würde nie die Callas singen oder Menuhin spielen hören. Keine intellektuellen Diskussionen, keine politischen Debatten mehr. In dem Umfeld, in dem er sich jetzt bewegte, war das Wissen über die Welt so eingeschränkt, dass er unbesorgt sein Loblied auf die Ustascha singen konnte. Niemand wusste genug darüber, um sich davon abgestoßen zu fühlen. Seine Aktivitäten hatten ihn in einen entlegenen Winkel manövriert. Er würde nie wieder ein solches Leben führen wie in Zagreb.

Der ständige Kampf seitens meiner Cousins und Cousinen, wie er in Esthers Verhalten zum Ausdruck kommt, lässt mich vermuten, dass sich entweder mehr hinter dieser Geschichte verbirgt, als ich aufgedeckt habe, oder dass sie einfach unbedingt das Märchen von der Vergangenheit ihrer Eltern bewahren wollen.

Kurz vor Drucklegung dieses Buches stattete ich London einen weiteren Besuch ab. Ich glaube, es geht mir dabei genauso wie mit meiner Mutter. Bei jeder Reise taucht wie durch Zauberei ein weiteres Informationsbruchstück auf. Ich habe alles für den Rückflug gepackt und bin zum Aufbruch bereit. Draußen wartet das Taxi, das mich nach Heathrow bringen soll. Genau in diesem Moment stürmt Esther aus dem Zimmer und kommt mit einem Buch zurück. Außerdem zeigt sie mir Blankas Pass, dem angeblich zu entnehmen ist, dass sie vor dem Krieg nach Großbritannien gereist ist, doch Esther zieht das Dokument so schnell wieder weg, dass ich nichts damit anfangen kann.

Ich lese das Buch mit dem Titel *Accident of Fate: A Personal Account 1938–1945*, verfasst von Imre Rochlitz und erschienen im Jahr 2011. Rochlitz war offenbar ein Cousin ersten Grades zu meiner Tante Blanka und lebte gemeinsam mit ihr und weiteren Verwandten in derselben Wohnung in Zagreb. Er wäre also ein idealer Ansprechpartner für mich gewesen, von dem ich vielleicht Aufschluss über den wahren Gang der Ereignisse erhalten hätte. Außerdem lebte er nach dem Krieg in London, wo er 2013 starb – ein Jahr, bevor man mir seine

Autobiografie aushändigte. Es war also eine weitere Quelle, von der ich nach dem Willen meiner Cousins und Cousinen nichts erfahren sollte. Aber warum gaben sie mir dann das Buch?

Beim Lesen wurde mir klar, dass sie dachten, es würde Major Knehe von dem Vorwurf entlasten, er hätte meinen Vater getötet. Das Buch sollte mir zeigen, dass er kein Mörder war, sondern im Gegenteil ein anständiger deutscher Offizier, der ihnen die notwendigen Papiere für die Flucht vor den Nazis beschafft hatte.

Ich und die Hans-Helm-Gestapo-Archive lagen also völlig falsch. Leider bewies es eher das Gegenteil. Rochlitz war ein 16-jähriger Junge, als die Ustascha in Kroatien an die Macht kam und Kvaternik die Leitung von Jasenovac übernahm. Rochlitz wurde dort zusammen mit einem Onkel und einer Tante inhaftiert, überlebte jedoch dank einiger sehr ungewöhnlicher Umstände. Im Ersten Weltkrieg hatte ein anderer Onkel von ihm die Goldene Tapferkeitsmedaille erhalten, die höchste Auszeichnung für Heldenmut in Österreich. Dieser Onkel schrieb an Glaise von Horstenau und bat um die Freilassung seiner Familie. Erstaunlicherweise entsprach der General dieser Bitte.

Die Häftlinge aus Jasenovac herauszuholen stand allerdings auf einem anderen Blatt. Rochlitz vermutete, dass man sie den Deutschen nur deshalb übergab, weil die Ustascha davon ausging, dass sie exekutiert werden sollten. Um dieser Geschichte mehr Glaubwürdigkeit zu verleihen, wurden sie dem Sicherheitsdienst der Gestapo ausgeliefert und von Knehe aus dem Hauptquartier der Ustascha abgeholt. Wenn der echte Adjutant des Generals dies versucht hätte, hätte die Ustascha sie möglicherweise nicht herausgegeben, sondern behauptet, sie wären bereits tot – wie es in anderen Fällen geschehen war. Doch mit Knehe, dem Verhörspezialisten des SD, hatte die Ustascha keine Probleme. Knehe forderte Rochlitz und seine Familie auf, ihn zu kontaktieren, falls man sie erneut verhaftete, aber sie wussten durch andere Fälle, dass die Ustascha völlig willkürlich vorging und dass diese Protektion nicht ausreichen würde. Damit hatten sie recht. Obwohl zum Beispiel meine Mutter unter Knehes Schutz stand, musste sie aus Zagreb fliehen, als die Ustascha sie festnehmen wollte.

Als aufschlussreich erwies sich das Buch auch in Bezug auf das Bankkonto, auf das Blanka angeblich Zugriff hatte, sowie auf ihre Tätigkeit für Šik und die Andeutung, dass er sie zu seiner Erbin machen wollte. All das war ein Fantasiegespinst, auch wenn die Geschichte ein Körnchen Wahrheit enthielt. Rochlitz war auch ein Verwandter von Šik, der den Jungen in Zagreb kannte und ihn sehr lieb gewann.

Er selbst war kinderlos, und vielleicht hielt die Familie es deshalb für möglich, dass er Rochlitz als seinen Erben einsetzen würde. Šik war um die fünfzig und behandelte Rochlitz wie den Sohn, den er selbst nie gehabt hatte. Als Rochlitz recht gut Serbokroatisch gelernt hatte, übertrug Šik ihm kleinere Aufgaben und machte ihn zu seinem Assistenten. Auch die Geschichte von dem Bankkonto enthält einen Anflug von Wahrheit, fand allerdings nicht in London, sondern in New York statt. Šik wurde nach Jasenovac deportiert, kam jedoch gegen Zahlung einer hohen Geldsumme, die zum Teil von Rochlitz' Onkel stammte, vorübergehend auf freien Fuß. Der Onkel überlebte den Holocaust und erhielt nach erfolgreicher Anrufung eines New Yorker Gerichts sein Geld zurück. Der Umstand, dass meine Verwandten nicht wollten, dass ich Rochlitz traf, ebenso wie die dokumentarische Beweisführung des Buches ließen mich zu der Überzeugung gelangen, dass diese Ausführungen der Wahrheit entsprachen.

In dem Buch tauchte außerdem eine völlig andere Tante Blanka auf. Die Frau, die ich kannte, war eine orthodoxe jüdische Ehefrau mit fünf Kindern und ein rühriges Mitglied der orthodoxen jüdischen Gemeinde, der sie angehörte. Meine Mutter hatte mir gegenüber des Öfteren angedeutet, dass sie nicht so sittenstreng war, wie sie tat. Ich hatte dem nie viel Aufmerksamkeit geschenkt, auch wenn es ein bisschen schwierig war, die rechtschaffene Frau mit dem Bericht von Penic in Einklang zu bringen, dem zufolge Felix und Blanka beide versucht hatten, ihm 50 000 Lire für die Flucht aus dem faschistischen Europa abzuschwatzen.

In diesem Buch begegnet man einer ganz anderen Blanka, die sich heimlich ins Kino schleicht, ohne für ihre Karte zu bezahlen. Die einen 15-jährigen Cousin überredet, sich mit ihr jeden Abend nach halb elf aus der Wohnung zu stehlen, um Ringkämpfe zu besuchen oder zu Tanzveranstaltungen zu gehen, wo er dann am Rande stand, während sie bis in die frühen Morgenstunden mit wechselnden Partnern tanzte. Sie war die ideale Komplizin für alle raffinierten Pläne, die Felix ausheckte, und da sie die weitaus Intelligentere von den beiden war, sicher nicht die widerstrebende Partnerin, die ich immer in ihr gesehen hatte. Auch in ihrem Leben war es dann mit diesen Freuden vorbei – keine Kinofilme, Ringkämpfe oder Tanzveranstaltungen mehr. Sie hatten beide einen sicheren Zufluchtsort gefunden, aber in Anbetracht des Lebens, das sie vorher geführt hatten, haben beide sicher auch schwer daran zu tragen gehabt.

Und Greta? Was war das Ergebnis ihrer Aktivitäten zu Kriegszeiten? Ihre Affären hatten dazu geführt, dass sie keine Kinder mehr bekommen konnte. Ein erheblicher Nachteil für ihre Aussichten auf dem Heiratsmarkt. Vorbei die Zeit, in der sie sich zusammen mit hochrangigen Gestapo-Angehörigen, Trägern des Viktoria-Kreuzes oder Anführern der kommunistischen Partei Jugoslawiens auf dem gesellschaftlichen Parkett bewegte. Alles, was sie noch kriegen konnte, war Ernst Reichmann, ein mittelloser Flüchtling, der in einer Zweizimmerwohnung in einem Hochhaus im fernen Südafrika lebte. Für die glamouröse Lady mit den Pelzmänteln aus der Via Veneto muss das eine bittere Pille gewesen sein, aber auf ihren zahlreichen Reisen durch Europa hielt sie das alte Bild weiterhin aufrecht. Alle ihre Verwandten hielten sie für wohlhabend. Haben das Entschädigungsgeld und ihre berufliche Tätigkeit in den Morgenstunden genug eingebracht, um den ganzen protzigen Schmuck und die schicken Kleider zu finanzieren? Dass Greta ihren Luxus selbst bezahlte, war ebenso unwahrscheinlich wie die Geschichte, dass Felix im Alter eine »Rente« aus Deutschland und Österreich bezog. Vielleicht war Klaus noch am Leben, als Greta 1978 mit Ernst nach Berlin ging. Vielleicht erwies sich das kleine braune Buch doch noch als nützlich. Das Ego beider musste einige kleinere Schläge einstecken, aber es fuhr keine strafende Hand vom Himmel, die sie niederstreckte.

Ich war dabei, als meine Mutter 2006 starb. Der Leiter des Altersheimes, Herr Wolff, rief mich in Australien an und teilte mir mit, dass sie geistig nicht mehr ganz klar sei – und ihre Finanzen nicht mehr im Griff hätte. Das klang nicht nach meiner Mutter. Sie hatte immer alles im Griff. Irgendetwas stimmte also nicht und ich fuhr nach Berlin. Sie lag mit einer Lungenentzündung im Krankenhaus, und ich stieg in ihrer Wohnung im Altersheim ab. Das Gebäude war ursprünglich ein Wohnhaus gewesen. Es war März und noch immer winterlich, aber man hatte einen schönen Blick auf den angrenzenden Park und See. Es war ein durchaus angenehmer Ort. Die Bewohner waren alt, wie meine Mutter, im Gegensatz zu ihr allerdings überwiegend Russen, und die meisten gehörten einer Gesellschaftsschicht an, mit der Greta nicht verkehren wollte. Sie fand sich also im Alter von 94 Jahren von Menschen umgeben, mit denen sie unter anderen Umständen nichts hätte zu tun haben wollen. Wie der Leiter des Altersheims, seine Frau, die Sekretärin und einige ausgewählte Pflegerinnen mir versicherten, bewältigte sie die Situation mit ihrem »schwarzem Humor«, den ich gut aus eigener Erfahrung kannte. Zu diesem Zeitpunkt ging es ihr ziemlich schlecht. Sie konnte nicht mehr allein stehen, brauchte Hilfe beim Ankleiden und Waschen, und ihr Sehvermögen war so gering, dass sie nicht mehr lesen oder fernsehen konnte. Ich stellte fest, dass sie sich weigerte, das Altersheim zu bezahlen, weil sie der Ansicht war, dass die intensive Pflege, die sie jetzt benötigte, zu viel von ihrer Rente verschlang. Sie hätte nichts mehr zum Verschenken gehabt.

»Meine Mutter«, hat sie einmal über meine Großmutter Karoline gesagt, »konnte Liebe schenken, ich kann nur Geld schenken.«

Sie kannte sich selbst. Als es am Ende bedeutete, dass sie kein Geld mehr verschenken konnte, dass ihre gesamte Rente an das Altersheim ging, hatte ihr Leben den einzigen Sinn, den es noch gehabt hatte, verloren.

Ich regelte die finanzielle Situation im Altersheim und begab mich dann auf die stundenlange Fahrt ins Krankenhaus, das ziemlich weit außerhalb der Stadt lag. Es war ein riesiger Komplex mit drei Häuserblöcken und einer großen geriatrischen Abteilung. Letztere bot ein ziemlich schlimmes Bild, voller Menschen, die gerade im Sterben lagen oder den Tod in den nächsten Tagen erwarteten. Ich wusste, meine Mutter würde es hier furchtbar finden. Als ich in ihr Zimmer kam, fing sie sofort an, über die Schmerzen, die Unannehmlichkeiten und alles, was ihr einfiel, zu klagen. Ich fühlte mit ihr und sprach mit dem Arzt, der mir versicherte, dass sie keine Schmerzen hätte. Am folgenden Tag besuchte ich sie wieder. Dieses Mal hatte sie sich vom Tropf losgemacht, warf mit dem Bettzeug um sich und war ganz allgemein schlechter Stimmung. Der Arzt sagte, sie wolle keine Medikamente mehr. Ich äußerte mein Mitgefühl und ging wieder. Bei meinem dritten Besuch erkannte sie, dass ich nichts gegen die Not, in der sie sich aus ihrer Sicht befand, unternehmen würde, wenn sie mich nicht dazu zwang. Also fing sie an laut zu schreien: »Ich will sterben. Ich will sterben. Ein Messer. Ein Messer.«

»Du willst sterben wie mein Vater? Durch ein Messer?«, fragte ich.

»Ja«, antwortete sie, »wie dein Vater.«

Es ging zu Ende, es kümmerte sie nicht mehr, was ich wusste oder nicht wusste, es spielte keine Rolle mehr. Aufgeschreckt durch den Lärm und das Geschrei kamen der Arzt und die Schwestern angelaufen und beschwerten sich, dass sie die anderen Patienten störe.

»Sie will sterben. Sie will keine Antibiotika oder andere Medikamente mehr. Sie möchte einfach gehen«, sagte ich dem Arzt. Er sah mich an.

»Okay«, sagte er. »Bleiben Sie hier und warten Sie auf mich.«

Einige Stunden später kam er zu mir und sagte, er hätte mit Herrn Wolff, dem Leiter des Altersheims, mit einigen Pflegerinnen und sogar mit ihrem Bankmanager gesprochen. Sie alle hätten ihm bestätigt, dass sie zu ihnen gesagt hätte, sie wolle sterben. Wenn sie ihrem Wunsch entsprechend keine Medikamente mehr erhielte, würde er einfach ihre Schmerzen lindern, und dann würde es relativ schnell gehen. Ich ging zu ihr und nahm ihre Hand.

»Ich habe getan, was du wolltest«, sagte ich. »Hast du Angst?«

»Ein bisschen«, sie lächelte und drückte meine Hand. Es gab keine Lügen mehr, keine Heimlichkeiten, keine Verstellungen. Doch Greta wäre nicht Greta, wenn sie nicht noch eine Frage gestellt hätte:

»Was wird aus meinen schönen Kleidern?«

»Was glaubst du wohl?«, antwortete ich. Wir lächelten beide. Sie war völlig ehrlich zu mir und ich zu ihr. Sie versuchte nicht, Frömmigkeit vorzutäuschen, oder das Eingeständnis, das sie bezüglich meines Vaters gemacht hatte, zurückzunehmen. In diesem Augenblick und das erste Mal in meinem Leben hatte ich wirklich das Gefühl, dass wir Mutter und Tochter waren. Wir sprachen nicht mehr. Ich gab ihr einen Kuss und ging. Später in derselben Nacht ist sie gestorben. Was vor so langer Zeit in Zagreb zerbrochen war, war wieder hergestellt worden. Danach war ich ruhiger und glücklicher als je zuvor in unserer Beziehung.

Auf dem jüdischen Friedhof in Berlin gibt es nur einen einzigen Grabstein aus weißem Marmor mit roten Streifen darin. Das Rot steht für ihr rotes Haar. Manchmal frage ich mich, ob der jüdische Friedhof der richtige Ort für sie ist. Andererseits ist ein Friedhof ein Ort, an dem die Schuldfragen enden. Der Lieblingsausspruch meiner Mutter lautete: »Alles verstehen heißt alles verzeihen.« Ich habe ihr alles verziehen, aber ich habe nie alles verstanden. Ich habe mich sehr bemüht, die Erinnerung an meinen Vater aufzudecken, aber alles, was ich gefunden habe, war, wie sein Leben endete. Der letzte Eintrag im Zagreber Archiv sagt alles: Mladen Bernfest, gestorben in Zagreb 1941.

Als sie den Mord an ihrem Vater sah, hat sie nicht laut aufgeschrien. Später hatte sie Angst aufzuschreien. Jetzt, endlich, hat das kleine Mädchen, das alles mit ansah, aufgeschrien.

Zeittafel

1940	
26. März 1940	Mia Roth kommt in Zagreb zur Welt.
1941	
6. April 1941	Die deutsche Wehrmacht überfällt im Zuge des sogenannten Balkanfeldzuges Jugoslawien.
10. April 1941	Deutsche Truppen marschieren, unterstützt von Ustascha-Verbänden, in Zagreb ein.
17. April 1941	Kapitulation Jugoslawiens
19. Juni 1941	Mein Vater, Mladen Bernfest, wird von Major Klaus Knehe erstochen.
22. Juni 1941	Deutscher Überfall auf die Sowjetunion
Juli 1941	Meine Großväter, Alexander Singer und Ignatz Bernfest, werden ins KZ gebracht.
1942	
Februar 1942	Die von Knehe ausgestellten Ausreisevisa für meine Mutter Greta, meine Großmütter Claudie Bernfest und Karoline Singer, meinen Onkel Felix und meine Tante Blanka Singer sind auf unsere echten Namen ausgestellt und weisen uns als Mitglieder der königlich-jugoslawischen Delegation in Madrid aus.
Februar 1942	Ein im KZ Jasenovac aufgenommenes Foto von meinem Großvater Alexander Singer wird an meine Mutter und meinen Onkel geschickt.
Februar 1942	Tante Blanka und Onkel Felix Singer brechen mit dem Zug nach Rom auf.
23. April 1942	Die deutsche Luftwaffe beginnt ihre Bombenangriffe auf britische Städte (»Baedeker-Angriffe«).
Mai 1942	Alexander Singer stirbt in Jasenovac.
August 1942	Meine Mutter, meine Großmutter Karoline und ich fahren mit dem Zug von Zagreb nach Split.
11. November 1942	Besetzung Vichy-Frankreichs durch deutsche Truppen.

Dezember 1942/ Januar 1943	Beginnender Rückzug der deutschen Truppen aus dem Kaukasus.
1943	
März/April 1943	Felix und Blanka Singer fliegen von Rom nach Madrid. Die Deutschen kontrollieren immer noch den Luftraum über dem Mittelmeer.
Mai 1943	Deportation von Zagreber Juden nach Auschwitz unter persönlicher Aufsicht von Major Knehe, der Zagreb anschließend verlässt.
10. Juli 1943	Landung der Alliierten in Sizilien.
19. Juli 1943	Die Alliierten bombardieren Rom.
25. Juli 1943	Verhaftung Mussolinis; Marschall Pietro Badoglio übernimmt das Amt des Ministerpräsidenten.
Ende August/ Anfang September 1943	Karoline, Greta und ich verlassen Split und reisen nach Rom.
3. September 1943	Italien schließt Waffenstillstand mit den Alliierten.
11. September 1943	Besetzung Roms durch deutsche Truppen.
13. Oktober 1943	Italien erklärt Deutschland den Krieg.
1944	
11. Mai 1944	Die Alliierten greifen die Gustav-Linie südlich von Rom an.
Mai 1944	Meine Mutter, meine Großmutter Karoline und ich verlassen Rom, um uns in einem Kloster in der Nähe von Florenz (?) zu verstecken.
4. Juni 1944	Einmarsch der Alliierten in Rom.
Dezember 1944	Bombardierung des Klosters; wir kehren nach Rom zurück.
1945	
29. April 1945	Kapitulation der deutschen Armee vor den alliierten Streitkräften in Nordtalien.
Dezember 1945	Abreise meiner Großmutter Karoline nach London.
Dezember 1946	Meine Mutter und ich verlassen Rom und gehen nach London.
Februar 1949	Wir beiden ziehen nach Südafrika.

Karte

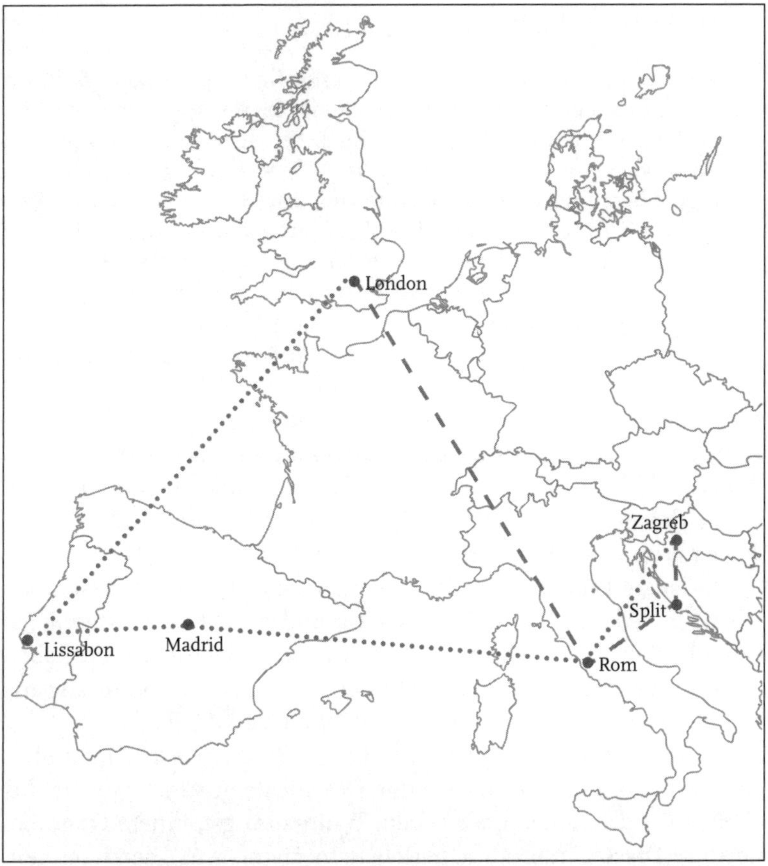

– – – *Gretas Route 1942–1946: Zagreb – Split – Rom – London*
······· *Felix' Route 1942–1943: Zagreb – Rom – Madrid – Lissabon – London*

Nachwort von Woltemade Hartman

Vorbemerkungen

> »Sie [spricht] über den Sinn einer Mission und die Zwecklosigkeit, vor ihr davonlaufen zu wollen. Vielleicht gibt es Menschen, die ungehindert von solchen Belangen durch ihr Leben gehen können. Aber von mir und meinesgleichen fordert das Schicksal, der Welt als Waisen gegenüberzutreten und viele Jahre lang dem Schatten der verschwundenen Eltern nachzujagen. Uns bleibt nichts anderes übrig, als es zu versuchen und dem Ende unserer Mission entgegenzusehen, so gut, wie wir es können, denn ehe wir sie nicht erfüllt haben, wird uns keine Ruhe vergönnt sein …«
>
> Kazuo Ishiguro, *Als wir Waisen waren*

Nichts bereitet einen angemessen auf die komplexen Gefühle vor, die einen bei der Lektüre dieses außergewöhnlichen Buches erwarten. In gewisser Weise ist das Buch eine »Wirklichkeitsanalyse«, ein Realitäts-Check des eigenen Lebens in seinem Bestreben, das wahre Selbst wieder erwachen und wachsen zu lassen.

Es ist die Lebensgeschichte von Mia Roth, einer Holocaust-Überlebenden. Jeder hat ein Lebensnarrativ, und dies ist eine erstaunliche Geschichte, von der wir zweifellos etwas lernen können. Wir haben das Privileg, an dieser Reise zu Mias innerstem Selbst und ihren ganz persönlichen Lebenserfahrungen teilnehmen zu dürfen.

Durch den Einblick, den uns die emeritierte Geschichtsprofessorin Mia Roth in ihre einzigartige Geschichte gewährt, gibt sie uns allen einige Lektionen über Leben, Trauma, Angst, innere Fragmentierung, Dissoziation als Überlebensmechanismus, Zerrissenheit, Einfallsreichtum, Mut und Resilienz. Vor allem lehrt sie uns, dass wir den Mut aufbringen müssen, uns der Wahrheit zu stellen, indem wir danach streben, uns nicht nur wieder mit unserer Vergangenheit, sondern auch miteinander und natürlich mit unserem tiefsten Innern, dem Kern unseres Selbst zu verbinden. In diesem innersten Kern nimmt die geheimnisvolle Vereinigung all unserer Persönlichkeitsanteile ihren Anfang und kommt zur Entfaltung, wenn wir wieder ganz werden.

Mia hat als Holocaust-Überlebende den Globus bereist und auf ihrem Weg einige Male haltgemacht. Alles begann damit, dass sie als

Mirjam (»Mia«) Bernfest in Zagreb im früheren Jugoslawien geboren wurde. Als junges Mädchen zog sie dann weiter nach Split, Rom, London, Johannesburg und ließ sich schließlich als Erwachsene im australischen Perth nieder.

Jeder Halt im Leben steht für eine Lektion, und die Lebenserfahrungen sind der Unterricht. Es war wirklich eine Ehre, Mia als Therapeut auf diesem Weg begleiten zu dürfen. Ganz gleich, wer wir sind oder wo wir leben, wir alle begeben uns auf unsere ganz eigene Lebensreise. Mias Reise begann, als sie entschied, dass sie es nicht zulassen würde, eine Gefangene ihres Unglücks zu bleiben, sondern sich erlaubte, tief zu graben und ihre eigenen Erinnerungen an das, was für sie die Wahrheit ist, aufzudecken. Da sie der wissenschaftlichen Seriosität einer Hypnose-Intervention skeptisch gegenüberstand, widerstrebte es ihr, mir bei unserem ersten Gespräch allzu viele Hintergrundinformationen zu geben. Das hat meine Aufgabe immens erschwert, weil ich nicht in der Lage war, ein therapeutisches Ziel zu formulieren. Doch meine Hypothese war, dass diese Frau eine traumatische Erfahrung in Angriff nehmen wollte. Als Erickson'scher Psychotherapeut beschloss ich, ihr Widerstreben nutzbar zu machen und ihr die Möglichkeit zu geben, ihre eigenen inneren Erfahrungen durch den Einsatz von Hypnose und mit so wenig Suggestionen wie möglich zu erforschen.

Man sagt, der Instinkt sei die Kraft, die in unserem Innern lebt, und die wir nutzen, wenn wir sie am nötigsten brauchen. Genau das geschah, als ein kleines jüdisches Mädchen – im Angesicht überwältigender Unsicherheit und Bedrohung - instinktiv erkannte, dass sie überleben musste. Doch Mias Lebensreise lehrt uns, dass wir wissen müssen, woher wir kommen, um zu erkennen, wohin wir gehen. Und um zu erkennen, woher wir kommen und wer wir sind, müssen wir wissen, wer unsere Eltern und Großeltern tatsächlich waren und was für Menschen sie waren. Nicht, wer sie in unserer *Vorstellung* waren oder wie wir sie uns gewünscht hätten – sondern, wer sie *wirklich* waren.

Mia wusste instinktiv, dass sie sich bei ihrer Mutter Greta unsicher fühlte, dass ihre Liebe bei ihrem Vater Mladen lag und ihre Sicherheit bei ihrer Großmutter Karoline Singer. Doch in gewisser Weise vergaß sie es. Wenn man jung ist, übernimmt man Überlebensmechanismen wie Dissoziation, doch wenn solche Überlebensmechanismen über die Zeit, in der sie nützlich sind, bestehen bleiben, behindern sie schließlich unser Wachstum.

Mia lehrt uns in diesem Buch, dass wir nicht nach Vollkommenheit, sondern nach Ganzheit streben müssen! Sie hat auf ihr Leben zurückgeblickt und erkannt, dass sie ihre eigene Wahrheit aufdecken musste – dass ihre unbewussten Gefühle der Unsicherheit und Verwirrung in allem zum Ausdruck kamen, was sie tat und nicht tat. All diese Erfahrungen gehörten zu dem Weg, den sie in ihrem Leben einschlug, um wieder heil und ganz zu werden – manchmal flüsternd, manchmal schreiend.

Indem sie in ihrem Leben mehrmals haltmachte, bewegte sich Mia aus ihrer dissoziativen Schale heraus und wurde in einigen Ländern der Erde ansässig, doch sie ließ in diesem Prozess die Widrigkeiten und die Maske der perfekten Tochter ihrer Mutter hinter sich. Es ist klar, dass Mia auf einer toxischen Suche nach menschlicher Vollkommenheit war und viele unverdiente Beschädigungen und Schuldgefühle mit sich trug. Doch sie entdeckte, dass die Schuld nichts mit ihr zu tun hatte und dass sie schließlich fähig war, sich selbst zu vergeben. Langsam, aber sicher entdeckte sie auf ihrer fragmentierten Reise die Wahrheit über ihr familiäres und mosaikartiges Selbst. Bei dieser Unternehmung hinterlässt sie die nachwirkende Spur der Erkenntnis, dass

> *»es nicht bestimmt ist, dass wir gebrochen sein sollen, sondern ganz«.*

Schließlich lehrt uns Mia, eine Frau von erstaunlicher Tapferkeit und Aufrichtigkeit, dass wir alles, was vor uns liegt, als ganzer Mensch mit integrierter Persönlichkeit erreichen können, und dass unser Leben unser Vermächtnis ist. Wir alle sind im Werden begriffen – streben in einem nie endenden, schöpferischen Entdeckungsprozess nach Heilung und Ganzheit. Es hört niemals auf, und das ist das Aufregende – die Reise selbst!

Also: Die Reise beginnt ...

Auf den folgenden Seiten werde ich einige Passagen aus Mia Roths Geschichte aus der Perspektive des begleitenden Therapeuten kommentieren.

Dr. Woltemade Hartman (Ph. D.)
Klinischer Psychologe und Psychotherapeut
Leitender wissenschaftlicher Mitarbeiter der
Geisteswissenschaftlichen Fakultät an der Universität von Johannesburg
Direktor des Milton Erickson Instituts von Südafrika (MEISA)
Präsident von Ego State Therapy International (ESTI)
Vorstandsmitglied der International Society of Hypnosis (ISH)

Kommentare

1 Die Abfolge der Ereignisse, wie ich sie erinnere (der Leser möge berücksichtigen, dass die Sitzungen der Klientin mit mir allesamt vor vielen Jahren stattfanden): Ich erinnere mich, dass es eine extrem schwierige erste Sitzung für mich war. Die Klientin erzählte mir anfangs, dass sie schon immer Probleme damit gehabt hätte, auf weißem Bettzeug zu schlafen, und dass sie hoffe, ich könne ihr helfen, den Grund dafür herauszufinden. Diese Bitte kam mir zunächst seltsam vor, und ich wollte natürlich mehr darüber erfahren und mehr Hintergrundinformationen erhalten. Ich fand es sehr merkwürdig, dass Mia, die Klientin, mir keine genaueren Auskünfte darüber geben wollte. Ich entschied spontan, dass ich ihre Reaktion nutzbar machen und sie nur das erzählen lassen würde, was sie selbst für notwendig erachtete. Ich erkannte, dass sie aus irgendeinem Grund sehr ängstlich und vermeidend war. Sie zeigte mir ein Foto von sich als Kind mit ihrer Mutter und fragte mich, was mir an dem Bild auffalle. Ich bemerkte sofort, dass sie und ihre Mutter gut gekleidet waren, keinen Davidstern trugen und dass das Foto wohl im Krieg aufgenommen worden war. Sie erwähnte kurz etwas über ihre Kindheitsjahre und dass sie sich aus irgendeinem seltsamen Grund an eine Treppe erinnere. Mehr wollte sie mir über ihre Geschichte nicht erzählen. Mia bestand dann darauf, dass ich ihr helfen solle, sich zu erinnern, indem ich sie »in Hypnose versetzte«. Ich fragte ausdrücklich nach, welche Erinnerungen sie an ihre Kindheit hatte, aber es war klar, dass sie mir keine weiteren Informationen geben konnte oder wollte. Ich fühlte mich auch nicht wohl mit der Bitte, sie in »Hypnose zu versetzen«, weil dies nicht dem Interventionsstil entsprach, den ich als Erickson'scher Therapeut normalerweise anwende. Ich war bei meinem hypnotherapeutischen Interventionsstil überhaupt nicht an einen autoritären oder direktiven Ansatz gewöhnt, entschied aber dennoch, den Wünschen der Klientin zu entsprechen und zu sehen, was dabei herauskommen würde. Während jener ersten Sitzung beschloss ich intuitiv, eine sehr altmodische hypnotische Induktionsmethode anzuwenden, indem ich sie bat, die Augen zu schließen und sich vor ihrem geistigen Auge eine Treppe mit etwa zwanzig Stufen vorzustellen. Für gewöhnlich schreibt die Treppentechnik vor, dass der Klient die Stufen hinuntergeht, doch an diesem speziellen Tag entschied ich intuitiv, die Klientin die Treppe

hinaufgehen zu lassen. Sie folgte der Anweisung und reagierte sofort mit Zuckungen in der einen Schulter, fast so, als ob jemand sie herunterdrückte. Ich ließ diese körperliche Reaktion unkommentiert, tatsächlich ignorierte ich sie zunächst. Mia war sehr unruhig während der Intervention. Ich versuchte, Stabilisierungstechniken einzuführen, aber sie ignorierte alle meine Bitten, und das Zucken und Zittern setzte sich fort. Die Klientin zeigte deutlich eine globale hochintensive Aktivierung (General High Intensity Activation, GHIA) bis hin zum totalen Zusammenbruch. Meine Versuche, sie zu stabilisieren, waren allesamt vergeblich. Dann fragte ich sie, was vor sich gehe, aber es kam keine Reaktion. Sie machte weiterhin Bewegungen mit den Schultern, als ob jemand sie herunterdrücken würde. Außerdem hob sie ein paar Mal den Kopf, als ob sie etwas genauer sehen oder nach etwas suchen wollte. Als ich das bemerkte, fragte ich sie erneut, was vor sich gehe. Sie fing an, mehrmals das Wort »clear« (klar) mit seltsamer Betonung zu wiederholen. Ich fragte sie, ob etwas klar oder nicht klar sei, aber sie wiederholte nur weiterhin das Wort, das ich als »klar« verstand. Während späterer Sitzungen dämmerte mir, dass der Begriff, den sie so häufig wiederholte, der deutsche Nachname »Knehe« war, den ich offensichtlich mit dem englischen Wort »clear« verwechselte. Ich fragte sie, wie alt sie sei, und sie antwortete: »Klein«. Später erklärte sie, sie sei mit einem Vorhang bedeckt, was überhaupt keinen Sinn für mich ergab. Dann beschrieb sie, wie »er« hereinkam und ihren im Bett liegenden Vater mit einem Messer erstach. Sie erinnerte sich an das Blut auf der Bettwäsche. Sie führte weiterhin Bewegungen mit den Schultern aus. Ich fragte sie, was mit ihrem Körper geschehe und die Antwort lautete: »Sie drückt mich herunter«. Verwirrt fragte ich, wer »sie« sei. »Meine Mutter«, antwortete die Klientin. Sie zitterte stark und ich beschloss, die Sitzung zu beenden, weil sie überfordert war und ich Sorge hatte, dass es zu einer Retraumatisierung kommen würde, wenn wir weitermachten. Es blieb keine Zeit für Stabilisierungsübungen, und sie reorientierte sich spontan aus ihrer Trance-Erfahrung. Wir diskutierten anschließend nicht über die Sitzung. Ich bat sie, mich anzurufen, wenn sie sich für die nächste Sitzung bereit fühle. Zu meiner Überraschung meldete sie sich erst viele Monate später erneut bei mir.

2 Ich war sehr überrascht, als Mia mich ein zweites Mal bat, ihr zu helfen, sich an die Vergangenheit zu erinnern. Mir war immer noch ein Rätsel, was genau diese Dame von mir erwartete und welches

Ziel sie mit diesen Sitzungen verfolgte, aber ich verstand, dass sie mehr über ihre Geschichte in Erfahrung bringen wollte. Sie machte auf mich den Eindruck einer intelligenten Frau, die genau wusste, was sie wollte, und die allem, was ich sagte oder tat, sehr skeptisch gegenüberstand. In diesem Stadium war sie durchaus in der Lage, sich an mehr Informationen im Hinblick auf ihre erste Sitzung zu erinnern, und erklärte, sie sei überzeugt, dass ihre Mutter mit einem deutschen Militäroffizier namens Klaus Kleeherr kollaboriert habe, um ihren Vater zu töten. Ich war geschockt und sehr vorsichtig mit meinen Kommentaren, weil ich ihr keine Suggestionen eingeben wollte. Sie bat mich um meine Meinung zu ihren Erinnerungen und ich sagte ihr, dass ich ihre Erinnerungen weder als wahr bestätigen, noch sie als unwahr widerlegen könne. Ich hielt mich an denselben Ablauf wie bei der ersten Sitzung und ließ sie wieder die Treppenstufen nach oben gehen. Während dieser Sitzung erinnerte Mia sich, dass ihr Großvater mütterlicherseits, den sie »Outta Shandor« nannte, von »uniformierten Männern« abgeführt worden war. Ich konnte ihre starke Beklemmung deutlich spüren, und es war das erste Mal, dass ich eine emotionale Reaktion bei ihr wahrnahm. Während dieser Sitzung entschied ich, eine Interventionsmethode der Ego-State-Therapie zu nutzen. Ego-State-Therapie ist ein hypnotherapeutischer Interventionsansatz, bei dem der Therapeut Zugang zu einem speziellen traumatisierten und dissoziierten Anteil der Persönlichkeit findet. Dieser Teil ihrer Persönlichkeit präsentierte sich als traumatisiertes und sehr ängstliches kleines Mädchen, das besorgt darüber war, was mit seinem Großvater geschehen würde. Ich stellte eine Vertrauensbeziehung zu diesem kleinen Mädchen her, das mir ihre traumatischen Erfahrungen lebhaft schilderte. Ich dankte dem kleinen Mädchen und fragte sie, ob sie mir oder einer anderen Person erlaube würde, sie an einen sichereren Ort zu begleiten. Meine Klientin Mia reorientierte sich sofort in der Realität und wollte die Sitzung nicht mehr fortsetzen. Es war klar, dass sie durcheinander war. Sie lehnte jede Stabilisierungsübung ab und wirkte schockiert und verwirrt. Sie konnte sich nur an bestimmte Elemente der Sitzung erinnern. Es gab Anzeichen für eine partielle Amnesie, aber ich entschied, ihnen nicht weiter nachzugehen.

3 Ich war noch überraschter, als Mia sich ein drittes Mal Hilfe suchend an mich wandte. Ich hielt mich erneut an denselben Ablauf wie in den vorangehenden Sitzungen. Obwohl deutlich weniger ängstlich, zitterte und zuckte Mia die gesamte Sitzung hindurch. Die suchen-

den Bewegungen mit dem Kopf tauchten nicht wieder auf. Ich stellte leicht wieder Kontakt zu dem Ego-State des kleinen Mädchens her, das sich inzwischen in eine Verbündete verwandelt hatte und sich beim Gespräch mit mir wohlfühlte. Mia setzte ihre Schilderung fort und erzählte von »den Nonnen«, mit denen sie zusammen waren, und wie »er die Jungen tötet«, indem er sie erschießt, während sie und ihre Mutter zugegen sind. Sie fing an, ständig den Namen »Kleeherr« und »Klaus« zu wiederholen. Ich konnte ihren Worten entnehmen, dass sie schreckliche Angst vor ihrer Mutter und dem als »Klaus« oder »Kleeherr« bekannten Mann hatte und offenkundig stark traumatisiert war. Mia zeigte alle Symptome eines schweren Traumas, eine Überaktivierung des vegetativen Nervensystems und die »Freeze-Reaktion« (muskuläres Erstarren bei hochgradiger vegetativer Erregtheit). Letztere tritt bei Opfern von schweren Stress- und Traumaerlebnissen relativ häufig auf. Nachdem Mia den Mord an den beiden Jungen geschildert hatte, beschloss ich erneut, die Sitzung zu beenden, und Mia reorientierte sich selbst in der Gegenwart. Wir diskutierten dann nicht über die Sitzung, weil ich wusste, dass sie Zeit brauchte, um sich wieder zu stabilisieren. Mir war allerdings durchaus klar, dass sie mir offenbar in gewisser Weise vertraute, weil sie jedes Mal wiederkam, um ihren Weg der inneren Entdeckung weiterzuverfolgen. Mia teilte mir die Hintergründe ihrer Sitzungen nie in allen Einzelheiten mit. Erst als ich das Manuskript dieses Buches las, wurde mir klar, was diese Frau erinnerte, was sie durchgemacht hatte und was für ein schweres Trauma sie erlitten hatte.

4 Was Mia hier beschreibt, ergibt jetzt einen Sinn für mich, und ich verstehe, warum sie anfangs davon sprach, dass sie ein Problem damit hätte, »auf weißem Bettzeug zu schlafen«, und warum sie mich bat, ihr in dieser Hinsicht zu helfen.

5 Es ist klar, dass sich bei Mia eine »Freeze-Reaktion« in der Schulter zeigte; diese »Erstarrung« ist eine sehr typische Reaktion des vegetativen Nervensystems bei traumatisierten Menschen.

6 Hier bestätigt Mia, was sie während unserer ersten Sitzung berichtete.

7 Auch hier bestätigt Mia wieder, was sie während ihrer ersten Sitzung bei mir berichtete.

8 Hier zeigt sich eindeutig die typische »Freeze-Reaktion« des vegetativen Nervensystems, die bei traumatisierten Menschen sehr häufig vorkommt.

9 Ich bin sehr erstaunt über die Art, wie Mia ihre Erfahrung mit den Anteilen ihrer Persönlichkeit darstellt; die Beschreibung bestätigt für mich, dass der Ego-State, mit dem ich gesprochen hatte, tatsächlich dissoziiert und ein sehr traumatisiertes und ängstliches kleines Mädchen war.

10 Bis heute ist Mia wahrscheinlich nicht bewusst, dass ihre Psychotherapie noch gar nicht begonnen hat! Vor Jahren hat sie lediglich angefangen, sich auf eine innere Reise der Selbstentdeckung zu begeben. Doch das Aufdecken verdrängter Erinnerungen ist nicht genug. Mia braucht immer noch Psychotherapie, um das Trauma, das sie erlitten hat, ebenso wie die belastenden Folgen dieser Ereignisse in Angriff zu nehmen. Ich bin der Auffassung, dass die Aufdeckung von Erinnerungen nicht automatisch therapeutisch wirkt, sondern dass man Mia entsprechend einem stärker strukturierten therapeutischen Interventionsmodell wie dem SARI-Modell von Phillips und Frederick (1995) helfen müsste. Diesem Modell zufolge können traumatisierte Personen signifikant von einer strukturierten Interventionsstrategie profitieren, die eine Stabilisierung umfasst, die dem Klienten hilft, eine innere Korrekturerfahrung zu finden, und die zur Wiederherstellung von Kohärenz, Containment und des inneren Gleichgewicht des vegetativen Nervenssystems beiträgt, wie in den Arbeiten von Peter Levine (1977, 2010, 2011) zu einer körperorientierten Form der Traumatherapie (Somatic Experiencing) ausführlich dargelegt.

11 Ich freue mich sehr darüber, dass Mia über ihre Sitzungen mit mir sagt, dass es »keine wirkliche Hypnose«, sondern eher eine »Visualisierung in einem ruhigen, meditativen halb-tranceartigen Zustand« war. Es entspricht genau dem, was man als Erickson'scher Psychotherapeut von seinen Klienten erwarten würde, nämlich dass sie die Intervention auf eine eher natürliche als autoritäre Weise erleben. Mia zeigte deutlich alle relevanten Hypnosephänomene, mit denen professionelle Psychotherapeuten und Hypnotherapeuten vertraut sind.

Literatur

Ishiguro, K. (2000): Als wir Waisen waren. München (Knaus).
Levine, P. A. (1977): Accumulated Stress, Reserve Capacity and Disease. Ann Arbor, MI (University of California).
Levine, P. A. (1997): Vom Trauma befreien: Wie Sie seelische und körperliche Blockaden lösen. Mit 12 Übungen auf CD. München (Kösel), 4. Aufl. 2010.
Levine, P. A. (2011): Sprache ohne Worte. Wie unser Körper Trauma verarbeitet und uns in die innere Balance zurückführt. München (Kösel), 6. Aufl. 2014.

Über die Autorin

Mia Roth, M. A. (UNISA), Ph. D., emer. Professorin für Geschichte; bis 2001 Leiterin des Vista University Daveyton Campus; Gründerin von fünf Einrichtungen zur Förderung der Lese- und Schreibfähigkeit. Mia Roth lehrte in Südafrika, Kroatien, den USA, Russland und England und ist seit 2001 im Ruhestand. Publikationen u. a.: *Too Much Vodka, too Little Beer – The Communists, Moscow and the ANC; Roaring into the Toy Telephone – African Leaders Speaking for their People.*

Kai Fritzsche | Woltemade Hartmann

Einführung in die Ego-State-Therapie

125 Seiten, Kt, 2. Aufl. 2014
ISBN 978-3-89670-745-1

Jeder Mensch trägt verschiedene Persönlichkeitsanteile in sich. Üblicherweise leben diese „Ego-States" in Einklang miteinander und werden von der Person bewusst gelenkt. Menschen mit schweren traumatischen Erfahrungen teilen sie zum Schutz ihrer Persönlichkeit häufig unbewusst in verschiedene, gegeneinander wirkende Ich-Anteile auf. Die Ego-State-Therapie hilft, diese Ich-Anteile wieder in eine harmonische Beziehung zueinander zu bringen.
Die kompakte Einführung vermittelt einen Einstieg in diese effektive Methode. Anhand von Fallbeispielen stellen die Autoren das Behandlungsmodell vor und machen mit der Konzeption und den Eigenschaften von Ego-States vertraut. Übungen, Interventionen und Skripte vermitteln grundsätzliche Techniken und bieten wertvolle Anregungen für die tägliche Praxis. Der gut verständliche Text hat sich auch als hilfreich für Patienten erwiesen.

„Ein außerordentlich lehrreiches Büchlein, das in seiner Klarheit sowohl für Einsteiger als auch für Fortgeschrittene von großem Gewinn sein wird."

Prof. Luise Reddemann

Carl-Auer Verlag • www.carl-auer.de